學校本位的課程統整與主題教學

—— 台北市中興國小、福星國小教師行動研究的成長記錄

陳木金教授◎指導

編序一

　　教育的過程是師生良性互動的過程，而在教育的活動過程中，教師要如何陶冶莘莘學子，引領學生由「自然人→文明人→自我實現→自我超越」的全人格發展，追求健康、快樂、平安、幸福的人生，都有待教師課程與教學專業能力的提升。

　　九年一貫新課程的推動，是延續著提升教師課程與教學專業能力的脈絡而來，主張以兒童生活經驗及生活應用能力作為課程教材、教法與評量的主要目標，發展符應學生生活經驗、認知結構與身心潛能脈絡，設計符合個別化、適性化的課程實現為預期理想。歸納九年一貫新課程的重要焦點，針對教師而言乃是在於「課程統整」與「主題教學」的兩大核心能力的加強。因為九年一貫新課程改革理念強調「學習領域與統整教學」的課程設計，是藉由教師群或師生互動過程中，建構出課程統整的主題單元（月主題、週主題、年主題），再依教師專長進行教學，其教學歷程應彰顯協同教學及合作學習型態與功能，促進學科知識與學童生活經驗相融合的效果。因此，未來新課程將提供教師同儕互相研究、討論、對話的機制，對於班級教學型態可配合實際教學需要，彈性調整學期週數、每節分鐘數，以及年級班級的組合，俾利實施大單元的主題教學，每一位老師都是課程設計者，每一間教室都是課程實驗室，每一所學校都是教育的改革中心。

本著推動對九年一貫新課程的實施試探精神與熱忱，編者群（筆者本人，台北市中興國小校長王景雲、教務主任黃遠台，台北市福星國小校長張金調、教務主任張登貴）共同規劃「中興、福星國小學校本位課程」發展模式的行動研究，並且大膽地將這一次的行動研究定名為「課程統整與主題教學」，兩校全體教師分為十三組教學團隊共同參與研究，於八十八學年度上學期利用週三教師進修的時間進行為期半年的課程發展與教學的實施研究。我們以主題教學的形式，統整了課程的內容，兩校各以學年為單位進行分組，分別選定主題，以十大基本能力為指標擬定課程目標，再以八大智慧、七大學習領域為範疇，分工合作完成課程設計，七大學習領域的老師有的以協同教學的方式，有的則運用個別的智慧，從蒐集教材內容，篩選、編排教材，編製學習單，安排教學活動流程，一步一步走來，發現原來的恐懼與擔心都是多餘的，因為兩校老師們為了深入探索九年一貫新課程而集體研究的專注精神投入非常感動人，兩校老師們也共同創造了一幅為彩繪教育新生命一起努力提升教師專業能力的美麗畫面。於是，世界上最美的畫面就在此展開。

本書分為三大部分，第一部分內容包括：首先由筆者分享帶領兩校進行課程發展研究的過程與心得為開始；其次由中興國小王景雲校長、福星國小張金調校長分享領導學校進行課程發展研究的心得；第三由中興國小黃遠台主任、福星國小張登貴主任分享教務主任規劃執行課程發展研究的心得；第四由中興國小李印堂老師分享從教師的觀點進行課程發展研究的心得。第二、三部分內容包括：中興國小、福星國小的經驗分享，兩校共有十三個主題教學單元──西門町的小公園、消費高手、歡樂耶誕節、有唐山公無唐山媽、節約能源、淡水河與艋舺、校園生活、可愛的小動物、關懷身心障礙學童教育、逛市場、再造福星、春節、資源回收，每一個教學主題單元不但在教師們

教學經驗的心得分享、共同討論、蒐集資料，分組編寫教學計畫、學習單，並經老師反覆地深入討論修正後設計完成。同時每一主題教學單元，都經過一週的現場教學，並且在學期末利用一次教師進修時間，老師們共聚一堂進行教學後的成果分享和檢討。在研究的歷程，編者群不但給老師們許多寶貴經驗的提供和分享，並且肯定了這一次老師們考量學生的程度、學校的需求、社區的特色、老師的專長下設計進行的課程統整與主題教學是成功的，更激勵了老師們自動自發、由下而上穩定發展與精進教學專業能力，也發現了支持積極一起前進探索九年一貫新課程的力量。

　　為了分享編者群與台北市中興國小、福星國小兩校全體教師團隊，為進行教室裡良好的成功學習與成功教學，努力尋找一套推動課程統整與主題教學的經驗，乃決定將編者群與兩校全體教師團隊一起努力的過程編印成書，作為協助各校推動九年一貫新課程之發展與實施的參考。因此，本書適合各校作為推動九年一貫新課程的參考，本書也適合已在修習課程設計的學生作為教科書，同時本書更適合教育工作人員作為教學研究進修的參考書籍。

　　本書的付梓，由衷地感謝揚智文化公司總經理葉忠賢先生慨允全力支持，葉忠福先生、賴筱彌小姐的傾力協助，閻富萍小姐細心編校，至為感任，深表謝意。更要感謝台北市中興國小、福星國小兩校全體教師團隊共同的努力，使我們能共同將一幅為彩繪教育新生命提升教師專業能力的美麗畫面呈現出來。雖然，本書是以認真及嚴謹的態度來編撰，但由於編者群之才學有限，經驗欠豐，各章所述恐有不夠詳盡之處，懇請國內外先進賢達賜予指正，俾供再版時修訂之。

國立臺灣藝術學院學務長

陳木金　謹識

編序二

近年來，由於生活水準的提高，國民教育在「量」的擴充方面已有可觀的成長。但隨著社會急遽變遷，傳統教育的學習內涵及功能已受到社會各界的質疑與批判。教育改革已成為不可抵擋的趨勢，其中最受矚目的是教育部已正式公布的「國民教育階段九年一貫課程總綱綱要」，且明訂自九十學年度起開始實施。此綱要不僅揭示將課程決定權下放，也就是要各學校教師發展「學校本位」課程，做為教學的重要內容，同時強調教育應配合兒童身心發展，實施「課程統整、主題教學、協同教學」以開發「多元智慧」，培養「基本能力」，以適應日新月異的未來生活。

談到「開發多元智慧，培養基本能力」，我們不妨也來探討近日在國立歷史博物館展出，引起文化界相當震撼的「達文西特展」，這位被稱為文藝復興全能天才的達文西，不僅是一位藝術家、科學家、發明家，也是工程師，可謂是集聰明才智於一身的天才。

葛柏（Gelb）是國際知名的潛能開發大師，根據他的研究，達文西的才能可歸納為下列七種（羅文基，民89）：

⑴好奇：對於生活充滿無窮的好奇。

(2)實證：務求從經驗中求證知識的真偽。

(3)感受：持續精練感官的能力。

(4)包容：願意容忍曖昧、弔詭和不確定性。

(5)全腦思考：在科學與藝術、邏輯與想像間平衡發展。

(6)儀態：培養優雅風範、靈巧雙手和大方的舉止。

(7)關聯：瞭解並欣賞萬物和所有現象都是相互關聯的系統思考。

葛柏也明確表示：「一般人只要透過有效的教學活動，也可以開發而獲得這些能力。」由此可見葛柏對達文西的研究結論和今天全國教改呼聲中一再強調的「教育應以開發潛能，培養能力」不謀而合，所以我們必須肯定「九年一貫課程」的精神，並且化理念為具體行動，以開發孩子的潛能。

為了符應「九年一貫課程」改革，提升「學校本位課程」的素養能力，中興國小和福星國小的教育夥伴在陳木金教授的總指導及范信賢研究員、李平、李美玲老師的指導下，發揮跨校合作的精神，組織教師群以「主題教學」為核心，以「個體發展，社會文化和自然環境」等三個面向，設計「語文、健康與體育、社會、藝術與人文、數學、自然與科技及綜合活動」等七大領域的統整課程，設計完成後，並做實地教學考驗，發現老師們確實有能力為孩子們編輯適性的課程，這樣的成果是值得留下記錄的。

這本專書能順利完成，要感謝我們堅強的團隊，群策群力貢獻智慧，同時也期待透過這些教學資源的呈現，能夠拋磚引玉得到更多迴響，使我們在教育崗位上再精進成長。

台北市中興國小校長

王景雲　謹識

編序三

　　教育改革的發展史中教改的主張不外乎是教育機會的改革與教育效益的改革，很顯然的，如今的教育改革是傾向於教育效益的改革。

　　九年一貫課程的研訂，即是因應世界教育改革的趨勢，更強調「以學生為主體」、「以生活為中心」的教育理念，期望培養學生在全方位的學習後，具備「帶著走的基本能力」，而不是與生活脫節的零碎知識的堆積。

　　「課程統整化與主題教學」就是從尊重學習者為主體的立場出發，打破學科的界限，結合生活經驗，提供完整的、主動探索的學習方案。主要國家中均已有規劃這樣的課程，例如，英國的「統合教學日」，德國的「合科教學」，美國的「科技融合」和「超學科」的統整課程，日本的「總合學習」等。我國課程革新的趨勢，即在於透過改革的過程，以繼教育先進國家之後急起直追，相信——只要有開始就不嫌太晚，這也是我們樂觀努力的原動力。

　　即將實施的九年一貫課程，在教學時數方面，提供了百分之二十的彈性教學時間，以利學校本位課程的發展；各校教師可自行選擇、編輯具有地區特色、學校特色等鄉土人文的教材，來安排教學活動計畫，如此一來，教師專業自主權在這一範圍內將有很大的發揮空間。無論如何，教師要意識到在爭取自身權益之際，一定同時要有能「增

進教育效益」之「教學專業水準」的提升，才更能贏得尊嚴。

　　「課程統整與主題教學」這本教學資料的出版，是集合中興與福星兩校全體老師的智慧，以增進教育專業自主能力的基礎為出發點，在陳木金教授的總指導，及范信賢研究員、李平和李美玲老師的一起指導下，兩校老師透過共同思考與分組討論，從概念的整合、教材的編寫，到實際教學，最後再做分享與檢討，這一連串的行動研究過程，充分顯現出教師的潛力與進修的投入；題材的編選無不以放眼「學生」、胸懷「生活」為原則，這也正與九年一貫課程的改革精神相呼應。

　　兩校的合作研究，除了擴大老師思考的延伸與激盪外，也讓有限的經費、資源在功能上做更適切的發揮與共享。相信在大家虛心的攜手努力下，要達到教育改革的目的——提供理想的教育環境，讓學生有效的學習，快樂的學習，與進而願意主動的學習，其目標已不遠矣。

　　本專書能夠順利付梓，除了感謝兩校老師努力研究、貢獻智慧、提供資料外，還要感謝中興王校長合作無間，以及黃遠台、張登貴兩位主任從策劃到執行，可說任勞任怨、全力以赴；更要感謝陳木金教授在行政、研究兩忙的情況下，以及范信賢、李平老師在繁忙的教學之中，能夠特別撥出時間為我們這個行動研究方案做多次的指導，也讓我們的努力留下足跡！

台北市福星國小校長

張金調　謹識

目　錄

第一篇

理念與計畫

第一章

如何指導國民小學
進行學校本位的課程
統整與主題教學

陳木金　博士

國立台灣藝術學院學生事務長

第一節　前　言

　　知識風起雲湧，科技日新月異，展望二十一世紀，各領域似乎都惶惶然找尋未來的出路。固定的學習方式、一成不變的知識，已不足以應對時代的蛻變。迎接二十一世紀，教育改革波濤洶湧：教師會、教評會、家長會、民間教改等組織促使教育決策權力的重組；人本化、民主化、多元化、科際化、國際化指引了教育的方向；教育鬆綁、學習權的保障、父母教育權的維護、教師專業自主權的維護等理念搖擺著教育權利的平衡機制，使得學校組織文化及學校行政管理面臨前所未有的衝擊及必然面臨的挑戰，因此，國民小學如何透過學校行政系統進行自我更新又再度成為新世紀學校行政研究的最重要主題之一。

　　近年來，由於臺灣政治、社會、經濟、文化的發展與變遷，民主素養的提升、國際運作能力與科技運用能力的客觀需求，及社會大眾對教育教革的殷切關注，使得課程與教學的改革成為教育革新中的重要焦點。例如，自民國七十六年以後，由於宣佈解嚴、動員戡亂的廢除、黨禁和報禁的解除、兩岸交流的實施，呈現百花齊放、言論自由，隨著政治的民主、社會的多元，教育也必須鬆綁和開放。其次，民國八十一年行政院成立「教育改革審議委員會」後，鼓勵地方政府實施開放教育，進行田園式的教學改革，嘗試改革教與學的型態以提升教學的品質，努力於教育改革的實驗工作。另外，在師資的培育方面，民國八十三年公佈「師資培育法」，提倡多元化的師資培育制度架構；民國八十四年公佈「教師法」，作為教師的權利義務之法源依據；八十五年教改會提出「教育改革總諮議報告」，提示國家之教育

未來的發展方向，教育部於民國八十六年四月成立「國民中小學課程發展專案小組」，積極進行「國民中小學九年一貫新課程綱要」之修訂，並在民國八十七年九月底完成「國民教育階段課程總綱綱要」，並預定於九十學年度起實施，為我國教育開創了一個新的里程碑。

教育的過程是師生良性互動的過程，而在教育的活動過程中，教師要如何陶冶莘莘學子，引領學生由「自然人→文明人→自我實現→自我超越」的全人格發展，追求健康、快樂、平安、幸福的人生，都有待教師之「教學效能」(teaching effectiveness)發揮積極正向的價值與功能，使學生能成功的學習，教師能樂在教學。但是如何提升教師在教學實施的教學效能來達成高品質教學成效，要求課程與教學的提升及改進是最直接的管道。因此，「九年一貫新課程」的教育改革政策提出是目前最全面性及最根本性的教育改革主題，在此一跨世紀的教育改革聲浪中，對教育界以及整個社會中引起巨大的回應，儼然成為全民參與的社會改革運動波濤洶湧沛然莫之能禦的學校組織變革壓力。

面對這一波「九年一貫新課程」的教育改革浪潮，國民小學的學校領導者應思考如何以學校行政系統理論來因應學校組織變革。例如，McCune（1986）指出：策略規劃是一種改變及轉換組織的管理歷程，包含組織任務的界定，衝擊組織的內、外部力量的覺察，分析這些力量以判斷他們所擁有組織達成目標能力的效力，發展處理的策略，包括一個改進及重建方案、管理、參與、評鑑的架構，及實施方案，以實現這些策略達成組織的任務。Wertheimer 和 Zinga（1997）指出：在一個學校組織裡，學校行政工作者應該去找出系統出現的變化點改變導向，以備將來它再出現時能夠掌握住發展方向。張明輝（民88）指出：學校組織在面臨新的變革之後，原有的組織架構及其運作模式已難以應付外在環境的轉變，必須加速調整因應，以配合未

來的發展及實際需要。筆者（民88a）亦曾指出：面對學校組織變革的壓力，學校領導者必須仔細思考歸納這些變革情境後，發現如何因應此種變革的處理方法，引導出學校行政革新奇異引子動力系統的基本原理來作為推動學校行政工作。因此，從學校行政系統理論研究的觀點來看，如果學校的領導者能遵循設計來規範他們執行過程的規則，則他們將能成功的管理變革計畫，並能提供正面的改變，引導出學校行政革新的動力系統。

　　整體而言，九年一貫新課程的精神，確實針對以往課程與教學的問題，做一大幅度的改革，諸如「學校本位的課程發展」、「國小五年級實施英語教學」、「減少上課節數及科目數」、「以基本能力取代學科知識」、「注重統整連貫的學習領域課程設計」等方面，都有相當突破，確實值得肯定。但是，在推動九年一貫課程改革的最基層工作核心團隊──學校行政，是否都已具備「動力系統」來進行我國跨世紀的課程與教學的教育改革，實值得進一步分析，並提供有用的可行模式作為經驗分享。因此，本書以台北市中興國小、福星國小兩校之行動研究的成長記錄，是期盼學校在面對學校本位的課程統整及主題教學時，提供學校發現如何找到因應策略面對變革，引導出以學校行政基本原理來作為推動九年一貫新課程的動力系統。本章擬從(1)分析如何實施九年一貫課程的問題探討。(2)探討從學校行政系統理論看九年一貫新課程形成的動力系統。(3)分享筆者與台北市中興國小、福星國小兩校全體教師，為進行教室裡良好的成功學習與成功教學，努力尋找一套推動「九年一貫新課程的教學實施的理想模式」之經驗。(4)希望藉由從學校行政系統理論的探討及中興、福星國小教育現場的教學實施之研究，介紹本書之章節安排，期望找出一套能對我國跨世紀教育改革的「九年一貫新課程」教育政策，為建構一套「九年一貫新程之實施」的可行模式殫盡棉薄之力。

第二節　國民小學如何實施九年一貫新課程的重要問題探討

　　我國教育部於民國八十六年四月成立「國民中小學課程發展專案小組」，積極進行「國民中小學九年一貫新課程綱要」之修訂，並在民國八十七年九月底完成「國民教育階段課程總綱綱要」，至於「各學習領域課程綱要」於民國八十八年九月公佈，此一新課程則預定於九十學年度起實施。依據教育部科長林殿傑（民88）在〈教育部如何實施九年一貫新課程〉一文指出：九年一貫新課程的實施須賴教育行政機關與中小學老師進一步的溝通、努力與支持，教育部正積極研擬「國民中小學暫行課程綱要實施要點」及相關配套措施，以規範未來各級政府、學校及老師未來的做法，希望能以清楚明白「遊戲規則」作為實施九年一貫新課程的依據。以下茲根據林殿傑（民88）之觀點及筆者一年多來實際參訪中小學實施九年一貫新課程學校的教育改革現場的心得，提出以下九個重點作為從學校行政觀點探討學校如何實施九年一貫新課程之思考方向的參考：

一、有關九年一貫新課程之推動期程與速度的問題

　　教育部為縮短九年一貫新課程之實施期程，又不想造成太大衝擊，希望自九十學年度起能逐年加速實施：(1)九十年八月：國小一年級開始正式實施。(2)九十一年八月：國小一、二、四年級及國中一年級正式實施。(3)九十二年八月：國小一、二、三、四、五年級及國中一、二年級正式實施。(4)九十三年八月：國小一至六年級及國中一至

三年級全面實施。

二、有關九年一貫新課程之七大學習領域各學習階段劃分的問題

九年一貫新課程的七大學習領域之學習階段，係參照該學習領域之知識結構及學習心理之連續發展原則而劃分。各學習階段所提出之階段能力指標與各領域之學習評量有密切相關，劃分階段並非意含學習階段的結束，而是學習階層的精進。各學習領域階段劃分如下：(1)語文學習領域：(a)本國語文：三階段，一至三年級、四至六年級、七至九年級。(b)英語：兩階段，五至六年級、七至九年級。(2)健康與體育學習領域：三階段，一至三年級、四至六年級、七至九年級。(3)數學學習領域：四階段，一至三年級、四至五年級、六至七年級、八至九年級。(4)生活學習領域：一至二年級（整合社會藝術、自然與科技學習領域）。(5)社會學習領域：四階段，一至二年級、三至四年級、五至六年級、七至九年級。(6)藝術學習領域：四階段，一至二年級、三至四年級、五至六年級、七至九年級。(7)自然與科技學習領域：四階段，一至二年級、三至四年級、五至六年級、七至九年級。(8)綜合活動學習領域：四階段，一至二年級、三至四年級、五至六年級、七至九年級。

三、有關九年一貫新課程之各年級教學時數計算與分配的問題

九年一貫新課程之各年級教學時數計算與分配的問題將影響新課程實施成效至深且鉅，也是學者專家及中小學老師最為關心之事項，其內涵包括：(1)各年級每週教學節數之分配；(2)學生在校總時間之規劃；(3)基本教學節數之分配程序；(4)彈性學習節數之規劃；(5)全年上

課天數之規劃；(6)上課型態之調整規劃；(7)教師授課時間之規劃等七大問題。

四、有關九年一貫新課程之學校組織更新配合措施的問題

為因應學校本位課程的發展，未來各國民中小學均應設置「學校課程發展委員會」之組織，以審定學校的課程計畫，其任務相當重要，也是未來學校課程設計及教學規劃的重心，其工作重點包括：(1)組織任務的訂定；(2)課程計畫審查程序的訂定；(3)主要工作重點的訂定等三大問題。

五、有關九年一貫新課程之學校課程計畫的問題

學校課程計畫主要規範各年級、各班級如何進行課程教學，具有實務性的規範作用，課程計畫一旦經由縣市政府核准實施，就不能經易變更，否則易引起教學實務上的困擾。至於學校課程計畫所包括之要素應深入加以瞭解：(1)課程計畫範圍；(2)課程計畫要素；(3)規劃教學任務；(4)研訂學期課表；(5)研訂課程計畫報備程序等五大問題。

六、有關九年一貫新課程之選修課程的問題

國民中小學應針對學生個別差異，設計選修課程，供不同情況之學生學習不同之課程是符合教育原理的安排，但是在如何實施選修課程有以下兩大問題：(1)國小三年級至國中三年級，學校如何視教學需要規劃每週一至五節之選修課程；(2)學生選修各類課程，學校如何考量學生之學力程度及學習領域之間的平衡之規範問題。

七、有關九年一貫新課程之學習銜接的問題

學習銜接旨在考量設計適性單元課程，提供學生知識系統架構發

展進一步學習機會，俾發展其身心潛能與興趣。實施學習銜接課程，應注重學生學習能力與課程教學內容適配性，並予以補救其落差性；不應強迫學生學習無法消化的課程教材。其主要重點包括：(1)學習銜接的課程規劃；(2)學習銜接的課程實施要領等問題。

八、有關九年一貫新課程之學習評量及學力指標的問題

學習評量旨在測量學生之學習成果，必須訂定學力發展指標作為學習評量的內涵，其內涵包括：認知、技能、情意等三種層次，不應偏重認知層次的評量，而忽略技能或情意目標之評量。學習評量應設計多元評量方式，可採用紙筆測驗、實作評量與檔案評量等方式進行，重視形成性和總結性評量結果，並定期提出學生學習成果報告，學期評量結果亦應主動通知家長。但也必須面對以下兩大問題：(1)各校如何鼓勵教師把學習評量作為提升教學專業能力的觀念；(2)家長或校方對教師評量及命題方式提出質疑有所爭議時，應如何處理的問題。

九、有關九年一貫新課程之重要行政支援及師資培訓的問題

有關九年一貫新課程的推動，教育部積極推動「新課程試辦計畫、宣導與研習工作、建立教師進修制度、研發國中學生基本學力測驗」，並建置「課程與教學專屬網站」，以協助中小學老師獲得各項教學資源。教育部並分區辦理教育行政人員座談會及研習會，以溝通觀念、解決相關問題、增進新課程實施能力。但是針對九年一貫新課程之重要行政支援的推動有以下重點待再積極探討：(1)彙編具體實用的研習教材──課程統整、主題設計、協同教學及多元評量等相關概念之知能，以增進教師課程統整及規劃彈性課程的能力。(2)加強課程

試辦及課程評鑑程序，逐年持續檢討、修正課程綱要及各校本位課程計畫，並網羅各校優良課程發展模式、課程計畫及教學活動設計參考範例等，提供各縣市國民中小學觀摩參考。(3)九年一貫新課程實施後，師資培訓機構如何積極加強培育各學習領域專長之教師，並開設教師第二專長或輔系學分，以提升符應未來九年一貫新課程的教師專業能力，以提供九年一貫新課程師資需求的問題。

第三節　國民小學如何實施學校本位課程的可行模式探討

筆者曾指出（民89）：面對學校組織變革的壓力，我們可以引用混沌現象的基本原理來作為推動學校行政研究與改革的理論基礎，例如從學校的事務性質劃分，我們可以用奇異吸子原理將學校事務分為教務、總務、訓導、輔導、人事、會計等六個行政系統，根據這六個系統行為變化的情形去描繪出模式發展圖，如此將能夠幫助我們去及時預測或解決問題，並以「奇異吸子理論」這個混沌現象的科學研究理論探討研究學校行政革新的問題。以下，我們首先探討學校行政系統理論，瞭解學校行政系統理論的內涵；其次，分析探討「九年一貫新課程」教育政革形成的學校行政上的奇異吸子動力系統。

一、學校行政系統運作的內涵分析

Lunenburg 和 Ornstein（1991）指出：以一個開放系統架構的運作形式，去分析教育組織的運作和學校行政人員的角色是相當有益的。因為學校運作的範圍，可以明顯的劃分成輸入、轉化過程、輸出等三

個範疇。此架構可以幫助我們做學校運作的分析，特別是管理的組織系統。它對於問題快速、準確的診斷，是很有貢獻的，而且它能使學校行政人員的工作效率焦點集中在關鍵的領域，以瞭解系統中的改變。當學校行政基本系統模式被擴展焦點聚集於學校行政人員角色在學校或學校系統的運作時，**圖**1-1說明了學校行政運作管理系統向度間的相互的關係。雖然在**圖**1-1中將因素間的關係過分簡化，但這個圖可以幫助我們清晰的建立對學校系統或其他教育構機運作時內在因

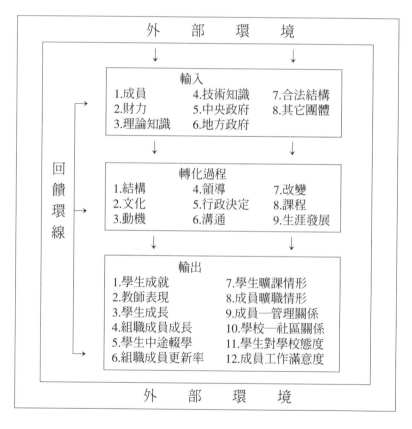

圖1-1　學校行政的系統運作架構圖

素間關係的模式。

（一）輸入

　　學校的環境提供了人員、財力、理論知識及技術知識。此外，中央政府及地方政府也制定了控制學校運作的法律。其他的團體希望學區儘可能的滿足其需求。例如學生，他們希望有適切的、有用的課程，以便爲未來或更高的教育做準備。教師們希望有更多的薪水、更好的工作環境、額外的福利和工作的安全感。教育委員會希望他們的投資能有好的轉變，也就是在預算的運作中有高品質的教育。同樣的，社區期望政府不加稅，但可對社區成員提供高品質的教育。而某些有特別興趣的團體，則有種種的待辦事項（待討論事務）。每個團體有其自身的目標，而這些目標經常是矛盾的。學校行政的目標，是去整合這些不同的目標成爲一個可行的活動計畫。

（二）轉化的過程

　　組織將外在環境的輸入轉化成某種形式而輸出。在此過程中增加了系統的價值。轉化的過程包括了組織的內在運作和管理的系統。管理系統的構成要素包括學校行政人員技術性的能力，如決策、溝通的技術，工作計畫，應變能力。

（三）輸出

　　學校行政人員的工作是去取得並使用來自外在環境的輸入，經由提供結構、發展組織文化、動機、領導、決策、溝通、技巧性的改變、發展性的課程、行政人員、團體的效率等行政的活動，去形成輸出。在學校的組織中，輸出包括了學生成就、教師工作表現、學生和組織成員的成長、學生輟學情形、組織成員的更新率、學生曠課情形、組織成員曠職情形、組織成員—管理人員的關係、學校—社區的關係、學生對學校的態度及成員的工作滿意度等。

（四）回饋

最後，外在環境對輸出做反應，並提供系統回饋。回饋對於學校運作的成功與否具有決定性。舉例而言，負向的回饋可以用來矯正活動計畫的不完備，它在這個過程中將輸出更有效能。國家的前途有賴於好的國民及其在世界市場中的演出。為此任務做準備的重責大任，落在學校。學校行政工作的推動則處於責任的漩渦中（忙碌紛擾中）。

二、學校本位課程發展的學校行政動力系統分析

發展學校本位課程，成立學校課程發展研究委員會規劃學校課程發展計畫是九年一貫新課程教育政策形成的學校行政的重要動力系統，依照國我國目前的學校行政組織的校務行政體系，學校行政系統分教務、訓導、輔導、總務、會計、人事管理六大行政系統。由校長擔任總召集人，各小組由處室主任擔任各系統之召集人，推動九年一貫新課程應該結合學校行政建制組織形成一個有利於改革的動力系統，詳見於圖1-2：

(1)教務管理系統：改善教務處工作業務的管理方法，提升教學組、註冊組、設備組的工作處理效率，透過對資訊系統的資料庫管理與運用，促進工作的推展及教育品質的提升，可以保持完整的排課資料、學籍資料、成績資料、教具資料、圖書資料，可以隨時瞭解學生、教師、教室、教具、圖書的各項狀況，可以配合需要列印各種學生、教師、教室、教具、圖書的各項狀況資料，形成動力系統，探討學校本位課程發展。

(2)訓導管理系統：改善訓導處工作業務的管理方法，提升訓育組、生輔組、體育與衛生組工作效率，透過對資訊系統的資料

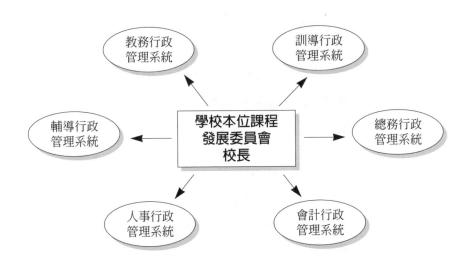

圖1-2 學校本位課程發展的學校行政動力系統架構圖

庫管理與運用,促進工作的推展及教育品質的提升,可以保持
完整的訓育活動、導護資料、體育資料、衛生資料、保健資
料,可以隨時瞭解學生、教師、教室、衛生、保健活動的各項
狀況,可以配合需要列印各種學生、教師、教室、衛生、保健
的各項狀況資料,形成動力系統,探討學校本位課程發展。

(3)輔導管理系統:改善輔導室工作業務的管理方法,提升輔導
組、資料組、特殊教育工作處理效率,透過對資訊系統的資料
庫管理與運用,促進工作的推展及教育品質的提升,可以保持
完整的測驗資料、輔導資料、個案資料、談話紀錄、輔導參考
資料,可以隨時瞭解學生、教師、個案記錄、測驗工具的各項
狀況,可以配合需要列印各種學生、教師、個案記錄、測驗工
具的各項狀況資料,形成動力系統,探討學校本位課程發展。

(4)改善總務處工作業務的管理方法,提升文書組、事務組、出納

組的工作處理效率，透過對資訊系統的資料庫管理與運用，促進工作的推展及教育品質的提升，可以保持完整的文書檔案、財產資料、薪津資料、維修資料、購物資料及表格文件收據，可以隨時瞭解文書、財產、庶務、薪津、零用金使用的各項狀況，可以配合需要列印各種文書、財產、庶務、薪津、零用金的各項狀況資料，形成動力系統，探討學校本位課程發展。

(5)會計管理系統：改善會計室工作業務的管理方法，提升歲計組、會計組、統計組的工作處理效率，透過對資訊系統的資料庫管理與運用，促進工作的推展及教育品質的提升，可以保持完整的預算分配、預算動支、預算登記、代收款項、統計報表，可以隨時瞭解經費的預算分配、登記、動支的各項狀況，可以配合需要列印各種經費的歲計、會計、統計、代收款的各項狀況資料，形成動力系統，探討學校本位課程發展。

(6)人事管理系統：改善人事室工作業務的管理方法，提升人員任用管理、成績考核及福利的有效率管理，透過對資訊系統的資料庫管理與運用，促進工作的推展及教育品質的提升，可以保持完整的基本資料、資格資料、考勤資料、異動資料、人事資料統計表，可以隨時瞭解人事異動、資格異動、考勤情形的各項狀況，可以配合需要列印各種人事異動表、資格異動表、考勤表各項狀況資料，形成動力系統，探討學校本位課程發展。

三、成立發展學校本位課程的研究委員會

學校本位課程發展（school-based curriculum development，SBCD）可以說具體反應課程綱要的表徵。未來中小學課程綱要若要徹底實施，則學校本位課程設計一定要有所成效，讓各校都有一套屬於自己經營的課程計畫及教育特色。因此，發展學校本位課程應依照我國目

前中小學學校的校務行政體系（如圖1-2），建制組織形成一個有利於推動九年一貫新課程的動力系統。

　　發展學校本位課程的動力系統，是為實現多元型態的課程內容，其發展歷程應結合校內教師、校外人士之力量，並考量學生個別差異及資源分配狀況，適當建構出各領域課程計畫，並將學校本位課程之發展權利，落實在學校全體工作團隊身上，藉由親自參與、主動規劃、配合學校資源特性，在因地制宜的實際操作歷程中，建構一套完善的學校本位課程。

　　另外，教育部亦強調未來中小學必須成立「學校課程發展委員會及各領域課程小組」，由校長擔任總召集人，各小組由處室主任擔任各系統之召集人，推動九年一貫新課程應該結合學校行政建制組織形成一個有利於改革的動力系統，彙整各類需求資料集會討論、依據需求制定或修訂系統規格、各轉換完成之系統的驗收操作使用、各類系統文件資料之保管及維護，根據各行政系統之業務性質及內涵，建立其工作檔案及資料查詢方式，以利於動力系統的運作，提出各領域課程計畫，送交課程發展委員會審議通過，經陳報直轄市、縣市主管教育行政機關核備後始能實施。為因應學校本位課程的發展，各國民中小學均應設置「學校課程發展委員會」之組織，以審定學校的課程計畫，其任務相當重要，也是未來學校課程設計及教學規劃的重心，有關其組織運作、審查課程計畫程序及主要工作重點，析述如下：

（一）組織任務

　　發展學校本位課程應依照我國目前中小學學校的校務行政體系，學校行政系統分教務、訓導、輔導、總務、會計、人事管理六大行政系統，由校長擔任總召集人，各小組由處室主任擔任各系統之召集人，推動九年一貫新課程應該結合學校行政建制組織形成一個有利於改革的動力系統，成立「課程發展委員會」及「各學習領域課程小組」

之組織，並由課程發展委員會負責審查、決定全校各學習領域課程計畫及相關實施內容，以確保教育品質，維護學生受教權益。其次，在學校課程發展委員會的成員應包括學校行政人員（校長、主任、組長）、班級導師及學科任課教師、家長及社區人士代表等，必要時得聘請學者專家列席諮詢。

（二）課程計畫審查程序

由各學習領域課程小組事先提出「領域課程計畫草案」，並詳細評估教學時間需求，提報至學校課程發展委員會審議，由課程發展委員會召集會議，討論、協調、議決，在不超過各領域上限規定內，審慎分配各領域各學年之教學時間。

（三）主要工作重點

研訂「教科用書評選及採用辦法」，送交全校校務會議議決，作為選擇審定本教科書及相關補充教材之依據。研議相關跨領域之學習單元，如何分別計入相關學習領域授課節數之辦法。考量學校社區特性、教師專長及校內外資源狀況，審慎設計全校年級或班級選修課程，以適應學生個別差異，並研訂「學校選修課程選修辦法」。參照縣市政府所訂之「學生成績評量辦法」，研訂「學生成績評量辦法補充規定」。協調處理教學或評量之重大爭議事項。在正常情況下，如發生教學過程與評量成績之爭議，應先由各相關領域課程小組進行協商，教師及相關人員皆應遵守協商結果；如再有爭議不服之情事，得提送學校課程發展委員會處理。鼓勵教師專業成長，提升教學專業能力。每位教師應積極參與一個或一個以上之學習領域課程小組，惟不得同時擔任兩個以上領域課程小組召集人。對於學校所規劃之課程計畫、實施之單元教學活動、選編之教科用書、使用之教學與評量方法，以及學生的學習結果，應定期評估、檢討、改進。

（四）規劃學校課程計畫

　　學校課程計畫主要規範各年級、各班級如何進行課程教學，具有實務性的規範作用，課程計畫一旦經由縣市政府核准實施，就不能經易變更，否則易引起教學實務上的困擾。至於學校課程計畫所包含的計畫範圍、基本要素、基本準則、教學任務及學期課表的安排、核備程序、及彈性補充課程計畫相關教材之實施細節，應由學校課程發展委員會詳細討論研訂。

　　九年一貫課程的教學實施，以學校本位發展的立場，其在規劃教師教學任務必須注意以下四點，並循著圖1-3之教學實施與研究的路徑進行教學：(1)學校應調節全校老師授課專長與授課時間，使各年級、班級之教學成效達成課程目標。另教學任務與授課時間，應協調安排之，並考量教師工作負擔之均衡性。(2)任課教師應配合學校整體教學任務之安排，得依其專長擔任某一特定領域或跨領域之教學。(3)同一學習領域之教師，可依其個人專長與研究興趣進行教學分工，並運用主題統整、協同教學之概念與策略進行教學。例如：某一任課老師得專門教授某一領域中數個特定單元，而不必教授所有單元。惟教

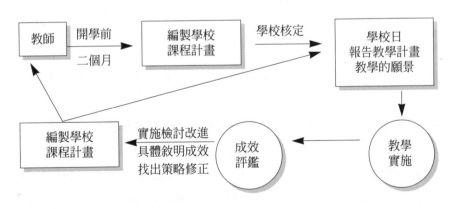

圖1-3　學校本位課程發展之教學實施程序示意圖

師間仍應就該領域之特性與內容，進行常態性之教學任務協商。(4)同一單元主題，亦可由數位教師相互搭配專長共同教學。

第四節 中興國小、福星國小學校本位課程發展的成長記錄

　　林殿傑（民88）指出：九年一貫新課程揚棄了知識獨尊的地位，排除了教師教材為核心的設計概念，而以十項基本能力為核心，主張以兒童生活經驗及生活應用能力作為課程教材、教法與評量的主要目標，是以未來學校課程計畫，應深入瞭解並融入學生生活經驗脈絡之中，發展其認知結構與身心潛能的課程，方能設計符合個別化、適性化的課程，實現本次課程改革預期理想。因此，未來教育部僅研訂評量準則，縣市政府訂評量辦法，學校自訂評量辦法之補充規定。所以，校內教師評量方式及命題原則，將尊重教師專業自主的決定，此也構成多元評量的基礎條件，傳統的紙筆測驗、觀察實作評量、學生檔案評量或參觀紀錄報告等多元化評量方式都可靈活運用，將提供教師更多的設計與創意空間，可依據教師的教學特色訂定評量方式。

　　彭裕隆、周鴻鎮、施順忠、李得財、曾盛甲、韓幸鴿（民88）在「國民教育九年一貫課程之探討研究」，歸納以下幾個特色：(1)以培養現代國民所需的基本能力為課程設計的核心：為達成國民中小學之課程目標，新課程綱要中提出十項基本能力，做為教育指標。此不僅為各學科內容編輯的基準，同時也配合未來實施的基本能力測驗，以為進入更高學習階段的依據。此一改變，著實可以減輕傳統教學偏重知識記誦的弊病，也較能與實際生活經驗相結合，使師生在教學的活動

中，能快樂的學習。(2)以學習領域合科教學取代現行分科教學：此次課程綱要修訂，特別強調學習領域為學習的主要內容，學校在實施教學時，應以統整及合科教學為原則，避免傳統以知識為中心，學科本位的偏失，如此才能逐漸落實到生活層面，並使課程的連貫、銜接及統整有實現之可能。(3)提供學校及教師更多彈性教學自主空間：為促使「學校本位課程發展」具體實現，在課程綱要中特別規定「彈性教學節數」（佔總節數百分之二十），以及選修科目佔百分之十至三十，另外授課週數及年段之彈性調整亦有空間，這對教師教學的自主性確實有助益，亦能符合學區、學校或班級的特性與需要。(4)降低各年級上課時數，減輕學生負擔：未來新課程配合週休二日，以每年授課二百天、每學期授課二十週、每週授課五日、每節上課四十至四十五分鐘為原則。至於各年級每週教學節數雖然減少，且這些節數的減少，可以利用「空白課程」進行補救教學、充實教學及其他個別化輔導活動，適性化教學的推展才有實施的可能。(5)國小自五年級起實施英語教學：為因應國際化的趨勢，培養競爭力，九年一貫課程將學習英語的年齡向下延伸至國小五年級起實施，而地方或學校若實施條件成熟，亦得自一年級起以選修方式進行，惟英語教學應以活動為主，以生活為中心。(6)減輕對教科書的依賴：依據新課程綱要的實施原則，未來在「以學校為中心」的課程發展中，學校亦可依教學需要自編教材，另一方面由於授課時數的彈性，大單元活動設計以及教師教學的自主性增加，都使得教科書僅能做為教學活動中的參考資料之一，而非唯一的依據，因此傳統以來「趕進度」的不正常現象，當可迎刃而解。此外像運用多媒體科技及資訊網路融入各科教學，亦可減輕對教科書的依賴，並可提高學生們學習的興趣。(7)完整結合課程、教學與評量：由於新課程強調基本能力的培養，此不僅為教學的依歸，同時也是評量的要項，未來結合能力指標的測驗，將使課程、教學與評量

有更好的配合，這對教育改革成效的提升將有助益。

　　歸納九年一貫新課程的重要焦點，針對教師而言乃是在於「課程統整」與「主題教學」的兩大核心能力的加強。因為九年一貫新課程改革理念強調「學習領域與統整教學」的課程設計，是藉由教師群或師生互動過程中，建構出課程統整的主題單元（週主題、月主題、年主題），再依教師專長進行教學，其教學歷程應彰顯協同教學（教學群team teaching）及合作學習型態與功能，促進學科知識與學童生活經驗相融合的效果。因此，傳統學科式、統一化的班級課表、教師個人的教學型態將產生改變，未來新課程將提供教師同儕互相研究、討論、對話的機制，對於班級教學型態可配合實際教學需要，彈性調整學期週數、每節分鐘數，以及年級班級的組合，俾利實施大單元的主題教學。誠如國北師歐用生校長（民88）指出：每一位老師都是課程設計者，每一間教室都是課程實驗室，每一所學校都是教育的改革中心。因此，本著推動九年一貫新課程的實施試探精神，八十八學年度上學期，希望能更深入瞭解「九年一貫新課程實施之可行性」及「教育改革應該回到教育現場」的理念，筆者與台北市中興國小王景雲校長、黃遠台主任，福星國小張金調校長、張登貴主任共同規劃「中興福星學校本位課程」發展模式的個案行動研究，全體教師分為十三組共同參與研究，利用週三教師進修的時間進行為期半年的「九年一貫新課程」的實施試探。此次個案行動的教師進修如下：這一次我們大膽的以主題教學的型式，統整了課程的內容，兩所學校全體老師以學年為單位，各校各分成六個小組，分別選定了六個主題，以十大基本能力為指標，擬定課程目標。再以八大智慧、七大學習領域為範疇，分工合作完成課程設計。各學習領域的老師有的以協同教學的方式，有的則運用個別的智慧，從蒐集教材內容、篩選、編排教材、編製學習單，安排教學活動流程，一步一步走來，發現原來的擔心都是多餘

的，因為兩校老師們為了深入探索九年一貫新課程而集體研究的專注精神投入非常感動人，兩校老師們也彩繪一幅塑造生命集體研究一起提升專業能力美麗畫面。於是，世界上最美的畫面就在此展開。

兩校十三個主題教學單元，不但在教師們不斷反覆深入討論下設計完成。同時每一主題教學單元，都經過一週的現場教學，並且在學期末利用一次教師進修時間，老師們共聚一堂作教學後的成果分享和檢討，筆者和兩位校長不但給老師們許多寶貴經驗的提供和分享，並且肯定了這一次老師們考量學生的程度、學校的需求、社區的特色、老師的專長下設計出來的「學校本位課程」，是兩所學校一起前進探索九年一貫新課程的成功經驗，更激勵了教師一起發展學校本位課程的信心。

第五節　本書的組織

教育工作是一種培養人才引領莘莘學子由「自然人→文明人→自我實現→自我超越」的全人格發展的工作，而教師一向扮演著人才培育開發的工程師角色，教師教學效能的高低與教育目標的成功有很大關係，九年一貫課程的實施乃是為提高教育的品質，其成敗與否主要決定於教師的教學實施。

本書第一篇從「理念與計畫」談學校本位的課程統整與主題教學；第二篇以「台北市中興國小教師行動研究的成長記錄」的七個主題，分享中興國小全體教師為學校本位的課程統整與主題教學可行模式的行動研究努力歷程；第三篇以「台北市福星國小教師行動研究的成長記錄」的六個主題，分享福星國小全體教師為學校本位的課程統整與主題教學可行模式的行動研究努力歷程。嘗試從兩校之學校本位

的課程統整與主題教學的成長記錄，努力找出一套有用的「九年一貫新課程教學實施」理想模式，進而發展出帶好每一位學生的教學方法。因為教室情境是由人、事、地、物組合而成的綜合體，九年一貫新課程的教育政策改革實施成功，必須藉助於有系統的幫助教師們使用教師有效教學策略，例如系統呈現教材內容、多元有效教學技術、有效運用教學時間、建立和諧師生關係、營造良好班級氣氛，進而有計畫的經營管理，依據教學的原理，改善教學的效能，創造一個有效率的學習環境，營造良好學習氣氛，促進有效教學與學習，以提高教學的成效，更進一步地成功達成九年一貫新課程改革理想的教育目標。本書之編輯的組織如下所述：

第一篇理念與計畫，內容包括：第一章由筆者談如何指導國民小學進行學校本位的課程統整與主題教學；第二章由中興國小王景雲校長、福星國小張金調校長談如何帶領國小教師進行學校本位的課程統整與主題教學；第三章由中興國小教務主任黃遠台、福星國小教務主任張登貴談如何協助國小教師進行學校本位的課程統整與主題教學；第四章由中興國小李印堂老師談國小教師如何進行學校本位的課程統整與主題教學。

第二篇「台北市中興國小教師行動研究的成長記錄」，內容包括：第五章「西門町的小公園－一年級教師行動研究的成長記錄」；第六章「消費高手－二年級教師行動研究的成長記錄」；第七章「歡樂耶誕節－三年級教師行動研究的成長記錄」；第八章「有唐山公無唐山媽－四年級教師行動研究的成長記錄」；第九章「節約能源－五年級教師行動研究的成長記錄」；第十章「淡水河與艋舺－六年級教師行動研究的成長記錄」；第十一章「校園生活－身心成長班教師行動研究的成長記錄」。

第三篇「台北市福星國小教師行動研究的成長記錄」，內容包

括：第十二章「可愛的小動物－一年級教師行動研究的成長記錄」；
第十三章「關懷身心障礙學童教育－二年級教師行動研究的成長記錄」；第十四章「逛市場－三年級教師行動研究的成長記錄」；第十五章「再造福星－四年級教師行動研究的成長記錄」；第十六章「春節－五年級教師行動研究的成長記錄」；第十七章「資源回收－六年級教師行動研究的成長記錄」。

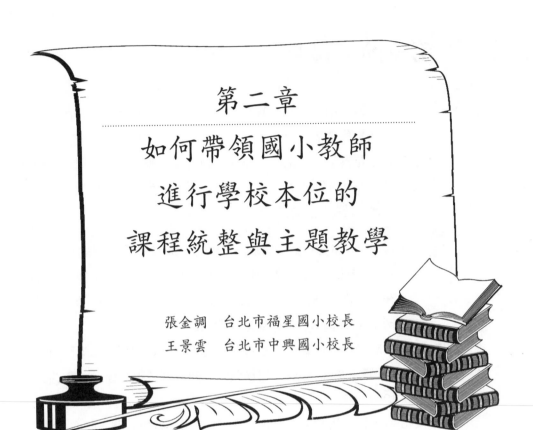

第二章

如何帶領國小教師
進行學校本位的
課程統整與主題教學

張金調　台北市福星國小校長
王景雲　台北市中興國小校長

第一節　緣起

　　中興、福星兩校校長及教務主任先開會共同討論、腦力激盪，並續在國立臺灣藝術學院學生事務長陳木金博士指導下，形成實施「課程統整與主題教學」之架構。並從行動研究的概念、發展學校本位課程之初探、遵行教師法的規定來帶領中興、福星國小兩校教師進行學校本位的課程統整與主題教學。

(1)行動研究的概念：教師即研究者，而且是「課程的行動研究者」。邊討論、邊做、邊修正，符應行動研究的精神──教師在行動當中進行反省（reflective in action）或在行動之後進行檢視（reflective on action）（游家政，1999）。

(2)發展學校本位課程之初探：因應九年一貫課程20%學科彈性教學節數的空白課程，建構教師協同編選課程的經驗（許銘欽，1999）。

(3)遵行教師法的規定：教師負有「從事與教學有關之研究、進修」的義務（教師法第十七條第一項第五款）。

第二節　實施流程

　　實施流程可歸納如下：

　　・先閱讀《行動研究方法導論──教師動手做研究》，夏林清等譯

　　　　　　　　　　　　　　　　　　──全校每師一本

▼

· 九年一貫課程學習領域概念引導

　　　　　　　　　　——由陳木金博士專題演講

▼

· 學校本位課程鄉土教學，以「蘆洲故鄉情」爲例

　　　　　——由蘆洲國小李平、李麗修、李美玲老師主講

▼

· 主題教學設計與實施專題介紹

　　　　　　——由板橋教師研習會范信賢研究員主講

▼

· 各學年利用教學研究會→討論、訂定教學主題，完成課程設計
  概念圖

▼

· 低、中、高年級教師分組→討論、修正教學主題

　　　　　——由陳木金教授、李平、李麗修老師分組指導

▼

· 各學年利用教學研究會→共同討論，依教學領域概念圖編輯教
  學活動設計

▼

· 低、中、高年級教師分組→討論、修正教學活動設計

　　　　　　——由陳木金教授、李平老師分組指導

▼

· 正式教學——利用聖誕節前後兩週時間實施

▼

· 教學成果分享與檢討——由陳木金教授指導

▼

．老師們將教學活動設計等資料「電腦打字」與教學成果一併編
　印成書

第三節　實施特色

(一)以身作則，發揮影響力

　　行政人員必須以身作則，加強進修熟悉教育趨勢所引發的教育改
革，九年一貫課程統整，主題教學，協同教學……等的精神與涵義，
才有能力發揮感召力，影響同仁。

(二)跨校合作，全面參與

　　此次「課程統整、主題教學」研究是由福星國小和中興國小全體
老師共同參與，除了請藝術學院陳木金教授，板橋教師研習會范信賢
博士作理論指導外，並請李平、李麗修、李美玲三位老師以「蘆洲故
鄉情」為例作實務探討，可說是結合大學、研究中心、小學等教學夥
伴，共同合作而成，如此不僅可以腦力激盪、集中智慧，同時可發揮
資源共享，增進經濟效益，達到事半功倍的效果。

(三)加強溝通，建立共識

　　在小學階段，家長對於實施課程統整的活潑教學，大致上是贊同
與支持的，唯部分老師雖然瞭解教育改革是勢在必行，不會反彈，但
也不一定會主動積極去瞭解其涵義與精神。仍然抱著「多一事不如少
一事，以不變應萬變」的等待心態，所以必須加強溝通，鼓勵教師積
極參與，以法律面、政策面、人性面等各方面來建立共識。

譬如，法律面：教師必須遵守教師法，負有研究、進修的權利與義務。政策面：教師分級制已成必然趨勢，教師必須增加知能，提高教師地位。人性面：教師必須配合兒童身心發展，提供統整的學習課程，使兒童獲得完整的學習經驗，才是人性化的教學。

(四)計畫落實，具體可行

　　這次研究計畫是集合教授、行政人員、老師的智慧共同擬訂的，最主要以「老師能接受，且能達到教學目標」為前提，為了使計畫更落實，每次活動後，兩校校長、主任以及教授必定對當天活動的優劣得失加以檢討，並且再修正下次活動的內容及方式，期待每次活動都能受到老師的歡迎，圓滿達成我們所預期的目標。

(五)鼓勵進修，提高知能

　　教師是教學的靈魂，也是教學成功的關鍵，所以必須提供一系列有關進修，使老師有設計課程有效教學的能力。此次兩校合作的課程統整行動研究是先由教授理論探討→示範與教師提供經驗的現身說法→兩校各學年的主題訂定→教案編寫→教案討論、修正→教案定案→正式教學→教學心得發表、著書發表使老師能從理論到實務，從教案的編擬到教學實施，使老師由能「知」到能「行」、信心成長。

(六)行政主動，充分配合

　　「教學是目的，行政是手段」，所以行政必須主動，在人力、物力、財力各方面，全力配合支援教學，使老師能安心教學，尤其「課程統整、主題教學」必須讓「教師群」有充分的時間尋找教學資源，共同討論設計教學方案，所以「備課時間」必須相當足夠，在不影響教學的情況下，必須給老師彈性運用時間。

(七)成立團隊，分工合作

　　學校本位課程，必須以學生為主體，配合教師專長、學校特性、社區需要，發展出一套適合學校本身需要的課程，所以必須組織各學年、各科教師群，共同討論，擬訂主題、設計教案，尋找教學資源，並進而分工合作，協同教學，才能有效教學。

(八)成果發表，激勵士氣

　　舉辦主題教學成果發表會，可以使老師彼此交換經驗、分享心得，並將努力的成果集結成書，一方面留下記錄，做為實施教學的參考，一方面鼓勵士氣，使教學者能在既有的基礎下有信心再出發。

第四節　結語

　　透過這次的研究成果，使我們更深信老師都相當優秀，只是長期由上而下的統一教材，暫時廢了我們設計課程的武功而已，老師是教學成功的關鍵，要教改成功，最重要的是要重新把老師的專業能力找回來，誠如國立台北師院校長歐用生教授所言：每一位老師都是課程設計者，每一間教室都是課程實驗室，每一所學校都是教育的改革中心。期待我們共同努力培養二十一世紀優秀的國民。

參考書目

1. 游家政（1999），〈九年一貫課程的學習領域〉。刊載於中華民國教材研究發展學會編印，九年一貫課程系列研討會3，《九年一貫課程與學習領域》（一）。

2. 林文生（2000），〈以開放的對話為起點—如何改變教師的課程地圖？〉。刊載於《康軒教育雜誌》，2000年3月號。

3. 許銘欽（1999），〈從教學節數的配置構想—談九年一貫課程學習領域的實施問題與建議〉。刊載於中華民國教材研究發展學會編印，九年一貫課程系列研討會3，《九年一貫課程與學習領域》（一）。

4. 夏林清等譯（1997），《行動研究方法導論—教師動手做研究》。台北市：遠流出版公司。

5. 邱志鵬（2000），〈開放教育的回顧與展望〉。刊載於《教育研究雜誌》，第71期。台北市：元照出版公司。

6. 蘇愛秋（2000），〈從多元智慧理論省思政大實幼之課程〉。刊載於《教育研究雜誌》，第71期。台北市：元照出版公司。

第三章

如何協助國小教師
進行學校本位的
課程統整與主題教學

黃遠台　台北市中興國小教務主任
張登貴　台北市福星國小教務主任

第一節　課程統整與主題教學的行動研究計畫

「每一位老師都是課程設計者，每一間教室都是課程實驗室，每一所學校都是教育的改革中心。」（歐用生，民88）我們是教育的現場工作者，九年一貫課程即將在九十學年度實施，有關「課程統整，主題教學」的能力是有待加強的，因此福星國小和中興國小正好利用個案行動研究的機會，共同來增長教師們這方面教師專業素養的能力。

國立台灣藝術學院學生事務長陳木金教授接受兩校之託，擔任兩校的指導教授，如今喜見兩校十三個主題教學單元，不但在教授的指導和不斷反覆深入研討下設計完成。同時每一主題教學單元，都經過一週的現場教學，並且在學期末利用一次教師進修時間，老師們共聚一堂作教學後的成果分享和檢討，陳教授和兩位校長不但給老師們許多寶貴經驗的提供和指點，並且肯定了這一次老師們考量學生的程度、學校的需求、社區的特色、老師的專長下設計出來的「學校本位課程」是成功的。

回首來時路，陳教授和兩校的校長及主任們共同規劃了此次個案行動的教師進修如下：

週次	日期	進修內容	指導老師
六	88.10.06	九年一貫課程的教與學	陳木金教授
八	88.10.20	課程統整教學設計	范信賢老師
十	88.11.03	鄉土教材編纂的理論與實務	李平老師等
十三	88.11.24	課程統整主題教學設計研討（一）	陳木金教授等
十四	88.12.01	課程統整主題教學設計研討（二）	陳木金教授等
十八	88.12.29	課程統整主題教學設計研討（三）	陳木金教授等
二十	89.01.12	課程統整主題教學成果發表會	陳木金教授

中興國小各年級老師經過共同討論後設計的教學主題如下：

年級	課程統整主題單元名稱
一年級	西門町的小公園
二年級	消費高手
三年級	歡樂耶誕節
四年級	有唐山公無唐山媽
五年級	節約能源
六年級	淡水河與艋舺
身心成長班	校園生活

福星國小各年級老師經過共同討論後設計的教學主題如下：

年級	課程統整主題單元名稱
一年級	可愛的小動物
二年級	關懷身心障礙學童教育
三年級	逛市場
四年級	再造福星
五年級	春節
六年級	資源回收

這一次「課程統整主題單元教學」利用教師進修時間經陳教授指導，和老師們（調配師）不斷討論對話後設計的課程（佳餚），最後付諸教育現場教學，不但獲得學生的滿意、家長的肯定，也讓老師有信心迎接未來九年一貫課程的挑戰，因為老師學得了如何端出一盤色香味俱全的調配菜餚能力。看著老師們重新歸零學習，設計出屬於學校的課程，謹將走過的足跡用片語數言以為記錄。

第二節　小班教學精神的實踐

隨著時代的腳步，各項「教育改革」運動正熱烈的展開，而中小學課程與教學的改革正是此次「教育改革」的核心工作。以前或許我們會問：「教育改革」是不是一種流行？「教育改革」是不是一種實驗？而今我們已經確信它是時代的潮流。以前或許我們會問：要不要等待？等待時機成熟。要不要觀望？看看別人怎麼做。而今我們確認不能等待，再等待就要錯失時機了。不能再觀望，觀望是挫敗的開始。

既然決定加入行列就得拿出行動來，凡事皆有第一步，要主動營造，積極尋求切入點，積極化解來自各方的阻力。因為學校的責任就是照顧所有學生的學習需求，無論如何，最後學校都得負起責任把課程規劃好。

可是學校本身是不是潛藏著甚大的不確定性？有沒有適當的教學設備和資源？每位老師的能力和時間夠不夠？要如何喚起全校同仁的動員和關心？老師們認同及參與的意願如何？這些種種都令人憂心忡忡！但是改革是如此迫切，因此，我們出發了！

這一次我們大膽的以主題教學的型式，統整了課程的內容，全校

老師以學年為單位，分成六個小組，分別選定了六個主題，以十大基本能力為指標，擬定課程目標。再以八大智慧、七大學習領域為範疇，分工合作完成課程設計。各學習領域的老師有的以協同教學的方式，有的則運用個別的智慧，從蒐集教材內容、篩選、編排教材、編製學習單、安排教學活動流程，一步一步走來，發現原來的擔心都是多餘的。一群專業的醫生為了挽救生命而集體研究整夜會商，很動人。我們的老師為了塑造生命集體研究一起提升自己的專業能力，更美麗。世界上最美的畫面就在此展開。本來「教育改革」、「行動研究」就是由老師們自動自發由下而上穩定發展與精進而成的，學校應該本著充分支持積極鼓勵的立場，一起前進探索九年一貫新課程。

當紙上的作業完成，大家躍躍欲試，經過了教授與專家的指導，我們進入了教學的實作階段，大家忙著協調上課的時間，安排活動的場地，討論教學心得，分享教學成果，並不斷的修訂原始的設計，在理想與實際，在規劃設計與實地教學間，的確有很大的差距，這個體認是如此寶貴，是那麼令人驚喜，或許是因為自己設計準備和教學，成就感得到更多的滿足吧！

這一次的行動研究中，老師們都認為我們充分尊重了學生的個別差異，提供了適性發展的機會，使學生們都得以發揮多元智慧與身心潛能。另一方面也改善了班級師生間互動的模式，建立了積極良好的關係，營造了優質的班級氣氛。讓老師教得更生動，學生學得更活潑。完成了多元化、適性化、個別化的教育理想，這也正是小班教學精神之意義的所在。在成果發表中老師們的報告，我們看到了「教育改革」的希望！

第四章

國小教師如何進行學校本位的課程統整與主題教學

李印堂老師
台北市中興國小教師

第一節　前言

當學生面對著老師說「我學會了，我知道更多，我懂得思考、會尋找資料」，這時候的我心中是雀躍的，因爲我知道學生又成長了，其實心中常想，我要的學生是怎樣的模樣呢？浮在心中的答案其實只有一個，我要的學生是會思考的小朋友，因爲有思考的小朋友，才會有美好的未來。

整個大環境在改變，資訊的獲得，不再是一件困難的事，每天都有不同的事，不同的感官刺激，老師不再是知識來源唯一的地方，老師不再是人們心中知識的權威，老師的專業遭受質疑。知是易，但要懂是難，爲師者要有所體認，單一知識的傳授不是唯一的職志，我們要讓學生懂得舉一反三，懂得開創，懂得去思考所有的一切，學生不再是樣板的塑造，而是不同的個體。

從古至今，老師一直是「傳道、授業、解惑」的人，師長的循循善誘對學生而言是莫大的善緣，但因資訊時代的來臨，電腦、網路的普及，整個社會環境與家長對教育品質的要求一再提高，老師若昧於潮流的改變而仍故步自封，無疑地將爲社會所淘汰。老師是作育英才的第一線，想培植出活潑健康又能獨立思考的小朋友，實在必須以身作則，努力吸收新知，瞭解社會的脈動，以充實的內容與靈活的教法來啓發下一代，如此方能教養出符合時代要求的人才。目前的教育偏重知識的傳授，而忽略情意的薰陶，以至小朋友往往只注重自己，忘卻身邊的人、事、物，對於生活後知後覺，對於傳統一無所知，或許當前的教育改革正是要修正以前的錯誤，所以著重在小朋友對自身、對家庭、對環境的關懷，知識的學習不再是獨大的。我們冀望向下紮

根，以期能創造一個美好的未來。

　　教師在反思中，主動的改變原有教學方式，讓自我的思維與身體一同動起來，這次行動研究主題教學中，對我們而言，是教學上知、行、思的實行，更是教師專業理念的實踐，這種心中的滿足，我們願意和大家共同分享，以下是我們對這次主題教學所建構的教學過程。

第二節　教學前的準備

一、發呆（腦力激盪）

　　發呆不是要各位不思考，而是思考的輕鬆代言。在建構教學模式時，一開始無須讓腦中有太多的舊經驗，給自己一個完全自由的空間，什麼都去想，沒有預設的想，越是天馬行空越是好，我們要知道，小朋友的思維中，沒有不可能的事，小朋友的創意是無限的。至於課程設計的我們，又怎能忽視創意？若要吸引小朋友的學習，就要有創意的課程，即使是舊瓶新裝，只要能帶給小朋友不同的感官刺激，不同的學習認知，在我認為都是有創意的課程設計。因此發呆是課程設計的第一步，其實偶爾讓自己在既有的教學模式下，放下所有的一切，發個呆，或許會有意想不到的好點子出現。

二、飲茶聊天（集思廣義）

　　教書這些年來，我很不喜歡「開會」這個字眼，好像只要一聽到開會，大家的嘴就像是裝了拉鍊一樣，自動拉上，會議上只有主席（長官）一人在不得不講的情況下，獨自一人唱戲，好不可憐。

　　脫掉嚴肅的外衣，喝咖啡聊是非，人們愛說的本性就一覽無疑，

就在自自然然的情況下，每一個人的看法與構思，一一的浮現。

就以我們爲例，一杯熱茶，幾片餅乾，在七嘴八舌下，提出了來來百貨公司、北區郵政總局、龍山寺、貴陽街等，最後我們共同發現，大家所提教學範圍不離學校周圍，在討論下無形中加深了自我思考範圍與內容。其實在這次的交談中，我體悟到其實教學設計無須好高鶩遠，生活周遭就有良好的教材。

輕鬆之餘，可不要忘記要擬訂大略的教學範圍，如此這次的聚會就算圓滿。

三、踏訪

在擬訂大略的教學範圍後，實際的踏訪教學地點，在我認爲踏訪是很重要的，親自的走一趟，將會發現紙上作業不足之處。因踏訪之故，我們發現六號水門至七號水門之間，有四個污水排放口，確定古艋舺港的所在地點，正確得知淡水河漲潮的時間，是雁鴨群距岸邊最近的時刻，在龍山寺中取得了語文科的教材（認識對聯、匾額）。因爲教學前的踏訪，讓我們更明確的掌握教學目標。

課程的統整，是主題教學中很重要的思考範疇，其統整的範圍，不只是課本上直向串聯，更重要的是如何將主題教學融入於課程中。主題教學是開放的教學模式，是對社區的開放，對生活環境的關懷，如此教材的統整就必須要有橫向的整合。教材的設計，儘量讓小朋友很容易的在生活環境中找到答案，由熟悉中提高小朋友學的意願，讓學習不只是抽象，更有具象的建構（具象建構是讓小朋友直接操作，所學的能很容易的應用到生活中）。因此老師教學前的踏訪是很重要的，踏訪的成果，深深的影響教學品質。

四、再度聚會

這次的聚會，最重要的目標是完成教學計畫，並完成教學的準備。

踏訪是為了教學，老師們所踏訪的點及思考方向並不同，因不同讓教學更多元，也可能因不同而使教學目標變得更繁雜。再度討論是必要的，第一次討論的大略教學範圍，是這一次討論的主要架構，對踏訪的結果，加以討論，修正教學範圍，進而融入教學目標，完成教學目標，讓整個教學更具體可行。

教學目標確定，也是對小朋友學習評量的確定。

完成上述教學前的準備，實際的教學就將展開，教學前，老師們要對所教的小朋友，做不同程度的教學修正，儘量勉強小朋友達到預定的教學目標，但可別為了統一目標，讓教學與學習不快樂，適時的修正是必要的。

第三節　上課了

一、小朋友上課前的準備

對小朋友而言，上課前的準備是重要的，也是快樂學習的開端。

請小朋友利用不同的媒體工具，對教學題材做一先前的認識。網路、圖書館、長輩的訪談、家中照片的蒐集等，都是課前準備的媒介。

在這次的主題教學中，淡水河與艋舺，小朋友在網路、圖書館，初步瞭解淡水河和艋舺的自然及人文歷史。由訪談中，認知先民的生

活方式與環境的變遷。

其實小朋友在訪問的過程中，往往讓長者陷於甜蜜的回憶中，每每都會欲罷不能、滔滔不絕的說出年少時的生活，這些話語對於老師或小朋友而言，都是活生生的歷史事件，這些歷史事件強化了教學中的興趣與樂趣。長輩在我們這次的主題教學中，扮演很重要的角色，在不刻意又很自然的狀況下，讓家長參與了我們的主題教學。

二、正式上課

淡水河與艋舺的課程設計，是屬於具體操作。因此上課時，我們很注重小朋友對問題的敏感度，儘量讓小朋友去發覺問題、回答問題。小朋友課前有準備，讓上課呈現出的模式是相互的討論，讓問題浮現，進而能對問題做一整合，再建構出對課程主題的認知與思維。

在整個課程，首先安排的是一天的校外教學，藉由校外教學，讓小朋友除了實際體會淡水河與艋舺外，更重要的是讓小朋友能在課堂討論、上課前，先前印證自己所尋的資料、所聽的歷史事件，是否有不同之處，進而能思索其不同處，而有所反思。

在課堂上，師者所扮演的是上課動力的發起者。老師要無時無刻保持對事的新鮮感，比小朋友多一分大驚小怪，以太陽底下無不新鮮的事，來引發小朋友的上課興趣。人是群體的生物，很難不受外在事物影響，讓學習的新鮮感相互影響，使學習變得有趣。

主動的思維、討論，是教學主要的目標，老師不再是答案的供應商，小朋友必須依靠判斷力與討論來完成學習目標。

三、評量

讓小朋友有快樂學習的情境，但有效的學習才是整個課程設計中最重要的一環。由於在先前的討論中，就已確定各科的教學目標和整

體教學目標，因此在評量上，採取學習檔案評量，小朋友透過學習單，主動討論，也讓家長瞭解主題教學的目標，因而達成親師合作。

學習檔案是依學生不同程度，而有不同的蒐集內容與不同的心路成長。在小組討論中，樂於見到的是，小朋友彼此間相互的幫助。此外，在學習檔案建立時，也同時建立起小朋友的自信心與自我的肯定。

第四節　結語

教學是快樂的，尤其是多變的教學模式，更令人期待，主題教學並非一個全新的嘗試，但在現有的教學活動中，添加一些自我的創作，當然這些創作不只是老師、也包含學生的創意，主題教學或許是教學上的小變化，但在我們（老師和小朋友）心中是無限的開懷，因為我們找到共同的話題與共同的成就感。

台灣這些年來變化快速，人文的景觀，常在我們不小心或不注意下一一消失，淡水河的美，常聽於長者的口中，萬華的文化又僅在於書本中，生活其中的我們，何嘗不想親身體驗先民的足跡呢？俗話說「鑑往知今」，我們又怎能忽視曾經在我們身邊的文化與事物呢？

教學前師生一同搜尋資料，教學中共同分享萬華的美與故事，教學後我們沈浸在多樣人文的萬華，家鄉是我們的榮耀。這一連串的教學活動，帶給師生間不一樣的互動，功課不再是師生溝通的阻礙，取而代之的是學生對課程的認同與自信心，因為困難的解決不只是老師的責任，學生才是問題的解決者，就在動手動腳、七嘴八舌下我們完成了，「淡水河與艋舺」的主題教學。

其實，我們想做的，不僅僅只是教給孩子知識。

我們能做的，絕不只是在培養孩子求生存的本事。

我們要做的，是讓孩子在保有自我、保有天性良善本質的前提下，擁有覺察生命無限可能的敏感度，發揮生命的熱情，勇敢追求自己的理想。

我想教育的改革，不只是上行下效，更重要的是內心的自我省發，老師依循自我的專業，編出適合的補充教材，讓小朋友在制式的課程中，感受到上學的樂趣，如此才能打破僵化的教育，亦能教育出會思考的國家主人翁，教學的樂趣才能真正的由心中散發出來。

第二篇

台北市中興國小教師
行動研究的成長記錄

第五章

西門町的小公園

一年級教師行動研究的成長記錄

西門町的小公園─認識中興我的家

教學年級：一年級

編輯者：趙苑伶

設計與教學群：

> 湯淑娟、趙苑伶（一年級導師）、
> 簡明隆（美勞）、蘇志怡（自然）、
> 張瓊妮（音樂、體育）、陳秋冬（道健）

主題設計緣起：

在同學年老師們的腦力激盪之下，大家一致同意「認識學校」這個主題最適合一年級的學生。

甫從幼稚園的環境進入到「小學」這個看似較為嚴謹的大環境，如何讓小一的新生切身感受到「中興」、「小而美」、「綠意滿校園」的特色，則是後續協同設計課程時的重要課程。

所幸，中興豐富的人文環境、多樣的自然景物，再搭配上充分的行政支援，最後讓整個教學過程十分愉快地完成。

一年級「西門町的小公園」課程設計概念圖

知道學校是幾層樓的建築，
有幾個飲水機、大門（加法）
調查全校共有幾個班級
每班人數，誰多誰少（比大小）
每組發給10條繩子，綁在校內某一特
定區的樹上，看最後剩下幾條就知道
有幾棵樹（減法）

認識校園裡的植物
方位（東西南北）的認識相對位置
距離的測量
寫生校園植物
介紹學校網站

分享入學三個月
之心情
在卡片上寫一句
話給師長
會寫校名、學校
地址和電話
有關學校的故
事、童詩欣賞

教唱校歌
畫校園一景
摺或畫出作品
美化環境
依據節奏唸出
有關學校的口
號

認識川堂的大平
面圖，能說各處
室及專科教室的
名稱及功能
認識學校成員及
其職務
彩繪校徽、大地
訪查

低年級健康操，
遊樂器材之使
用，均衡的營養
（營養午餐）
行進間、上下樓
梯應有的規範

過關遊戲
全部過關者成為中興榮譽
兒童

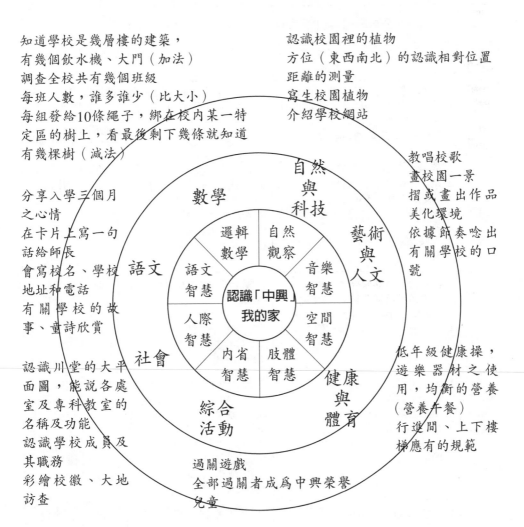

設計緣起：

一年級是以「我的學校」為主題，以八大多元智慧（語文智慧、邏輯數學智慧、自然觀察智慧、音樂智慧、空間智慧、肢體智慧、內省智慧、人際智慧）為核心，配合九年一貫課程七大學習領域（語文、數學、自然與科技、藝術與人文素養、健康與體育、綜合活動、社會），設計出各領域教學活動流程表。

中興國小一年級教學活動設計

教學主題	西門町的小公園——認識中興我的家				
教學年級	一年級	教學節數	一周		
小組成員	湯淑娟（數學）、趙苑伶（語文、社會）、張瓊妮（藝術與人文、健康與體能）、蘇志怡（自然）、陳秋冬（健康與體能）、簡明隆（藝術與人文）				

學習領域	教學活動內容	評量活動	教學者	教學時間	使用場地
語文	1. 故事「遲到大王」欣賞 2. 童詩「半半歌」欣賞 3. 欣賞、試唱「中興」童詩 4. 感恩樹—在卡片寫下感謝學校的一句話 5. 趣味認識中興國小的國字及電話	能敘述、敢發言 能優美朗誦及吟唱 能表達感謝之意 能正確寫出國字 能表達豐富的聯想力	湯淑娟 趙苑伶	3節	教室 榕樹下
健康與體育	1. 教導低年級健康操 2. 學會學校遊樂器材的使用 3. 行進間、上下樓梯應有的規範 4. 明瞭食物及運動對健康的重要性	能配合音樂正確做操 能瞭解遊樂器材的正確使用方法 能明白在公共場所應有的規範	張瓊妮 陳秋冬 湯淑娟	2節	內庭院 大操場
社會	1. 認識學校大平面圖 2. 彩繪中興校徽 3. 全班總動員進行尋寶遊戲 4. 我是小柯南，進行偵探遊戲 5. 大地訪查—實地探查學校周邊環境	能說出各場所的名稱及功能 能熟悉學校各處室的位置 能熟悉大操場的配置及行政人員 能認識學校周邊的好鄰居	湯淑娟 趙苑伶 張瓊妮	5節	川堂 大操場 學校各處室 廚房 圖書館
藝術與人文	1. 瞭解學校的主題曲—校歌 2. 教唱快樂小天使 3. 依據節奏唸出有關學校的口號 4. 利用白色紙黏土，塑好同學肖像	能瞭解歌詞內容並哼唱 能依節奏唸出口號 能排出節奏位置 能進一步更熟悉同學	張瓊妮 簡明隆	2節	音樂教室 川堂

數學	1. 認識30以內的數與量 2. 測量並比較兩個大門的長度及形狀 3. 調查全校各班人數並比較其大小	能點算30以內的數量 能描述物件的長短 能比較物件的長短 能比較30以內的兩數的大小	湯淑娟 趙苑伶	3節	學校大門 學校各班
自然與科技	1. 帶學生認識校園植物 2. 製發校園簡圖,請學生在圖上找出植物的所在位置 3. 學生寫生校園植物 4. 介紹學校網站	能說出植物名稱 能認識植物與簡圖的相對位置 能寫實畫出植物特徵 能利用電腦認識學校	蘇志怡	3節	校園 電腦教室
綜合活動	過五關 過關者能得到過關印,得到五個關主的榮譽印章者,當選中興榮譽兒童	能知道正確位置 能正確數出30以內的數 能優美唱出校歌 能說出植物名稱 能跳出低年級健康操	湯淑娟 趙苑伶 張瓊妮 陳秋冬 張小芬	2節	內庭院 各處室 秘密通道 川堂

中興國小「語文」教學活動流程表

教學主題	西門町的小公園——認識「中興」我的家					
學習領域	語文					
教學內容	1.童詩欣賞 2.感恩樹 3.迷糊的皮卡丘					
教學年級	一年級	教學節數	3節	教學設計老師		趙苑伶
使用場地	教室、榕樹下	教學時間	89年1月			

教學目標	教學活動內容	說明	教學準備事項	分配時間
養成不遲到的好習慣	活動一（童詩欣賞） 1.引起動機：講述故事「遲到大王」 2.欣賞「半半歌」 3.欣賞「中興」童詩 　老師領唸、分組唸、優秀同學範唸，最後套進小蜜蜂的曲調試唱之 …………第一節完…………	※使其明白遲到是不好的習慣，並鼓勵小朋友發表遲到時的原因及心情（例如：緊張、匆忙……） ※鼓勵小朋友不要成為事情作一半的人 ※配合「小蜜蜂」的曲調來唱，以加深小朋友的記憶力	※故事書 ※教學提示機　學習單 ※自編「中興」童詩	15分 8分 17分
培養感恩的心	活動二（感恩樹） 1.引起動機：帶往榕樹爺爺樹下，分享入學四個月的心情 2.引導小朋友感謝學校的環境、人事物，並在卡片上寫下感謝學校的話 3.由老師協助將感謝卡片綁在榕樹上 …………第二節完…………	※簡述小學與幼稚園的差別，進而帶入不知不覺中小朋友都長大了，而這些該感謝誰？ 大家一起動手將愛心綁在樹上	卡紙 ※繩子	15分 15分 10分
認識中興國小的國字及電話	1.引起動機：講述故事「迷糊的皮卡丘」 2.教授「中興」兩字的寫法 3.教授學校的電話號碼23111332 4.鼓勵創作自己家裡電話的聯想圖 …………第三節完…………	※提示與校徽之間的高相似性 ※像不像一位老公公	※校徽	15分 10分 10分 5分

迷糊的皮卡丘

有一天皮卡丘長大了，向小智說他也要去上小學了，於是，皮卡丘穿得很整齊的上學去。

轉眼間，四個月過去了，小智問皮卡丘：「你在哪一個小學讀書哇？」皮卡丘不知道，只會說：「皮卡！」小智也無可奈何。

隔天，迷糊的皮卡丘上學時，竟然被火箭隊綁架了，急得快哭的皮卡丘，趁火箭隊不注意時，想要打大哥大求救，可是，卻不知道學校和家裡的電話號碼，糟糕了，怎麼辦？小朋友，你會背中興國小的電話嗎？

寫一寫

✦ 位於中興橋頭的中興國小，你會寫嗎？

✦ 中興

聰明聯想家

中興國小的電話號碼是23111332，像不像下面的老公公啊？

超級變變變

小朋友請運用你的聯想力，想一想家裡的電話可以變成什麼？

☎_____變變變，變成_____。

（自編教材──趙苑伶）

中興國小「數學」教學活動流程表

教學主題	西門町的小公園——認識「中興」我的家					
學習領域	數學					
教學內容	數到30					
教學年級	一年級	教學節數	3節	教學活動內容		湯淑娟
使用場地	川堂、各班教室	教學時間		89年1月		

教學目標	教學活動內容	說明	教學準備事項	分配時間
認識30以內的數與量	準備活動 1.認識川堂的大平面圖 2.準備11到30的數字卡 3.全校各班人數調查表 點算一個樓層的柱子 1.能點算30以內的數量 2.能拿出對應的數字卡 3.能讀並能寫11-30的數字 4.知道30以內各數所代表的量 ………第一節完………	※更深入認識學校的建築物。	※學校大平面圖 ※數字卡	20分 20分
會描述物件的長短 會比較物件之長短	測量並比較開封街和西寧南路兩個大門的長度及形狀 1.會測量有幾步寬 2.會測量有幾個手臂長 3.會測量大約有幾人寬 4.會做記錄並比較 ………第二節完………		※學習單	20分 20分
能比較30以內兩數的大小	每4人一組各持調查表，分別至二至六年級 1.去調查各班男生女生各有幾人 2.將各班人數製成圖表 3.能比較30以內量的多少及數的大小 ………第三節完………			20分 20分

數學小天才

1. 請問一樓總共有幾個柱子？□20個□22個□23個□24個

2. 請問開封街大門共有幾步寬？_____步

3. 請問西寧南路大門共有幾步寬？_____步

4. 請問哪一個大門比較寬？□開封街大門□西寧南路大門

5. 請算一算榕樹下的爬山玩具共有幾格？_____格

6. 分成四組比一比，哪一組爬得最快？第___組

7. 畫下爬山遊樂器材的樣子。

中興國小「自然與科技」教學活動流程表

教學主題	西門町的小公園—認識「中興」我的家				
學習領域	自然與科技				
教學內容	認識校園植物				
教學年級	一年級	教學節數	3節	教學設計老師	蘇志怡
使用場地	校園、教室	教學時間		89年1月	

教學目標	教學活動流程	說明	教學準備事項	分配時間
能說出五至七種校園植物 能寫出指定植物在校園中的位置	1.帶學生認識校園植物 …………第一節完………… 1.教師將校園簡圖發給各組 2.教師寫出各種植物，請學生寫出植物的所在位置 3.師生統整 …………第二節完………… 1.學生寫生校園植物 …………第三節完…………		※學校簡圖	40分 40分 40分

哈囉！各位小朋友

　　你們進來可愛的中興國小已經超過四個月了耶！不知道你們發現了沒有？

　　咦？發現了什麼？

那就是啊⋯⋯我告訴你們喔！

我們的學校裡面，有五種水果樹唷！

　　當然啦！我相信你們一定也發現了，除了這五種水果樹以外，我們的中興還有好多好多頭好壯壯的植物，對不對？到底是這種？還是這棵？嗯？？好像還有其他的植物吧？那麼現在就請小朋友們看著校園簡圖，去找一找1到10這十種植物，並請把答案寫在下一張紙上，OK？

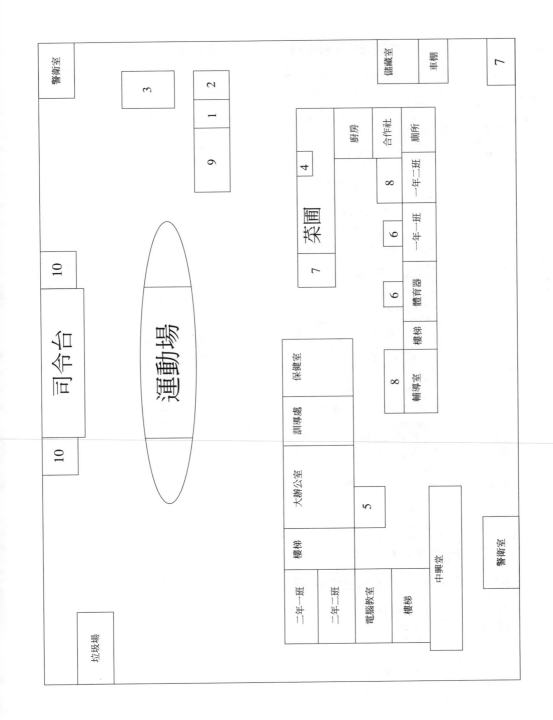

中興國小「藝術與人文」教學活動流程表

教學主題	西門町的小公園──認識「中興」我的家					
學習領域	藝術與人文					
教學內容	歡唱校歌					
教學年級	一年級	教學節數	4節	教學設計老師		張瓊妮
使用場地	音樂教室	教學時間		89.1		

教學目標	教學活動流程	說明	教學準備事項	分配時間
瞭解歌詞內容並能哼唱	一、準備活動 　老師引導小朋友，說明每一部卡通都有一首主題曲，而學校也有一首主題曲，那就是校歌 二、教學活動 　1.教唱校歌（附件一） 　2.帶領小朋友巡校園一圈 　3.教唱「快樂小天使」（附件二） …………第一節完………… 一、準備活動 　教師依據學生所學會的節奏，準備三句有關學校的口號 二、教學活動 　1.老師唸一遍口號（附件三） 　2.小朋友需仔細聽並按照老師唸法唸一次 　3.每一人發一張節奏卡，請小朋友在文字上排出節奏卡 　4.全班再唸一次口號，接著只用手拍出節奏 三、統整 中興是迷你的學校，大家都喜歡它，再高唱一次校歌 …………第二節完………… 一、塑同學肖像 　1.做素坏 　2.水彩著色 　3.上透明漆 ………第三、四節完…………	※學校像小公園一樣，而我們像一群快樂小天使，悠遊在其中	口風琴 鋼琴或CD 口號、板書 節奏卡	5分 10分 15分 10分 5分 30分 5分 40分 30分 10分

<small>能依節奏唸出口號</small>

<small>能排出節奏的位置</small>

<small>能自由揮灑創作</small>

校　歌

附件一

鄭美俐 作詞
陳昭南 作曲

柔和親切地

中　興!你有新興的　朝　　氣，充　　滿　了生命的力　量。

中　興!你有豐富的　內　　容，充　　實　了　我的生　　活。

我在你　親切　的懷　抱裡，嬉戲　玩　耍　頌讀長　大。
我要做　個中　興好　兒童，我將　做　個　社會好國民。

啊!我　愛學校更敬我　師長，且把　中　興發　揚光　大。

中興國小「健康與體育」教學活動流程表

教學主題	西門町的小公園——認識「中興」我的家				
學習領域	健康與體育				
教學內容	快樂的一天				
教學年級	一年級	教學節數	2節	教學設計老師	陳秋冬 張瓊妮
使用場地	教室、校園	教學時間	89年1月		

教學目標	教學活動流程	說明	教學準備事項	分配時間
能配合音樂正確做操 瞭解遊樂器材的正確玩法 瞭解在公共場所應有的規範 明瞭食物及運動對健康的重要性	一、熱身運動：低年級健康操 二、討論學校有哪些遊樂器材，並請小朋友示範正確玩法 三、行進間、上下樓梯、走廊上應有的規範 四、統整 　1. 運動完後要做一些緩和運動，才可以補充水分 　2. 在公共場所要注意自身及他人的安全 　3. 每天要多運動，並均衡食用各種食物，才能長得又高又壯 五、觀察當天中午所食用的營養午餐 六、提示小朋友熱身及安全的重要性 …………第一節完…………	※老師講解後，一個一個演練 ※教師先示範一次，小朋友做完之後，分組表演	收音機 錄音帶	15分 10分 5分 10分
能說出行路安全的注意事項 能注意行路安全 能在學校中安全的活動	一、準備活動 　1.經驗分享 　2.交通安全紅綠燈 二、發展活動：看圖說故事 　開學第一天，小明由爸媽帶到學校……	請小朋友觀察一日中離開家門後發生的事，以便進行經驗分享（如果小朋友都沒有經驗，可由老師提供自己的經驗來引起） 老師出示圖片，請小朋友發表	紅綠燈 標誌圖片 國編版道健一上	10分 10分

| 能瞭解學校活動安全的重要 能準時上下學 出門回家能告訴父母，不讓父母操心 | 問1：你想爸媽會跟小明說什麼？
問2：為什麼爸媽要跟小明這麼說？
問3：你平常上學需不需要過馬路？
問4：你會怎麼過？
問5：如果你是那位司機，你會怎麼想？
問6：如果你是那位小朋友，你會有什麼反應？
問7：如果你是小明的爸媽，你會怎麼想？
三、表演
　各組輪流上臺表演：
　1.在馬路上行進
　2.過馬路
　3.過平交道
　4.遇紅綠燈
　5.其他狀況（上課快遲到了……）
四、綜合活動
　表演後全班討論行路應注意的安全事項
…………第二節完………… | 布置簡單道路狀況、交通號誌 | 書面紙、交通標誌 | 15分

5分 |

小朋友：請你想一想，怎樣做才安全？安全的打「○」，不安全的打「×」。

中興國小「社會」教學活動流程表

教學主題	西門町的小公園──認識「中興」我的家				
學習領域	社會				
教學內容	認識校園、老師及周邊建築				
教學年級	一年級	教學節數	5節	教學設計老師	趙苑伶
使用場地	校園、周邊建築	教學時間		89年1月	

教學目標	教學活動流程	說明	教學準備事項	分配時間
認識學校大平面圖	活動一 一、引起動機： 　　將全班帶至川堂認識學校大平面圖並認識校徽 二、實地帶小朋友繞校一圈 三、於內庭院集合，鼓勵可利用下課時間，多認識學校，提示下一次要進行尋寶遊戲 四、作業活動：彩繪中興校徽 …………第一節完…………	※一一說明各處市集場所的名稱與功能 ※實地帶小朋友繞一圈，請小朋友畫下所走過的路線	※校徽 ※學校大平面圖 ※學習單	10分 30分
熟悉學校各處室的位置 知道班級牌	活動二（全班總動員） 一、進行尋寶遊戲 　　分四組進行尋寶遊戲，依指示前進 二、內容：怎麼辦？糊塗的大雄竟然在學校迷路了，小朋友，你會不會在學校迷路呢？現在就請你拿著筆和地圖，和小組的同學邊走邊找答案，有禮貌的小紳士、小淑女，準備好了嗎？出發。 三、大家於內庭院集合，發下第一個提示，強調鐘聲響代表活動結束，請在教室集合 四、在教室內進行分享，看哪一組是尋寶王 …………第二節完…………	※遊戲式認識學校的大致分布	教師宣導進行禮貌教育，強調安靜守秩序的組別可以加分	10分 20分 10分
熟悉大操場的配置	活動三（我是小柯南） 一、進行偵探遊戲，全班分成四組進行，同學於廚房門口集		※學習單 ※紅蘿蔔5根	10分

認識廚房及各處室的人員	合，聽老師及廚房阿姨解說，並瞭解學習單內容，隨後進行採訪嫌犯的工作 二、內容：怎麼辦？廚房阿姨的紅蘿蔔不見了，不曉得被誰偷走了，如果找不到的話，中午大家都要餓肚子了耶！ 三、四組分頭進行：嫌犯有三位 A：最愛吃紅蘿蔔的蘇志怡老師。 B：愛惡作劇的黃寬裕主任 C：家裡有飼養兔子的營養師周佳音小姐 到底是誰偷了紅蘿蔔？鼓勵小朋友照著學習單的指示做完，答案就出來了喔！ 四、老師進行統整並回饋 五、請學生每天默記上學景色及商家特色 六、作業活動：我的大發現 …………第三節完…………	※請小朋友根據線索，採訪警方所提供的三位嫌犯 ※教師事先將紅蘿蔔藏在大操場各處，例如：大象溜滑梯、盪鞦韆、籃球架、司令台旁的恐怖箱、榕樹上…… ※結合語文、數學、美勞的作業活動	※犯人合作單	20分 10分
	活動四（大地訪查） 一、帶領學生實地探查學校周圍 二、於川堂講解注意事項之後，分組整隊出發 三、內容： 第一站：裝備站 第二站：認識學童平安站 第三站：認識中興國小的公車站牌 第四站：認識好鄰居－來來百貨公司 　　　（在此休憩吃點心） 第五站：認識新鄰居－捷運西門站 第六站：認識其他鄰居－洛陽停車場、西寧電子商場 第七站：作業活動：誰是大頭王 四、進行「誰是大頭王」的遊戲，比一比，誰的記憶力好 五、進行活動心得分享 ………第四、五節完…………	※兩班共有39位小朋友一起活動，並邀請家長參加 ※依據學習單確實訪問 ※填寫過程中強調有禮貌、守秩序的進行	※活動通知單及家長回條 ※學習活動單	10分 60分 10分

全班總動員

怎麼辦？

糊塗的大雄竟然在學校迷路了，小朋友，你會不會在學校迷路呢？

現在就請你拿著筆和地圖，和小組的同學邊走邊找答案，有禮貌的小紳士、小淑女，準備好了嗎？出發。

第一站 一年二班

★ 請問一年二班在（　　　）樓，是（　　　）號教室。

第二站 廚房

★ 請問廚房裡面有（　　　）位阿姨負責煮飯。

★ 請問今天午餐的水果是（　　　）。

第三站 保健室

★ 請問保健室的護士阿姨是（　　）阿姨。

★ 請問保健室隔壁是（　　）處。

第四站 校長室

★ 請問校長室在（　　）樓。

★ 請問校長室的班級牌號碼是（　　）。

★ 請問校長是？□男生□女生

第五站 圖書室

★ 請問圖書室在（　　）樓。

★ 請問圖書室班級牌號碼是（　　）。

第六站 教室

請仔細想一想....

★ 在剛剛的活動中，我的表現是？□吵鬧□一點點吵□有禮貌。

★ 我滿意剛剛的表現嗎？□不滿意□滿意□很滿意。

★ 在剛剛的活動中，我給自己打（　　）分。

第七站 回家作業

請在學校地圖上……

★ 用紅色畫出你最喜歡的地方。

★ 你每天如何從校門走到教室？請用藍筆在地圖上表示。

★ 我們學校的身心成長班在（　　）樓，請用黃色將它塗滿。

恭喜完成了學校探險之旅，

收下禮物吧！

（自編教材──趙苑伶）

中興國小「綜合活動」教學活動流程表

教學主題	西門町的小公園──認識「中興」我的家					
學習領域	綜合活動					
教學內容	過五關					
教學年級	一年級	教學節數	1節	教學設計老師		趙苑伶
使用場地	內庭、各處室	教學時間		89年1月		

教學目標	教學活動流程	說明	教學準備事項	分配時間
能知道學校各處室的正確位置	活動（過五關） 在內庭院內集合，講解說明「過五關」的遊戲規則 輕輕鬆鬆過五關 第一關－有借有還，再借不難 　遵照規則者，並注意禮貌的小朋友，闖關成功	※鼓勵小朋友認真闖關，過關的厲害小朋友，才能得到過關印 ※注意禮貌	籤、籤筒	5分
能正確數出30以內的數	第二關－數一數，到底有幾棵 　請小朋友數一數紅繩子內所圈著的一群樹		紅繩子	10分
會唱校歌	第三關－大聲公 　跟著音樂聲，大聲唱出中興國小的校歌	※注意聆聽音樂聲	手風琴	10分
能正確回答問題	第四關－植物王 　回答台上所擺放的五種葉子或花是哪一種植物	※注意聆聽老師的問題 ※老師可適切的引導或提示	五種校園植物的花或葉子	10分
能跳出低年級健康操	第五關－誰是舞國天王巨星 　隨著音樂做一段健康操 得到五位關主的榮譽印章者，當選中興榮譽兒童 …………本節結束…………		錄音機 健康操音樂	5分

輕輕鬆鬆過五關

請認真闖關，過關的厲害小朋友才能得到過關印喔！

第一關
有借有還、再借不難

關主：趙苑伶老師

地點：內庭院

規則：1. 請在籤筒抽一支
籤。

2. 按照籤上的指示，
去找人借或還東
西。

3. 忘記保持禮貌的
人，闖關失敗。

第二關
數一數、到底有幾棵

關主：湯淑娟老師

地點：秘密通道

規則：1. 在那裡，你會發現用紅繩子圈著的一群樹。

2.請你數一數紅繩子內到底有幾棵樹呢？

3.數對的人，闖關成功。

第三關　大聲公

關主：張瓊妮老師

地點：川堂

規則：1.請注意聽老師的音樂
　　　　聲。

　　　2.跟著音樂聲，大聲的唱
　　　　出中興國小的校歌。

第四關　植物王

關主：蘇志怡老師

地點：內庭榕樹下

規則：1.請在司令台前安靜排隊。

　　　2.注意聆聽老師的問題。

　　　3.回答台上所擺放的五種葉子或花是哪一種植物。

加油！剩下最後一關了

第五關　誰是舞國天王巨星

關主：陳秋冬老師

地點：內庭司令台

規則：1.請隨著音樂跳一段健康操。

2.動作不熟或錯太多的人請重跳。

第一關	第二關	第三關	第四關	第五關

成功闖過五關的人

恭喜你！

當選中興榮譽兒童了！

一年級全體老師

敬上

（自編教材—趙苑伶）

學生心語

1.我最喜歡過五關，因為可以學到做操和借東西喔！（菀苓）

2.我喜歡過五關，也覺得西門捷運站很好玩。（靖雯）

3.我最喜歡過五關，因為可以學到做操。（艾柔）

4.西門站好寬喔！（芳婕）

5.西門站好寬喔！（靜雅）

6.過五關真好玩。（子優）

7.我喜歡戶外教學，因為可以看很多東西。（亦婷）

8.參觀西門捷運站，帶給我們很多好處。（瑜婷）

9.好好玩，西門捷運站好寬喔！（玉翎）

11.參觀西門捷運站真好玩。（雅婷）

12.我最喜歡過五關，因為很好玩。（景安）

13.我最喜歡過五關，因為很有趣。（家祥）

14.我最喜歡過五關，因為可以認識花朵。（建傑）

15.我喜歡過五關，因為可以認識植物！（易達）

16.我喜歡過五關，因為可以認識植物。（暐奇）

18.我最喜歡過五關的活動，因為很有趣！（楷第）

19.我最喜歡過五關，因為很好玩。（濬宇）

20.過五關好玩又有趣喔。（盈如）

學生心語

1. 校外教學最好玩了，我們還有去捷運西門站喔！（科汶）
2. 我喜歡去捷運站，因為捷運站可以看到很多捷運。（政浩）
   我喜歡戶外教學，因為戶外教學可以讓我學到許多東西。
   我喜歡過五關，因為過五關可以讓我變得很聰明。
3. 畫校徽、畫校園植物，我最厲害。（國維）
4. 我最喜歡玩找紅蘿蔔，因為很好玩，所以我下次還想玩。（韻仁）
5. 我喜歡戶外教學，因為在捷運站可以學到換錢和買票。（志穎）
6. 我最喜歡半半歌和小蜜蜂，因為很好聽。（彥勳）
7. 找紅蘿蔔最好玩了。（馨瑜）
8. 我喜歡過五關和愛心樹，我喜歡這兩樣的原因是因為很有趣又好玩。　我也喜歡半半歌，這些作業實在太有趣了。（旻潔）
9. 我喜歡半半歌，因為歌裡面的小孩很迷糊、很好笑。（家綺）
10. 我最喜歡唱半半歌，因為半半歌很有趣；我也喜歡過五關，因為過五關可以讓我們認識許多的植物。（純美）
11. 我最喜歡偵探遊戲，因為有許多同學一起找。（盈璇）
12. 我覺得偵探遊戲比較好玩，因為可以找紅蘿蔔，又可以帶回家吃，媽媽煮得很好吃。（庭嘉）
13. 偵探遊戲真的很好玩喔！（思汝）
14. 我最喜歡玩找紅蘿蔔的遊戲，因為找到了紅蘿蔔，在家裡就可以吃。（美姿）
15. 學校的電話可以聯想成一位老公公耶！（雪芳）
16. 我喜歡找紅蘿蔔，因為我知道犯人是誰，所以我的心裡很高興。（佩瑤）
17. 我最愛過五關，因為我的心情非常快樂，而且過每一個關都不一樣。（千育）
18. 我最喜歡愛心樹的活動，因為當我看完大家所寫的愛心樹時，眼淚都快掉出來了耶！（峻嘉）
19. 過五關的時候跑來跑去的很刺激。（蔡嘉）
20. 我喜歡戶外教學，因為很好玩。（佳彣）

教學札記

　　感謝這次的學習機會！

　　不僅讓我成長，更讓我進一步認識了我們中興的小寶貝們，是多麼棒！

　　回想當初決定要實施主題教學時，心中著實惶恐不安，雖然害怕自己能力有限，無法做好，但仍是必須硬著頭皮一步一步的走；在設定主題時，由於對象是一年級的懵懂新生，我們心想沒有比「認識學校」更適合他們的主題了。於是決定主題之後，心中的一塊大石方才落下。

　　而後透過台灣藝術學院陳教授及多位教育界先輩的指導，簡案、教案、學習單陸續出爐，自己的自信心竟也不知不覺的逐步建立起來；尤其是在正式教導的過程中，望著小朋友們一天比一天更興奮期待的臉，聽著他們在活動過程中認真的討論聲及自然流洩的笑聲，更讓我想要付出更多更多……。

　　「啊！我找到紅蘿蔔了。」「我也會買捷運車票了耶！」小朋友欣喜的叫聲、豐富的回饋、精采的學習單，我都將珍藏在記憶的盒子中，轉化成為前進的動力，期許自己永不間斷的追求成長。

趙苑伶

教學札記

　　自從畢業教書到現在，從來沒有一次像這樣的主題教學，可以任由老師天馬行空地想點子。也讓我們拋開課本的束縛，去體驗、發揮教師的專業。

　　這樣的教學也讓平日不太有關聯的各科有了更緊密的橫向的連結。而我相信這對學生也會有相當大的助益。例如在一年級所設計的課程中，當他們認識了學校的環境之後，再欣賞美妙的校歌，是不是更加深對學校的印象呢？

　　這的確是有趣的實驗，如果有更多的時間，我願意再嘗試。

張瓊妮

闖關活動：「大聲公」，小朋友正專注聆聽校歌，準備高歌。

「愛心樹」活動：將感恩之心掛在樹上與全校師生分享。

認識川堂的全校大平面圖，為尋寶遊戲做準備。

「大地訪查」活動：認識好鄰居──來來百貨公司。

「大地訪查」活動：認識好鄰居──西門捷運站。

第六章

消費高手

二年級教師行動研究的成長記錄

消費高手

教學年級：二年級

編輯者：蔡佩瓊老師

設計與教學群：

語文：宋后萍老師

數學：藍慧眞老師

社會：藍慧眞老師

自然與科技：張小芬老師

健康與體育：蔡佩瓊老師

綜合活動：蔡佩瓊老師

藝術與人文：蔡佩瓊、藍慧眞老師

主題設計緣起：

課程統整教學設計主題時，想起表姊常會利用萬客隆的折扣單購物，常聽她說這瓶醬油容量是多少，那瓶是多少，價格差多少……等，往往能以最低的花費，買到最佳的物品，也因此讓自己決定要選用「消費高手」來作主題。同事也提到日本有一節目——「前進小氣家族」即落實節約，我想透過這個主題教學，讓現今社會上日益浪費的「新新人類」，儘早學會「精打細算」，做個「節省又有高品質消費」的好兒童。

二年級「消費高手」課程設計概念圖

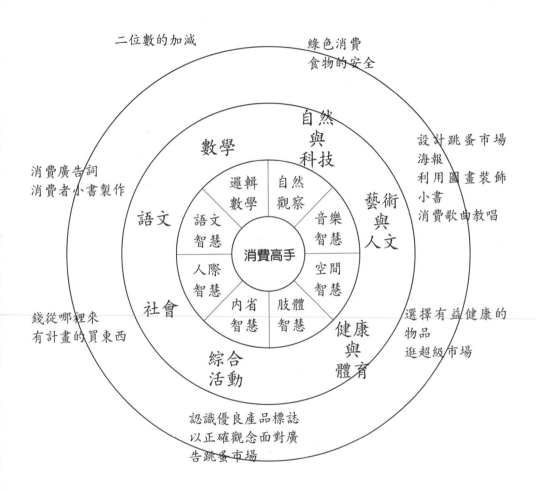

二位數的加減

綠色消費
食物的安全

消費廣告詞
消費者小書製作

設計跳蚤市場
海報
利用圖畫裝飾
小書
消費歌曲教唱

錢從哪裡來
有計畫的買東西

選擇有益健康的
物品
逛超級市場

認識優良產品標誌
以正確觀念面對廣
告跳蚤市場

數學

自然
與
科技

藝術
與
人文

語文

社會

綜合
活動

健康
與
體育

邏輯
數學

自然
觀察

語文
智慧

音樂
智慧

消費高手

人際
智慧

空間
智慧

內省
智慧

肢體
智慧

中興國小二年級教學活動設計

教學 主題	消費高手						
教學 年級	二年級	教學 節數	19節	教學設計老師		蔡佩瓊、張小芬、藍慧 真、宋后萍	
小組 成員	蔡佩瓊、張小芬、藍慧真、宋后萍						
學習 領域	教學活動內容		評量活動		教學者	教學 時間	使用場地
語文	1.消費廣告詞 2.消費者小書製作		1.欣賞優良之廣告 　詞 2.製作小書		蔡佩瓊 藍慧真	4節	教室
健康 與 體育	1.選擇有益健康的物品 2.逛超級市場		1.如何選用有益健 　康物品? 2.如何逛賣場?		蔡佩瓊 藍慧真	2節	教室 超級市場
社會	1.錢從哪裡來 2.有計畫的買東西		1.瞭解家庭收入來 　源 2.如何做有計畫的 　購物活動?		蔡佩瓊 藍慧真	2節	教室
藝術 與 人文	1.跳蚤市場海報設計 2.利用圖畫,剪貼裝飾小書 3.消費歌曲教唱		1.能自行設計海 　報? 2.能設計裝飾小 　書? 3.學會教唱歌曲		蔡佩瓊 藍慧真	4節	教室
數學	1.二位數的加減		1.如何計算購物金 　額?		蔡佩瓊 藍慧真	2節	教室
自然 與 科技	1.綠色消費 2.食物的安全		1.如何選用環保包 　裝袋? 2.如何選擇安全的 　食物?		張小芬	3節	教室
綜合 活動	1.認識優良產品標誌 2.以正確觀念面對廣告 3.跳蚤市場		1.能辨識優良產品 　標誌? 2.能判斷廣告詞的 　真偽? 3.自己去買東西		蔡佩瓊 藍慧真	2節	教室

中興國小「語文」教學活動流程表

教學主題	消費高手				
學習領域	語文				
教學內容	1.討論如何成為聰明的消費者。2.消費廣告詞之欣賞。3.消費小書製作。				
教學年級	二年級	教學節數	4節	教學設計老師	宋后萍
使用場地	教室				

教學目標	教學活動流程	說明	分配時間
一、能知道如何做到聰明消費	一、準備活動 　1.發下學習單,請學生帶回家和家長一起完成(如附件一至五) 　2.搜集各家商店之折扣宣傳單 二、作業單的整理和統計 　將全班分成四組,各組報告作業單內容和統整後的結果 三、討論 ◎附件一:聰明消費的注意事項 　1.由各組的報告中,整理出聰明消費的注意事項 　2.全班舉手表決找出最重要的五個項目 　3.清楚讓學生明白做到這五項就能成為聰明消費 …………第一節完…………	※請家長協助完成 ※討論宣傳單的產品、價格 ※發下小黑板寫下討論結果	20分 20分
二、能欣賞好的廣告詞	◎附件二:消費廣告詞之欣賞 　1.請各組先將作業單附件二的廣告詞先挑出最好的十個詞出來,揭示於黑板上 　2.請老師做詞義的解釋和說明 　3.再依照詞性做分類,請學生一起朗讀廣告詞 …………第二節完…………	※欣賞廣告詞之美	40分

三、能知道消費資訊取得的方法	◎附件三：消費資訊的取得 　　1.請各組將作業單附件三拿出來，大家一起欣賞各家商店之折扣宣傳單 　　2.做各家商店之折扣宣傳單的商品比價和討論，「貨比三家不吃虧」 　　3.瞭解可從那些地方取得商品折扣的資訊 　　4.由各家商店之折扣宣傳單上的產品做歸納和分類 …………第三節完…………	※能充分利用消費資訊	40分
四、養成節省的好習慣	◎附件四：節省的好習慣 　　1.請各組將作業單附件四拿出來，由老師來說明節省的好處 　　2.在生活中你做到那幾項，每個小朋友提出自己的做法，交換節省的方法 　　3.愛惜資源，懂得惜福	※瞭解節省的好處，並於生活中實踐	20分
五、懂得拒絕不法商店與產品	◎附件五：消費者三不運動 　　1.請各組將作業單附件五拿出來，大家一起討論如何拒絕不法商店與產品 　　2.討論內容： 　　　A：說明購物時什麼樣的商店不去 　　　B：說明購物時什麼樣的產品不買 　　　C：說明購物時什麼樣的食品不吃 四、統整 　將附件一至附件五的作業單彙集成冊，並加上目錄和封面，製成「消費小書」 …………第四節完…………	※瞭解消費者三不運動，懂得拒絕不法商店與產品	20分

（附件一）

「消費高手」學習單

主題：聰明消費的注意事項

請家長和小朋友一起討論一個聰明消費者在買東西時要注意什麼事情？

1、_____

2、_____

3、_____

4、_____

5、_____

6、_____

7、_____

8、_____

9、_____

10、_____

「消費高手」學習單

主題：消費廣告詞之欣賞

請家長和小朋友一起討論、蒐集較有趣或有意義的廣告詞，請列舉出六到十個
出來。

中興國小「數學」教學活動流程表

教學主題	消費高手				
學習領域	數學				
教學內容	一、二位的加減 二、容量、重量				
教學年級	二年級	教學節數	2節	教學設計老師	藍慧真
使用場地	二年二班	教學時間			

教學目標	教學活動流程	說明	教學準備事項	分配時間
1. 能將自己的算法記下來 2. 能說明解題過程 3. 能將解法用直式列出來	**壹、二位的加減** 一、準備活動 　教師藉由學生和家長一起購買文具的經驗，引起學習動機 二、教學活動 　㈠記錄加法解題過程 　　1.教師出示問題 　　　題目：小智買一個鉛筆盒50元，一個皮球25元，請問他共花了多少元？ 　　2.學生分組討論解法 　　3.各組上台報告結果 　㈡記錄減法解題過程 　　1.教師出示問題 　　　題目：小智有80元，買一個水壺 35元，請問他還剩多少元？ 　　2.學生分組討論解法 　　3.各組上台報告結果 三、統整 　教師整理說明各種解題方法 …………第一節結束………… **貳、容量、重量** 一、準備活動 　1.教師將水裝入不同容量的容器中	學生分組討論解法 鼓勵學生分組討論不同解法	文具 圖片 白板 白板筆	5分 15分 15分 5分

4.能用眼 睛比較 出哪杯 的水較 多 5.能由容 器外觀 判斷出 哪個容 量大	2.請學生準備不同大小的容 器 二、教學活動 1.說說看，哪杯的水多？你 怎麼知道的？ 2.哪個容量大？爲什麼？ 3.教師從學生帶來的容器 中，問學生，哪個容量 大？ 4.教師發下學習單請學生完 成 三、統整 學生學了容量、重量的觀 念，能將所學運用於日常生 活中，在購買物品時會比較 其重量與容量，再決定要購 買哪種產品 …………第二節結束…………	容器要透明，較易 看清楚其液面的高 度。	不同容量的容 器 附件一	15分 15分 10分

「消費高手」學習單

1.君君買了一支筆24元，一個橡皮擦27元，她共花了多少元？

2.小智有37元，他想買85元的帽子，請問小智不夠多少元？

3.香香有100元，她買了一瓶膠水19元，一支剪刀20元，請問她還剩多少元？

4.請畫出罐裝飲料二種，並註明它瓶罐上標示的容量是多少？

中興國小「自然與科技」教學活動流程表

教學主題	消費高手					
學習領域	自然與科技					
教學內容	綠色消費					
教學年級	二年級	教學節數	2節	教學設計老師		張小芬
使用場地	教室資源回收處	教學時間	(1)89 年1月6日 星期四　第3節 (2)89 年1月6日 星期四　第4節			

教學目標	教學活動流程	說明	教學準備事項	分配時間
一、瞭解垃圾減量和分類的重要	一、準備活動 　小朋友！你知道我們每天丟出去的垃圾到哪裡去了嗎？ 　1.展示焚化爐的圖片 　2.介紹焚化爐的功能	由焚化爐的圖片說明垃圾焚化過程(附件二)	焚化爐圖片 提示機	10分
二、明白垃圾減量要從購物時不用保麗龍和塑膠袋做起	二、發展活動 　1.說明焚化爐能處理的垃圾及不能處理的垃圾 　2.焚化爐不能處理的垃圾中，哪些是可以回收的資源垃圾？ 　3.填寫資源垃圾學習單（附件三） ………………第一節完………………	1.展示垃圾圖片說明可燃燒的垃圾是哪些 2.展示可回收的實物	垃圾圖片 廢紙、鐵鋁罐、保特瓶、沙拉油桶、玻璃瓶	10分 20分
三、能做到購物時自備購物環保袋 四、能正確的做好垃圾分類及資源回收	三、討論 　1.保麗龍和塑膠袋既然不能回收，燃燒又會產生有毒氣體，要怎樣才能減少它的量？ 四、結論 　1.不購買保麗龍包裝的商品 　2.不使用保麗龍餐具 　3.購物時自備購物袋，少用塑膠袋 五、評量 　1.垃圾該如何分類？ 　2.參觀本校資源回收處，並能做正確的回收 ………………第二節完………………	由兒童發表 展示環保袋 蒐集各類垃圾，讓兒童實際操作分類	環保袋 各類垃圾和資源回收筒5個	10分 10分 10分 10分

中興國小「自然與科技」教學活動流程表

教學主題	消費高手				
學習領域	自然與科技				
教學內容	認識食物包裝上的安全標示				
教學年級	二年級	教學節數	1節	教學設計老師	張小芬
使用場地	教室	教學時間	(1)89 年1月4日 星期二　第3節		

教學目標	教學活動流程	說明	教學準備事項	分配時間
一、能找出商品的製造日期和有效日期或保存期限 二、能分辨是保存期限內的商品 三、能注意食品包裝上的安全標誌 四、瞭解食品標示的重要 五、不買無標示或過期商品	一、準備活動 　引起動機—— 　今天小玉邀請小朋友到家裡玩，所以她要去買些零食請小朋友吃。小玉該怎麼挑選，才能買到安全衛生的食品呢？ 二、發展活動 　1.讓兒童檢視每樣商品，找出製造日期及保存期限的標示 　2.分出有標示及無標示的商品 　3.檢查標示的保存期限是否過期 　4.包裝袋上還有沒有其他標示或標誌 三、討論 　1.為什麼商品要有製造日期和有效日期或保存期限？ 　2.過期的食品有什麼危險？ 　3.如果你發現保存期限已過期，該如何處理？ 四、結論 　1.以「蔭花生黃麴毒素中毒事件」為例，說明標示日期的重要 　2.如發現食品已過期應告知老闆 　3.如果已經買回家，可持發票向商店退換 　4.商品標示不全拒絕購買 五、填寫學習單（附件四） …………………本節完…………………	課前由兒童分組蒐集多類食品包裝袋 由兒童唸出標示的日期 評量：能正確說出是否過期有商品、廠商名稱，GMP、CAS食品安全標誌 (附件一) 評量： 1. 兒童能說出過期食物絕不能吃 2. 不買無標示的食品	多類食品包裝袋 影印GMP、CAS標誌及標示說明，發給每人一張 影印學習單	10分 5分 10分 5分 5分 5分

安全標記

一、蔬果吉園圃的標記

二、食品GMP認證標記

三、CAS優良食品標記

四、優良藥品製造標準

G M P

五、產品安全標記

六、正字標記

中興國小「社會」教學活動流程表

教學主題	消費高手					
學習領域	社會					
教學內容	一、錢從那裡來　二、我的金計畫					
教學年級	二年級	教學節數	2節	教學設計老師	藍慧眞	
使用場地	二年二班	教學時間				

教學目標	教學活動流程	說明	教學準備事項	分配時間
一、能夠說出家中有那些支出，是否需要家人共同分擔。	一、家中支出的情形 ㈠準備活動 　請學生回家詢問家長，家中有那些支出？各是由誰負責？ 　如： 　1.水電費是誰付？ 　2.買菜錢是誰付？ 　3.午餐費誰付的？ 　4.學費是誰付的？ 　5.零用錢是誰付的 ㈡發表 　請學生發表家中有哪些支出，各是由誰負責？	※事先列出支出項目	各行各業的工作圖	10分
二、能說出家人職業與家中收入的來源	㈢統整 　生活須要各種花費，我們將各種花費稱爲支出，家中各種支出須要家人共同分擔 二、家人的職業與家中收入的來源 　老師說明家人從事行業都需要努力工作，才會有收入 ㈠發表 　請學生發表家裡有哪些收入 　1.你家人的工作是什麼？在哪裡工作？ 　2.他們爲什麼要努力工作？除工作的收入外，家裡還有哪些收入？	※請老師注意觀察，如果學生發表家人工作時表情爲難，很不願意讓人知道家人從事何種行業，老師也不要勉強		5分 15分

	3.如果爸爸、媽媽或家人在管理家務沒出去工作賺錢,他們對家裡有沒有貢獻?			
	(二)統整	※學習分擔家事		10分
	1.家人努力工作才會有收入,才能維持家庭各項支出,我們應該瞭解家人工作的辛苦,並且多幫忙			
	2.家人在管理家務可減少家庭支出,對家裡貢獻也很大			
	…………第一節結束…………			
三、能適當支配零用錢的方法與原則	我的金計畫			
	(一)實作			
	請學生擬份自己使用零用錢的計畫,並將計畫結果完成在附件一	※學會規劃自己的零用錢	附件一	20分
	(二)發表			
	請學生發表零用錢使用計畫的內容與原因			10分
	(三)統整			
	有計畫的使用零用錢,才能發揮錢最大的功能			10分
	…………第二節結束…………			

我的金計畫

如果你有200元的零用錢，你要如何運用？寫出你的分配方式，並說出你的想法。

中興國小「健康與體育」教學活動流程表

教學主題	消費高手				
學習領域	健康與體育				
教學內容	一、怎樣選擇食物　二、物品價格市場調查				
教學年級	二年級	教學節數	2節	教學設計老師	蔡佩瓊
使用場地	教室	教學時間			

教學目標	教學活動流程	說明	教學準備事項	分配時間
一、能攝取多樣化的食物 二、能選擇新鮮且價廉物美的食物 三、上課能專心學習	一、準備活動 　1.徵求三名兒童，課前繪製紙偶（胖小豬、瘦皮狗、小病貓），並預先排演 二、教學活動 　㈠兒童演出「胖小豬與瘦皮狗」 　㈡教師發問問題 　1.為什麼胖小豬感到全身都手腳發軟？ 　2.為什麼瘦皮狗面黃肌瘦，發育不良？ 　3.為什麼小病貓常生病？ 三、討論：怎樣選擇食物 　1.選擇食物要注意什麼？ 　2.價格昂貴的食物一定是好的食物嗎？ 　3.知道不知道在這個季節，有哪些新鮮、便宜又營養的食物？ 四、統整 　1.選擇有益健康的食物，應注意新鮮、營養、多樣化且價廉物美 　2.專心學習各類食物的來源和功能，可幫助自己選擇有益健康的食物 …………第一節完…………	※教師說明要攝取多樣化的食物，保持營養均衡 ※日常飲食儘量選擇各類食物而不偏食 ※不同食物有不同營養，食物的價格高，並不表示營養高	附件一 附件二	5分 10分 20分 5分

一、能勇於扮演角色	一、準備活動 　1.徵求二名自願兒童，排演眞眞和純純			
二、能夠發表自己的看法	二、教學活動 　㈠教師請兩位兒童演出「家樂福購物記」 　㈡學生依據短劇內容自由發表看法	※消費短劇	附件一	5分 5分
三、能在住家附近進行市場調查	三、調查與討論 　1.老師指定同一天，每個人分別調查住家附近的三家商店，記錄物品價格 　2.各組整理資料，做比較分析，完成統計表 　3.各組上台報告結果	※各組必須先討論，決定調查的物品名稱，例如：克寧奶粉、統一布丁……等	附件三 附件四	20分 5分
四、能進行比較分析	四、統整 　1.購物時可針對物品的數量、容量或張數，進行多家比較，可購買到價廉物美的物品 　2.比價後選擇價格標示合理的商店購買物品 …………第二節完…………			5分
五、勇於上台報告結果				

「消費高手」教學活動

一、胖小豬和瘦皮狗

    胖小豬：「大家都說我太胖，該減肥了。聽說不吃飯只吃菜就會變瘦，
              所以，我已經連續一個星期沒有吃飯，只喝水和吃一些青菜。」

    瘦皮狗：「結果呢？」

    胖小豬：「別提了，餓得我全身無力、手腳發軟，好難過！」

    瘦皮狗：「我也好不到哪裡去！主人天天只餵我吃白飯，我已經好久沒
              聞到肉味了，和我同窩出生的狗兄弟都長得比我高大，前天在
              公園碰面，還被他們嘲笑發育不良，面黃肌瘦呢！」

    小病貓：「咳！咳！對不起，我又感冒了。主人很寵愛我，經常餵我吃
              燕窩、精緻蛋糕、人參茶等昂貴的食品，但是，我真的比較喜
              歡吃魚拌飯、喝鮮奶。不瞞你們說，我現在連隻老鼠都抓不
              到。」

二、家樂福購物記

    真真：「嗨！純純，你也來家樂福啊！好巧喔！」

    純純：「對啊！今天是星期日，媽媽帶我來這裡買些東西。」

    真真：「家裡的衛生紙快要用完了，媽媽叫我來買，啊！衛生紙在那
           裡，好多品牌喔，不知道要買哪一種品牌比較好？隨便拿一種好
           了。」

    純純：「真真，我跟你說，衛生紙有很多品牌，有舒潔、純潔、五月花
           ……等等，又分為捲筒式、抽取式，張數也不同，要多比較，才
           能買到價廉物美的東西喔！」

    真真：「你好棒喔！懂這麼多，真希望能像你一樣這麼會買東西。」

    純純：「不要急，慢慢學，你也可以很棒的。拜拜！」

    真真：「拜拜！」

「消費高手」學習單

主題：怎樣選擇食物

（一）選擇食物要注意什麼？

1. _____

2. _____

3. _____

4. _____

5. _____

（二）價格昂貴的食物一定是好的食物嗎？說說你的看法？

_____

_____

_____

_____

（三）知道不知道在這個季節，有哪些新鮮、便宜又營養的食物？

_____

_____

_____

「消費高手」學習單

主題：物品價格市場調查

物品名稱 ＼ 價格 ＼ 商店名稱			
例：舒潔衛生紙（6包/@320張）	98元	108元	120元
（　　　　）	元	元	元
（　　　　）	元	元	元
（　　　　）	元	元	元
（　　　　）	元	元	元
（　　　　）	元	元	元
（　　　　）	元	元	元

附註：請小朋友到住家附近找三家商店訪價後，填寫此表。

中興國小「音樂」教學活動流程表

教學主題	消費高手				
學習領域	音樂				
教學內容	「消費高手」歌曲教唱				
教學年級	二年級	教學節數	2節	教學設計老師	藍慧眞
使用場地	二年二班	教學時間			

教學目標	教學活動流程	說明	教學準備事項	分配時間
一、能說出歌詞意義 二、能熟唱「消費高手」 三、能拍「消費高手」的節奏型 四、能以節奏樂器配合歌曲作頑固伴奏 五、能配合歌曲作肢體律動	〈準備活動〉 準備「消費高手」歌詞海報，張貼於黑板上 一、演唱：消費高手 〈歌曲教唱〉 　1. 聆聽歌曲 　2. 習唱歌詞 　3. 模唱歌曲 　4. 熟唱全曲 （1.分組唱 2.邊打節奏邊唱） 二、演奏：你唱歌、我伴奏 　1.拍念節奏 　2.待學生熟練後，以拍手、踏腳練習 　3.以節奏樂器配合歌曲作頑固伴奏 三、綜合活動： 　1.指導學生配合歌曲作律動表演 　2.將學生分三組，一組唱、一組作律動表演、一組以節奏樂器配合歌曲作頑固伴奏 ………第一、二節結束………	※「消費高手」歌曲取自德國民謠「小蜜蜂」，這是首小朋友都非常熟悉的曲子 ※如果拍手、踏腳練習熟練後，也可以讓學生自由創作 ※鼓勵學生自由創作	學習單一張	20分 10分 10分 15分 10分 15分

　　各位小朋友，你覺得怎樣才能成為一位消費高手呢？請你把消費高手應該要注意的事，填在下面未完成的歌詞中

消費高手

德國民謠
（　　　）編詞

消費高手

德國民謠
藍慧眞 編詞

我是一個 消費高手，請你跟我 這樣做，

零用錢 做計畫，打折期間 要冷靜，

食物期限 要看清，貨比三家 真聰明，

小朋友 請牢記，省錢又歡喜。

中興國小「藝術與人文」教學活動流程表

教學主題	消費高手				
學習領域	藝術與人文（美勞）				
教學內容	一、消費小書封面設計　二、跳蚤市場海報設計				
教學年級	二年級	教學節數	2節	教學設計老師	蔡佩瓊
使用場地	教室	教學時間			

教學目標	教學活動流程	說明	教學準備事項	分配時間
一、能運用粉蠟筆或彩色筆書寫、繪畫 二、能設計小書封面 三、能發現同學作品的優點並加以讚美	一、準備活動 　學生蒐集封面圖片和各種漂亮圖片 二、教學活動 　㈠圖片欣賞 　㈡封面的設計 　　1.主題書寫（消費高手） 　　2.封面編排 　　3.花邊設計 　　4.插圖 三、創作 　　1.各人創作設計小書封面 四、欣賞活動 　　1.張貼各人作品，供大家欣賞 　　2.老師根據學生作品，給予正面評價 　　3.請學生說明各人作品優缺點 …………第一節完…………	※教師解說封面的編排方式與字體的書寫，並加上插圖 ※教師從旁指導	圖畫紙 色紙 粉蠟筆 彩色筆 膠水 剪刀	5分 10分 20分 5分
一、能盡力發表觀察到的資料	一、準備活動 　㈠學生蒐集各種廣告海報傳單 　㈡完成學習單 二、教學活動 　㈠海報傳單欣賞	※請家長協助搜集 ※學習單請家長協助完成	附件一	5分

二、學生能操作剪刀	(二)依物品特色創作海報書寫內容或剪貼 　1.字體大小 　2.廣告詞 　3.特色 　4.價錢	※教師依學習單解說海報設計方式		10分
三、能自行設計海報	三、創作 　各自設計跳蚤市場海報	※教師從旁指導	圖畫紙 色紙	20分
四、能大方地上台發表	四、欣賞活動 　1.請學生帶著自己的作品，上台做簡單介紹 　2.指導學生能欣賞他人作品，並給予發表同學適當鼓勵		粉蠟筆 彩色筆 膠水 剪刀	
五、能虛心欣賞他人作品	3.張貼全班作品供大家欣賞 …………第二節完…………			5分

「消費高手」學習單

主題：跳蚤市場海報設計

　　小朋友！想想看，你家裡是否有一些東西，雖然沒有壞掉卻很少用呢，是否願意拿來學校，加入跳蚤市場的行列呢？動動腦，寫完這張學習單，可以請爸媽幫忙喔！

㈠ 物品名稱：＿＿＿＿＿＿＿＿＿＿＿

㈡ 特　　色：＿＿＿＿＿＿＿＿＿＿＿＿＿＿＿

㈢ 用　　途：＿＿＿＿＿＿＿＿＿＿＿＿＿＿＿

㈣ 廣 告 詞：＿＿＿＿＿＿＿＿＿＿＿＿＿＿＿

㈤ 價　　錢：＿＿＿＿＿＿＿＿＿＿＿＿＿＿＿

㈥ 畫出外觀：

設計者：蔡佩瓊

中興國小「綜合活動」教學活動流程表

教學主題	消費高手					
學習領域	綜合活動					
教學內容	一、認識優良產品標誌　二、跳蚤市場					
教學年級	二年級	教學節數	2節	教學設計老師		蔡佩瓊
使用場地	教室	教學時間				

教學目標	教學活動流程	說明	教學準備事項	分配時間
一、能知道優良產品標誌 二、能知道做聰明消費者的條件	一、準備活動 　1.將優良產品標誌張貼在教室 　2.將全班分成四組，各組討論張貼的優良標誌是屬於那類產品的標誌 二、討論結果和發表 　1.請各組組長將答案貼在黑板上 　2.老師一一說明答案 　3.看那一組答對的最多，給予鼓勵 三、分組比賽 　1.老師任意揭示優良產品標誌，由各組搶答，答對給一分 　2.將消費小書的內容、主題一一提出來問各組小朋友，答對給一分 　3..統計分數，公布比賽結果 …………第一節完…………	※老師將優良產品標誌張貼在教室 ※老師準備好優良標誌和消費小書題目	附件一	10分 10分 10分 10分

一、能將不再使用的東西再回收利用 二、能了解物品的定價 三、能做一個聰明消費者 四、能扮演好商家	一、準備活動 1.請小朋友回家將不再使用的物品帶來學校 2.由小朋友和家長一起討論物品的價位，價位在1元~20元間，並用標籤貼上價錢 二、教學活動 1.老師指導學生布置場地，展示物品，並貼上自己設計的海報 2.提醒小朋友做個聰明消費者，要買實用、價錢實在的東西，每位小朋友攜帶100元來購買 3.將小朋友分成兩組，一組為商家，一組為消費者，等10分鐘後互換 三、統整 1.由小朋友一一上台說明買了什麼東西，全班投票選出班上的「聰明消費者」 …………第二節完…………	※小朋友布置場地，貼上海報 ※實際體驗購物經驗	附件一	下課時間布置 3分 20分 17分

「消費高手」學習單

這一堆垃圾中，有些是可以回收的「資源垃圾」，請把它們著上顏色！

廚餘

（鋁、鐵罐）

木竹　　　　　　紙類

紙類

塑膠

皮革　　　　玻璃

塑膠

舊衣物

學生練習分辨「可以回收的資源垃圾」。

學生認真填寫學習單。

學生實際於「跳蚤市場」購物。

跳蚤市場中，小朋解說販賣物品的特色。

老師解說如何設計海報。

「消費高手」歌曲教唱。

第七章

歡樂耶誕節

三年級教師行動研究的成長記錄

歡樂耶誕節

教學年級：三年級

編輯者：紀美慧

設計與教學群：

紀美慧、黃幼、李炎梅、

陳秋冬、張瓊妮、馬堅、簡明隆

主題設計緣起：

歡樂耶誕節的主題設計，一方面配合節慶，而另一方面是主題鮮明，光想到耶誕節、耶誕卡、耶誕樹的佈置，耶誕公公、耶誕大餐、耶誕Party，就令人興奮了起來。易於引起小朋友的學習興趣，課程設計也易於表現。

「國語」課程，我們以耶穌的故事為主軸，發展出感恩奉獻的精神。而「數學」裡，剛巧配合單元，以查月曆和統計耶誕卡數為主。「自然」以蔬菜的酸鹼變色設計了耶誕卡，而「社會」就介紹如何寄信。「健康與體育」以吃出營養而設計耶誕大餐。「藝術與人文」就以歌曲和耶誕樹的吊飾來設計。

每一個課程環環相扣，既有趣又具有相當的活動性，很適合中低年級的小朋友。

三年級「歡樂耶誕節」課程設計概念圖

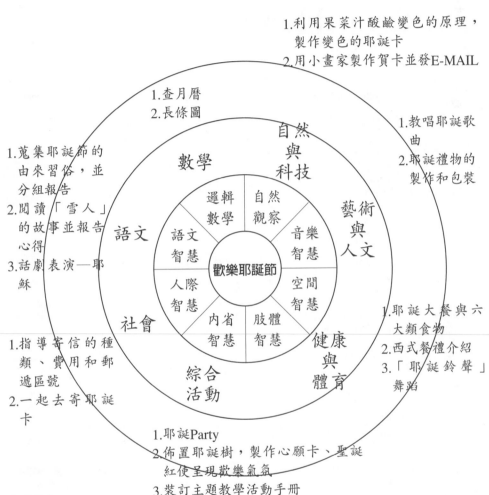

1.利用果菜汁酸鹼變色的原理，製作變色的耶誕卡
2.用小畫家製作賀卡並發E-MAIL

1.查月曆
2.長條圖

1.教唱耶誕歌曲
2.耶誕禮物的製作和包裝

1.蒐集耶誕節的由來習俗，並分組報告
2.閱讀「雪人」的故事並報告心得
3.話劇表演—耶穌

自然與科技

數學

藝術與人文

語文

邏輯數學　自然觀察
語文智慧　音樂智慧
歡樂耶誕節
人際智慧　空間智慧
內省智慧　肢體智慧

社會

1.指導寄信的種類、費用和郵遞區號
2.一起去寄耶誕卡

1.耶誕大餐與六大類食物
2.西式餐禮介紹
3.「耶誕鈴聲」舞蹈

健康與體育

綜合活動

1.耶誕Party
2.佈置耶誕樹，製作心願卡、聖誕紅使呈現歡樂氣氛
3.裝訂主題教學活動手冊

設計緣起：

三年級是以「歡樂耶誕節」為主題，以八大多元智慧（語文智慧、邏輯數學智慧、自然觀察智慧、音樂智慧、空間智慧、肢體智慧、內省智慧、人際智慧）為核心，配合九年一貫課程七大學習領域（語文、數學、自然與科技、藝術與人文、健康與體育、綜合活動、社會），設計出各領域教學活動流程表。

中興國小三年級教學活動設計

教學 主題	歡樂耶誕節						
教學 年級	三年級	教學 節數	29節	教學設計老師			
小組 成員	紀美慧、黃幼、張瓊妮、簡明隆、陳秋冬、李炎梅						
學習 領域	教學活動內容			評量活動	教學者	教學 時間	使用場地
語文	1.蒐集耶誕節的由來、習俗，並分 　組報告 2.閱讀一篇有關年末感恩的文章 3.寫耶誕卡、祈福感恩卡			1.分組報告 2.卡片大展	黃幼 美慧		教室
健康 與 體育	1.介紹耶誕大餐 2.介紹六類食物 3.西式餐禮介紹 4.耶誕鈴聲舞蹈			1.耶誕大餐的菜單 2.卡片大展	秋冬		教室
社會	1.介紹郵局的功能 2.指導寄信的種類、費用和填寫郵 　遞區號			1.作業單（平信、 限時信、掛號 信、限掛）	黃幼 美慧		教室
藝術 與 人文	1.教唱耶誕歌曲：耶誕鈴聲、平安 　夜；並配合舞蹈動作展現耶誕節 　歡樂的氣氛			1.分組表演	炎梅		教室
數學	1.能查月曆，年、月、日、星期 　幾？ 2.能統計出分組蒐集來的耶誕卡 　數，並製成長條圖			1.查月曆的單元教 　學和習作 2.製作統計圖表	黃幼 美慧		教室
自然 與 科技	1.利用有顏色的水溶液來製作變色 　耶誕卡片 2.利用「小畫家」製作電腦賀卡			1.卡片製作 2.發電腦賀卡，上 　學校網站	炎梅		自然教 室 電腦教 室
綜合 活動	1.佈置耶誕樹 2.耶誕Party				黃幼 美慧		中興堂

中興國小「語文」教學活動流程表

教學主題	歡樂耶誕節					
學習領域	語文					
教學內容						
教學年級	三年級	教學節數	4節	教學設計老師		黃幼
使用場地	教室	教學時間	(1) 　年　　月　　日星期　　第　　節 (2) 　年　　月　　日星期　　第　　節			

教學目標	教學活動流程	說明	教學準備事項	分配時間
一、明瞭耶誕節的由來和意義	一、準備活動 　1.將全班分成四組蒐集資料 　2.教師準備耶誕節幻燈片 　3.準備聖哲四傳《耶穌》這本書供學生閱讀 　4.佈置耶誕樹 二、將蒐集資料加以整理和報告 　1.各組派一位同學報告 　2.綜合各種情形加以整理 　3.教師講解耶誕節的由來及意義 　4.教師利用投影片介紹各國慶祝耶誕節活動的實況，供學生欣賞 …………第一節完…………	請家長協助完成，利用網路查資料 利用下課分組閱讀 師生共同佈置情境 分組討論後，推派一位同學報告 教師加以統整 教師講解耶誕節的由來及意義，加深同學印象		10分 5分 15分 10分
二、明瞭耶穌誕生及殉道的過程	三、教師講解 　1.教師講述耶穌基督以何因緣生於世？什麼原因殉道？ 　2.耶穌基督的母親是何人，父親又是誰？在哪裡出生？ 　3.耶穌基督的成長過程如何？ 　4.耶穌基督所負的時代使命是什麼？ 　5.耶穌基督所推行的「教義」是什麼？	耶穌的母親是瑪莉亞，瑪莉亞因著聖靈而懷孕；耶穌是天父耶和華的兒子，因為無處安身，耶穌就生於馬槽 基督教教義是以仁慈、博愛精神弘法		5分 5分 5分 5分 10分

	6.耶穌基督爲何會殉道,他在幾歲成道?	耶穌基督行道三年,33歲就殉道	10分
	…………第二節完…………		
三、瞭解耶誕老人的眞實性	四、討論 1.耶誕老人眞的存在嗎?	耶誕老人名叫聖尼可勞斯	5分
	2.教師講述聖誕夜小朋友最期待什麼?耶誕老人爲何把禮物投入長筒襪的由來	爲了幫助三位窮困的妹妹提供一袋金幣作嫁妝,後來恰	10分
	3.小朋友最期待耶誕老人送來了什麼樣的禮物?	巧掉入掛在煙囱旁晾乾的長筒襪,以	5分
	4.把耶穌的誕生、耶穌行道的過程、耶穌被釘在十字架殉道的過程、耶誕老人分送禮物連貫成爲劇本用話劇演出更具眞實性	後演變爲耶誕老人把禮物放入長筒襪角色扮演讓故事更爲活潑化	15分
	5.統整劇情		5分
	…………第三節完…………		
四、瞭解耶誕文學特性	1.耶誕文學的時代背景及內涵		5分
	2.兒童耶誕文學所呈現的特性以《雪人》這本書最爲耳熟能詳		15分
	3.如何融入耶誕氣質雪的世界?		5分
	4.報告《雪人》這本書讀後的心得		15分
	…………第四節完…………		

「歡樂耶誕節」學習單

	畫　　　　圖
一、小朋友你知道耶誕老公公穿著什麼樣的衣服，戴著什麼樣的帽子嗎？請把耶誕老公公依你的想像力畫出來，並加以著色。 答：＿＿＿＿＿＿＿＿＿＿＿＿＿＿＿＿＿ 二、耶穌基督生於哪一天，在哪裡降生？他的母親是何人？ 答：＿＿＿＿＿＿＿＿＿＿＿＿＿＿＿＿＿ 三、基督教的精神以什麼為主？耶穌為何人所陷害？享年幾歲？ 答：＿＿＿＿＿＿＿＿＿＿＿＿＿＿＿＿＿ 四、耶誕節是每年的哪一天？有哪些活動？	
答：＿＿＿＿＿＿＿＿＿＿＿＿＿＿＿＿＿ 五、《賣火柴的女孩》這本書看了之後有何心得？ 答：＿＿＿＿＿＿＿＿＿＿＿＿＿＿＿＿＿	

中興國小「數學」教學活動流程表

教學主題	歡樂耶誕節					
學習領域	數學					
教學內容	查月曆和統計圖表					
教學年級	三年級	教學節數	4節	教學設計老師		紀美慧
使用場地	內庭、各處室	教學時間	(1) 年 月 日 星期 第 節 (2) 年 月 日 星期 第 節			

教學目標	教學活動流程	說明	教學準備事項	分配時間
1-1能正確查月曆,並數出假期的天數	一、準備活動 　　教師－事先準備「大型的88年、89年年曆」圖表及學習單(附件一、二) 二、發展活動 　㈠藉由耶誕鈴聲和耶誕老人送糖,引起學習動機 　㈡藉由查日曆學習單的順序,開始提問,並分組競賽 　　1.今年是民國幾年?明年呢? 　　2.一年有幾個月? 　　3.記下每個月的日數? 　　4.一星期有幾天? 　　5.查月曆回答問題 　　6.完成月曆,安排假期 　㈢完成學習單 　……………第一節完………… 三、綜合活動 　　1.共同檢討訂正學習單 　　2.完成課本習作並訂正 　　………………第二節完…………	附件一	查月曆的年曆教具	5分 25分 10分 15分 25分
2-1能瞭解長條圖的意義 2-2能製作統計表並繪成長條圖	一、準備活動 　　教師－事先準備　大型的空白統計表和圖表　月考成績統計圖表,分組坐 　　學生－將蒐集的耶誕卡帶至學校			

	二、發展活動 　　利用月考成績的統計圖表，介紹如何 　　看圖表，並分組討論出各分數組別人 　　數和全班人數 　　1.分組，並將個人的耶誕卡秀出來，共 　　　同完成學習單裡的第一站「誰是大贏 　　　家」 　　2.各組派人將結果寫在黑板上，找出最 　　　多卡片的人，並統計各組的卡片數 　　3.繪製長條圖，並完成學習單 　　…………第三節完…………			15分 15分 10分
3-1能將 統計圖表 應用於日 常生活。	三、綜合活動 　　1.共同訂正學習單 　　2.各組選一張卡片，全班票選出最受歡 　　　迎的卡片，並製成長條圖 　　3.完成課本習作 　　…………第四節完…………			5分 15分 20分

「歡樂耶誕節」學習單──查月曆

小朋友，你知道今年的耶誕節是星期幾嗎？你想不想安排一個耶誕假期呢？
下列有四個關卡，請你仔細的作答，你將成為假期安排高手。

第一關

1. 一年有幾個月？（　　　）個月。
2. 今年是民國幾年？（　　　）年，明年是民國幾年？（　　　）年。

第二關

拿出今年的月曆查查看，將每個月的日數記下來。
民國＿＿＿＿年

月份	1月	2月	3月	4月	5月	6月	7月	8月	9月	10月	11月	12月
日數												

1. 今年2月有幾天？（　　　　）天。
2. 有30天的月份是：（　　　　）月，（　　　　）月，（　　　　）月，（　　　　）月。
3. 有31天的月份是：（　　　　）月，（　　　　）月，（　　　　）月，（　　　　）月，（　　　　）月，（　　　　）月，（　　　　）月。
4. 今年這12個月，一共有幾天？（　　　　）天。

第三關

下表是中華民國89年12月的月曆，請問：

中華民國89年12月

星期日	星期一	星期二	星期三	星期四	星期五	星期六
					1	2
3	4	5	6	7	8	9
10	11	12	13	14	15	16
17	18	19	20	21	22	23
24	25	26	27	28	29	30
31						

1. 12月有幾天？（　　　）天，有（　　　）個星期五？
2. 耶誕節是哪一天？（　　　）月，（　　　）日，星期（　　　）。
3. 月曆上安排成幾行？（　　　）行，有哪幾行？
   星期一，（　　　），（　　　），（　　　），（　　　），（　　　），（　　　）
   ，所以一星期有（　　　）天。
4. 12月第一個星期三是12月（　　　）日，最後一個星期四是12月（　　　）日。
5. 12月放假幾天？（　　　）天。

第四關

完成下面月曆空格，並回答問題：
1. 如果今天是11月14日，小阿姨下星期四結婚，請問小阿姨是在（　　　）月（　　　）
   日結婚。
2. 小玉11月5日參加一星期的旅行

中華民國89年11月

星期日	星期一	星期二	星期三	星期四	星期五	星期六
			1	2	3	4
5		7	8	9		
	13	14	15	16	17	18
19	20	21		23	24	25
24	25	26	27	28	29	30
26	27	28	29			

　　一共參加了（　　　）天。

　　最後一天是（　　　）月（　　　）日。

3. 大雄11月20日到11月30日都在旅行，請問他旅行了多少天？（　　　）天。

中興國小「社會」教學活動流程表

教學主題	歡樂耶誕節					
學習領域	社會					
教學內容	寄耶誕卡					
教學年級	三年級	教學節數	2節	教學設計老師		紀美慧
使用場地		教學時間	(1) 年 月 日 星期 第 節 (2) 年 月 日 星期 第 節			

教學目標	教學活動流程	說明	教學準備事項	分配時間
1-1能分享收信的喜悅 2-1能說出郵局、郵差、郵筒的功用 2-2能查出正確的郵遞區號 2-3能說出平信、限時、掛號、明信片、限掛、耶誕卡的郵資 2-4能寫出正確的直橫式信封 3-1能正確、有興趣的完成學習單	一、準備活動 　教師—事先準備郵遞區號一覽表，有關郵資的教材，有關直式及橫式信封書寫教材及學習單（附件一） 　學生— 　1. 電腦繪圖耶誕卡一張 　2. 另自備製作耶誕卡的材料一份 　3. 3.5元的郵票2張 　4. 耶誕卡信封2個 　5. 後有印郵遞區號的普通信封1個 二、發展活動 　1. 藉由小朋友收信和寄信的經驗分享，引起學習動機 　2. 藉由「寄信高手」的學習單提問並分組搶答 　　(1)郵局、郵差、郵筒的簡介 　　(2)郵遞區號的功能，並學習如何查郵遞區號 　　(3)郵資的介紹，和平信、限時信、掛號信、限掛信的介紹 　　(4)直式信封和橫式信封的書寫介紹 三、綜合活動 　1. 完成學習單並共同訂正 　2. 利用有郵遞區號的信封，由老師出題，分組「查號」比賽 　………第一節完………	附件一 明信片2.5元，賀年卡3.5元，平信5元，限時信12元，掛號信25元，限掛信32元 附件一	郵遞區號一覽表 每生一個信封	 5分 20分 10分 5分

2-1能自製出耶誕卡並正確的寄信	一、準備活動 　教師—學生耶誕卡作品數份、學校地址 　學生—如前一課 二、發展活動 　1.參考別人的耶誕卡，簡易的自製一張耶誕卡 　2.將自製的耶誕卡和電腦繪圖的耶誕卡分別寫上內容，寄給好朋友 　3.將信封分別填上正確的地址和郵遞區號，並貼上郵票 三、綜合活動 　全班拿著自己的耶誕卡到學校邊的郵筒寄信 ………………第二節完………………	小朋友事先要先知道收信人的地址		20分 15分 5分

「歡樂耶誕節」學習單──寄信高手

　　小朋友，你有沒有收過耶誕卡呢？那種收到祝福的快樂，眞是快樂得不得了。現在，我們也要學習如何寄信，將我們的祝福寄出去，成爲一個散播快樂的小天使。

一、動動腦

1. 處理寄信件的地方是（　　　　　）。

2. 幫我們送信的人，稱爲（　　　　　）。他們老是穿（　　　　）色的服裝。

3. 郵筒有兩種顏色。寄一般信件投入（　　　　　　　）色郵筒中，寄限時信則投入（　　　　　　）色郵筒中。

二、精打細算

1. 爲了讓信件可以快速的寄到目的地，一定要寫郵遞區號，下表爲台北市的區域號碼表，並回答下列問題：

台北縣		台北市			
三重	241	中正區	100	信義區	110
新莊	242	大同區	103	士林區	111
板橋	220	中山區	104	北投區	112
永和	234	松山區	105	內湖區	114
中和	235	大安區	106	南港區	115
		萬華區	108	文山區	116

(1)請寫下你家的地址和郵遞區號。

　　□□□ _____

(2)請寫下學校的地址和郵遞區號。

　　□□□ _____

2.寄信要貼多少錢的郵票呢？下列為一般的郵資表（信件愈重，郵資愈多）。

	不逾20公克	印刷物
普通	5	3.5
限時	12	10.5
掛號	25	23.5
限時掛號	32	30.5

(1)請問寄一封正常狀況的平信要貼多少元郵票？_____元。

(2)寄一張明信片要貼_____元的郵票。

(3)如果你有一封很重要的信，想確定對方一定收到，又想快速寄到，你要
用上表的哪一種方式？貼多少元
的郵票？_____。

三、寄信高手

1.國內郵件直式信封書寫方式
　(1)收件人姓名書於中央，地址書於右
　　側，郵遞區號以阿拉伯數字端正書
　　於右上角紅框格內。
　　寄件人地址、姓名書於左下側，郵
　　遞區號以阿拉伯數字書於左下角紅
　　框格內。郵票貼於左上角。
　(2)式樣：如右圖。
　　寄件人地址、郵遞區號

2.國內郵件橫式信封書寫方式
　(1)收件人地址、姓名書於中央偏右，
　　寄件人地址、姓名書於左上角或信
　　封背面。郵遞區號書於地址上方第
　　一行，郵票貼於右上角。
　(2)書寫順序如下：
　　第一行　郵遞區號
　　第二行　地址
　　第三行　姓名或商號名稱
　(3)式樣：如右圖。

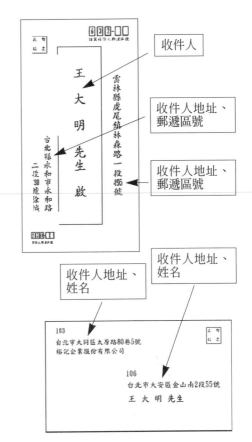

3.下列有二個信封，請你分別從家裡寄到學校給紀老師。並爲它設計郵票。
　⑴請寫一個寄給老師的直式普通信封，並畫上郵票。

　⑵請寫一個寄給同學限時信的橫式信封，並畫上郵票。

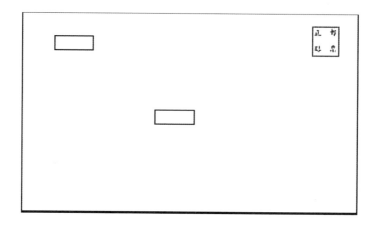

中興國小「自然與科技」教學活動流程表

教學主題	歡樂耶誕節				
學習領域	自然與科技				
教學內容	利用有顏色的水溶液製作會變色的耶誕卡				
教學年級	三年級	教學節數	4節	教學設計老師	李炎梅
使用場地	自然教室	教學時間	(1) 年 月 日 星期 第 節 (2) 年 月 日 星期 第 節 (3) 年 月 日 星期 第 節 (4) 年 月 日 星期 第 節		

教學目標	教學活動流程	說明	教學準備事項	分配時間
一、學習如何製作水溶液	一、準備活動 　請同學在課前準備切碎的紫色高麗菜、菠菜、檸檬、柳橙、葡萄、蘇打餅、棉紙、果汁機等物 二、製作水溶液 　1.各組將一半紫色高麗菜放在燒杯浸於熱水中並加熱 　2.各組將另一半浸於40度之溫酒精中萃取顏色 　3.將切段的菠菜用紗布包裹後擠壓出汁滴入燒杯內 　4.拿果汁機打汁 　5.將所有準備完全的溶液，用紗布濾過並置塑膠杯內，用麥克筆標明，靜置下次使用 　6.將剪裁好的綿紙浸在紫色高麗菜汁中，直到紙張均勻變色，取出並晾乾（約須三十分鐘左右） …………第一、二節完…………	家長協助準備 加熱約至40度 一人至少泡兩片16開大的紙	紗布、塑膠杯、玻棒滴管、燒杯、酒精燈、石綿心網、溫度計、扁平容器	20分 20分 20分 20分
二、找出水溶液交互作用的變化情形	三、水溶液變色實驗 　1.以滴管一一將水溶液裝數cc於試管，再一一滴入數滴紫色高麗菜汁，觀察並記錄每隻試管的顏色變化 　2.再將試管洗淨，重複以上步驟，分別以菠菜汁、葡萄汁等試驗並記錄顏色變化		滴管、試管、試管刷	40分

三、利用實驗結果製作耶誕卡	四、製作卡片 　以棉花棒沾水溶液，利用顏色變化在第二張綿紙上做作畫，來製作耶誕卡片 …………第三、四節完…………	一根棉花棒只沾一種水溶液	棉花棒	40分

中興國小「健康與體育」教學活動流程表

教學主題	歡樂耶誕節						
學習領域	健康與體育						
教學內容	耶誕大餐						
教學年級	三年級	教學節數	2節		教學設計老師		陳秋冬
使用場地	教室	教學時間	(1) 年 月 日 星期 第 節 (2) 年 月 日 星期 第 節				

教學目標	教學活動流程	說明	教學準備事項	分配時間
一、 1.能舉出食物的來源 2.能說出六大類食物名稱 3.能說出油脂類、蔬菜類、水果類的功能 二、 1.知道如何選擇健康的食物 2.能注意自己的飲食以免父母操心 3.認識健康點心與垃圾食物 三、 1.瞭解西式餐的禮儀	一、引起動機： 耶誕節來臨了，如何過耶誕節，吃耶誕大餐？ 二、發展活動一：問&答 六大類食物的來源和功能 　1.來源： 　　(1)哪些是植物性？ 　　(2)哪些是動物性？ 　2.功能： 　　(1)產生熱量、保護內臟、潤澤皮膚（油脂類） 　　(2)含纖維，能幫助消化、預防便祕、保護人體（蔬菜、水果類） 三、發展活動二：猜謎語 　1. 維持生命需要它，無色無味亦無臭 　2. 油油亮亮熱量，煎煮炒炸常用到 　3. 根莖葉通通來報到，可做沙拉也可炒 　4. 有的甜，有的酸，有的硬，有的軟，養顏美容助消化 ……………第一節結束……………	播放耶誕歌曲、介紹耶誕大餐的內容、說明西方傳統耶誕大餐食譜 植物油脂類：大豆油、沙拉油、花生油、葵花油植物的根、莖、葉：蔬菜類、水果類、五穀類動物性：蛋豆魚肉類、奶類 隨機抽籤，不指定對象 水 油脂類 蔬菜類 水果類	CD、錄放機、餐廳菜單 康軒版道健三上 康軒版道健三上 圖片	7分 8分 10分 15分

四、	四、發展活動三：比手畫腳	1. 計時4分鐘，答對一題得一分，時間到即換組	各類食物圖片	15分
1. 能寫出蔬菜類、水果類、油脂類食物名稱	1. 全班分成兩組比賽，各派一名到講台前			
2. 能說出蔬菜類、水果類和油脂類食物的功能	2. 教師拿出圖卡給表演者看，表演者不可出聲，但是可用肢體及表情手勢來表達謎底	2. 統計積分；拍手鼓勵得分較高者優勝		5分
3. 能知道飲水的重要	五、發展活動四：西式餐桌禮儀介紹			10分
4. 能分辨健康點心與垃圾食物	六、綜合活動：均衡飲食	服飾、儀態，餐具的擺放	刀、叉餐巾	
	1. 記錄一日飲食（包含早、午、晚餐）			
	2. 檢核是否包含六大類食物			
	3. 所吃的點心屬於哪一類？	紅、黃、綠色圖片		15分
	七、寫學習單			
	…………第二節結束…………			

設計一份耶誕大餐

　　傳統的耶誕節餐桌上，烤火雞是不可缺的菜式。在一些亞洲國家，或許每年只有耶誕節這一天才吃火雞，以慶祝佳節。但在歐美，尤其是美洲大陸，火雞卻是很普遍的一種肉食，而且在感恩節和耶誕節這兩個大日子，火雞更是傳統的食品。據說在三百多年前（西元一六二○年）的耶誕節，大批來自英國的移民抵達美洲大陸，當時，那兒物產貧乏，只有遍佈火雞，於是他們便捉火雞，作爲過節的主菜，其他的均爲平時吃的食物了，像是火腿、甘藷、蔬菜、葡萄乾、布丁、水果餅、雞尾酒。

　　小朋友明白了耶誕大餐的內容後，請你也試著替自己設計一份包含六大類食物（五穀類、蛋豆魚肉類、奶類、油脂類、蔬菜類、水果類）、既營養又好吃的耶誕菜單：

主　菜	副菜一	副菜二	副菜三	副菜四	副菜五

小朋友，請寫出下面六大類食物的名稱，並且將它們上好顏色，使它們看起來既好看又好吃！

中興國小「藝術與人文」教學活動流程表

教學主題	歡樂耶誕節					
學習領域	藝術與人文					
教學內容						
教學年級	三年級	教學節數	2節	教學設計老師		張瓊妮
使用場地	音樂教室、中興堂	教學時間	(1)　年　月　日　星期　　第　　節 (2)　年　月　日　星期　　第　　節			

教學目標	教學活動流程	說明	教學準備事項	分配時間
一、瞭解歌詞涵意 二、能正確背唱	一、備準活動 　教師及學生準備有關耶誕節歌曲，如：「耶誕鈴聲」、「平安夜」等 二、發展活動 　1. 聆聽大家所蒐集的耶誕歌曲做為動機 　2. 教唱耶誕歌曲「耶誕鈴聲」及「平安夜」（附件一、二） 　3. 分組創作「耶誕鈴聲」及「平安夜」之舞蹈動作，並討論各組之服裝、道具 　……………第一節完…………	需達能唱、背的地步	收音機 鋼琴	10分 10分 20分
三、分組上台表演，訓練膽量	三、綜合活動 　1. 分組配合舞蹈表演「耶誕鈴聲」及「平安夜」 　2. 評選名次加以鼓勵 　……………第二節完…………	最好至大禮堂表演，呈現出一種歡樂又聖潔的氣氛		35分 5分

耶誕鈴聲

皮爾龐作曲
王毓騵譯詞（國語）

（國　語）雪花 隨風 飄， 花鹿 在奔跑， 聖誕老公公， 駕著美麗雪 橇。
　　　　紅衣 紅帽人， 兩道 白眉毛， 白髮白鬍鬚， 帶來禮物一 包。

經過了原野， 渡過了小橋， 他 跟著和平 獻喜歌聲 翩然地來到。
穿過了森林， 越過了山腰， 他 跟著和平 獻喜歌聲 翩然地來到。

叮叮噹 叮叮噹， 鈴聲多響亮， 你看他呀不避風霜，面容多麼慈祥。

叮叮噹 叮叮噹，鈴聲多響亮， 他給我們帶來幸福，大家 喜洋洋。

教學札記

本學年夥伴選擇此一主題，剛好與節令結合，耶誕節——雖然是西洋人的習俗，但是我們不能免俗的也跟著熱鬧一番。實施日期正好在耶誕節的前後一週，整個活動的進行、資料的蒐集都非常的順利，學生的反應與回饋更是令我們欣慰。

在伊始著手蒐集，除上網搜尋相關耶穌資料，更興沖沖的跑到中山北路林森北路數家五星級飯店打聽，請其提供耶誕大餐的菜單，可惜都無法取得，蓋因此為商業機密，業者守口如瓶不肯輕易洩露，免被人模仿影響生意。最後在某家餐廳打聽到：一客＄2,600，乖乖，真貴！不禁令我咋舌！於是一個念頭閃動，何不自己設計菜單？就是這樣的一份既營養又好吃的學習單——「設計耶誕大餐」出爐了！兼具知識性與創造性，學生們也都很行，把平日營養午餐所看到的、吃到的，融入自己的想法，設計成一份色香味俱佳的菜單。至於教學活動，則加入二個有趣的活動，帶進學習目標：一個「猜謎語」，一個「比手畫腳」，學生們更是興高采烈的學習，當鐘響時都欲罷不能，還不願意下課呢！第二天學生看到我忙問著：「老師明天我們要玩什麼？」眼神中充滿了期待，讓我的心情也跟著快樂起來！腦中也開始盤算：最近去參加的河洛語研習，有些點子看來可以拿來試試看囉！回家再設計琢磨。

教學相長，與學生的互動中，得到的是靈感來源，激勵著不斷的學習與回饋，這是我最大的收穫，我熱愛我所扮演的角色，更熱愛我的工作且無怨無悔的付出。令外，與同僑間的合作，從開始到結束過程都是愉悅的，也增加了很多智慧與累積經驗。

美中不足的是，時間略嫌不足，常需要另外勻出休息時間來，熬夜趕工，這點是我應改進的。

陳秋冬

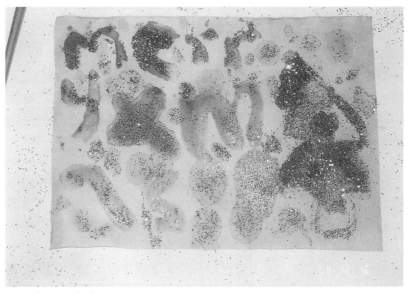

這個作品很「藝術」吧！

這張「看得懂」吧！

介紹耶誕大餐菜單及經驗分享。

「猜謎語」——活動六大類食物優勝者頒給「卡片」。

「角色扮演」活動──如何吃西餐（餐巾）。

「角色扮演」活動──如何吃西餐（刀叉）。

看呀！我打扮得多麼美麗。

這是我們分組表演的情景。我們分組跟著歌曲翩起舞。

第八章

有唐山公無唐山媽

四年級教師行動研究的成長記錄

有唐山公無唐山媽

教學年級：四年級

編輯者：張琳

設計與教學群：

> 語文：葉碧苓、高淑妗
>
> 數學：葉碧苓、馬堅
>
> 自然與科技：李炎梅
>
> 社會：高淑妗
>
> 健康與體育：張小芬、馬堅
>
> 藝術與人文：張瓊妮
>
> 綜合活動：張小芬、葉碧苓、高淑妗

主題設計緣起：

　　「有唐山公、無唐山媽」這句諺語訴說著台灣族群融合的歷史發展，唯有全台灣各族群的人民瞭解過去，緬懷先民奮鬥的精神，才能營造一個更和諧、融洽的社會。

四年級「有唐山公無唐山媽」課程設計概念圖

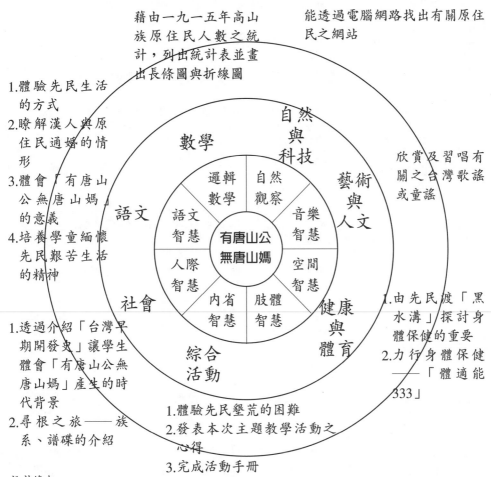

藉由一九一五年高山族原住民人數之統計，列出統計表並畫出長條圖與折線圖

能透過電腦網路找出有關原住民之網站

1.體驗先民生活的方式
2.瞭解漢人與原住民通婚的情形
3.體會「有唐山公無唐山媽」的意義
4.培養學童緬懷先民艱苦生活的精神

欣賞及習唱有關之台灣歌謠或童謠

1.透過介紹「台灣早期開發史」讓學生體會「有唐山公無唐山媽」產生的時代背景
2.尋根之旅——族系、譜碟的介紹

1.由先民渡「黑水溝」探討身體保健的重要
2.力行身體保健——「體適能333」

1.體驗先民墾荒的困難
2.發表本次主題教學活動之心得
3.完成活動手冊

設計緣起：

四年級是以「有唐山公沒唐山媽」為主題，以八大多元智慧（語文智慧、邏輯數學智慧、自然觀察智慧、音樂智慧、空間智慧、肢體智慧、內省智慧、人際智慧）為核心，配合九年一貫課程七大學習領域（語文、數學、自然與科技、藝術與人文、健康與體育、綜合活動、社會），設計出各領域教學活動流程表。

中興國小四年級教學活動設計

教學 主題	有唐山公無唐山媽					
教學 年級	四年級	教學 節數	29節	教學設計老師		
小組 成員	李炎梅、高淑姈、張小芬、張瓊妮、葉碧苓					
學習 領域	教學活動內容		評量活動	教學者	教學 時間	使用 場地
語文	1. 藉由觀看「少年噶瑪蘭」故事及影帶，體驗先民生活的方式，並瞭解漢人與原住民通婚的情形，體會「有唐山公無唐山媽」的意義 2. 培養學童緬懷先民艱苦生活的精神		1. 積極參與問題討論 2. 能口述回答問題，並完成學習單	淑姈 碧苓	6節	教室
健康 與 體育	1. 來台先民渡過「黑水溝」，需通過嚴格的體能考驗，進而探討身體保健的重要 2. 力行身體保健——「體適能333」		1. 確實做好身心保健工作 2. 確實做到「體適能333」，並作詳實記錄	小芬	3節	教室 花圃
社會	1. 透過介紹「台灣早期開發史」，讓學生體會「有唐山公無唐山媽」產生的時代背景 2. 尋根之旅——族系、譜碟的介紹		1. 能說出並寫簡單的族系或譜碟關係圖	淑姈	3節	教室 圖書館
藝術 與 人文	1. 欣賞及習唱有關之台灣歌謠或童謠。		1. 能唱出台灣歌謠並知曉其典故 2. 分組表演 3. 有獎徵答	瓊妮	4節	音樂 教室
數學	1. 藉由一九一五年高山族原住民人數之統計，列出統計表並畫出長條圖與折線圖		1. 能正確列出統計表、長條圖與表演 2. 能用簡單的Excel繪製統計表、長條與折線圖	碧苓		電腦 教室

自然 與 科技	1. 能透過電腦網路，找出有關原 住民之網站	1. 能記下原住民相關 網站之網址 2. 下載並列印原住民 相關資訊，並完成 學習單	炎梅	4節	電腦 教室
綜合 活動	1. 發表本次「有唐山公無唐山媽」 主題教學活動之心得 2. 完成自己的主題教學活動手冊 3. 體驗先民墾荒的困難	1. 能以五百字左右的 文章寫出心得感想 2. 繪製主題教學活動 手冊之封面，完成 訂製的工作 3. 找一塊學校的空 地，從鋤草翻土到 種菜，體驗先民墾 荒的辛苦	小芬 碧苓	5節 4節	教室

中興國小「語文」教學活動流程表

教學主題	有唐山公無唐山媽				
學習領域	語文				
教學內容	少年噶瑪蘭				
教學年級	四年級	教學節數	6節	教學設計老師	葉碧苓
使用場地	教室	教學時間			

教學目標	教學活動流程	說明	教學準備事項	分配時間
1-1能專心觀看影片 1-2熱烈參與問題討論	一、準備活動 　教師—事先準備「少年噶瑪蘭」錄影帶，及學習單（附件一、二） 二、發展活動 　1.觀看「少年噶瑪蘭」錄影帶，並進行問題討論活動 　討論題目： 　⑴潘新格夢境中的意涵？ 　⑵為什麼別人嘲笑潘新格是「番仔面」？ 　⑶「巴布」為什麼能成為噶瑪蘭族的先知？ 　⑷噶瑪蘭族的「成人儀式」需通過什麼考驗？ 　⑸討論噶瑪蘭族的婚姻方式 　⑹噶瑪蘭族的生活習慣和漢人有什麼不同？ 　⑺噶瑪蘭族的文化有什麼特色？試從食衣住行等方面舉例說明 　⑻潘新格回到「現代」以後有什麼領悟？	附件一 附件二	「少年噶瑪蘭」影帶、錄放影機、電視機	120分
2-1能寫出問題討論的學習單	·············第一、二、三節完············· 　2.完成問題討論的學習單 ·············第四節完·············	附件一		40分
3-1能寫出五百字左右的心得感想	三、綜合活動 　寫出觀看影帶後的心得感想。以五百字左右的篇幅完成 ·············第五、六節完·············	附件二		80分

「有唐山公無唐山媽」學習單

　　依據日治時期日本學者的分類，台灣的平埔族大致可以分為：凱達格蘭、噶瑪蘭、道卡斯、拍瀑拉、巴則海、貓霧㧓、洪安雅、邵、西拉雅等九族。平埔族在清朝治理台灣時期與漢人通婚頻繁，「漢化」較深，如今只剩「噶瑪蘭族」還保有自己的母語與文化。平埔族之所以漢化較深，主要是因為平埔族是「母系社會」，在婚姻上男子必須被妻子招贅，隨妻子而居。而當時來台的漢人因限於禁令的關係，不得攜眷，如果不想成為「羅漢腳」，就必須想辦法和平埔族女子通婚。如此一來，不但可以繼承妻家的土地和財產，又可以延續後代。平埔族因為沒有「姓氏」觀念，招贅漢人之後冠以「夫姓」，生活習慣逐漸「漢化」，以至於平埔族文化逐漸消失。

　　噶瑪蘭族世居蘭陽平原，與台北盆地的凱達格蘭族同源，相傳兩族都來自一個太平洋上的「Sanasai」小島，但是「Sanasai」的確切位置究竟在哪裡？現在也沒有人可以確實描述。「少年噶瑪蘭」這部影片是金馬獎的得獎作品，內容是描寫一位噶瑪蘭族少年潘新格，穿越時光隧道，回到二百年前，發生了一些現代與過去對話的有趣事蹟。請小朋友仔細觀賞，體會一下噶瑪蘭族人過去與現代有何不同。

設計者：葉碧苓

「有唐山公無唐山媽」學習單

一、潘新格做的夢代表了什麼意義？

二、為什麼別人會嘲笑潘新格是「番仔面」？

三、「巴布」為什麼能成為噶瑪蘭族的先知？

四、噶瑪蘭族的成人儀式需要通過什麼考驗？

五、噶瑪蘭族的婚姻方式和漢人有什麼不同？

六、噶瑪蘭族的文化有哪些特色？試從食衣住行等方面舉例說明。

七、噶瑪蘭族的生活方式和漢人有哪些不同？

八、潘新格回到「過去」之後有哪些領悟？

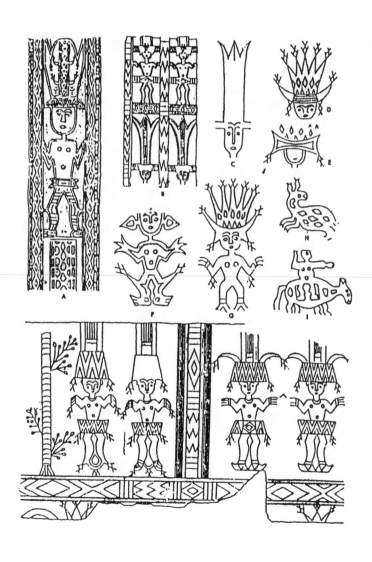

中興國小「數學」教學活動流程表

教學主題	有唐山公無唐山媽					
學習領域	數學					
教學內容	繪製高山族原住民統計表、長條圖與折線圖					
教學年級	四年級	教學節數	4節	教學設計老師		葉碧苓
使用場地	教室、電腦教室		教學時間			

教學目標	教學活動流程	說明	教學準備事項	分配時間
1-1能製作一九一五年高山族原住民人數統計表、長條圖、折線圖	一、準備活動 　教師—於課前準備好一九一五年高山族原住民統計人數 　學生—具備繪製統計表、長條圖、折線圖的能力 二、發展活動 　1.介紹一九一五年高山族原住民統計人數的由來（平埔族與漢人通婚頻繁，已無法統計確切之人數） 　2.製作一九一五年高山族原住民人數統計表 ………第一節完……… 　3.繪製一九一五年高山族原住民人數長條圖。 　4.繪製一九一五年高山族原住民人數折線圖 三、綜合活動 　1.共同檢討所繪製之統計圖表是否正確。如有錯誤者，共同訂正 ………第二節完………	附件一 這是最早有關高山族原住民人數的調查，由日本人伊能嘉矩等人所完成 因數目較大，可使用省略符號繪製統計圖	繪製統計表與圖表用紙	 25分 15分 16分 16分 8分

2-1能以電腦繪製一九一五年高山族原住民人數統計表、長條圖、折線圖	一、準備活動 　教師―於課前先以電腦繪製一份一九一五年高山族原住民人數表、長條圖、折線圖供學生參考 　學生―具備使用電腦的能力 二、發展活動 　1.將附件一之資料打入電腦 　2.製作一九一五年高山族原住民人數統計表 　3.製作一九一五年高山族原住民人數長條圖、折線圖 　4.將製作完成的圖表列印出來 三、綜合活動 　互相欣賞同學製作之圖表 ………第三、四節完………	附件一		15分 15分 30分 15分 5分

「有唐山公無唐山媽」學習單

　　台灣的原住民分為高山族與平埔族兩大系統，目前各族的名稱與分類主要採日治時期日本學者的研究成果。平埔族在清朝時與漢人通婚頻繁，因此到了日治時期已經無法統計確切的人數了。而第一份高山族人數統計表就是由日本學者於一九一五年所完成的。當時日本人根據原住民漢化的程度區分，稱高山族為「生番」；平埔族為「熟番」，後來原住民改漢姓時就有許多人將「番」字加上三點水，成為「潘」字，當作他們的姓。台灣光復後，許多外省人隻身來台，娶高山族女子為妻者，為數也不少，本校自然老師李炎梅的父母親就是在這種情形下結婚的。以下是一九一五年高山族人數統計，請小朋友完成統計表與長條圖、折線圖。

　　一、泰雅族：32,168人。

　　二、賽夏族：　1,142人。

　　三、布農族：17,681人。

　　四、鄒　族：　2,391人。

　　五、魯凱族：　4,548人。

　　六、排灣族：30,435人。

　　七、卑南族：　6,472人。

　　八、阿美族：35,820人。

　　九、雅美族：　1,618人。

設計者：葉碧苓

「有唐山公無唐山媽」學習單

一九一五年高山族人數統計表

族　別	泰雅族	賽夏族	布農族	鄒　族	魯凱族	排灣族	卑南族	阿美族	雅美族
人　數									

(　　)

(
　　　　　　　　　　　　　　　　　　　　　　　　　　　　　　　　　　　　　)

中興國小「自然與科技」教學活動流程表

教學主題	有唐山公無唐山媽				
學習領域	自然與科技				
教學內容	認識台灣種族——平埔族				
教學年級	四年級	教學節數	4節	教學設計老師	李炎梅
使用場地	電腦教室	教學時間	(1)　年　月　日星期　第　節 (2)　年　月　日星期　第　節 (3)　年　月　日星期　第　節 (4)　年　月　日星期　第　節		

教學目標	教學活動流程	說明	教學準備事項	時間分配
一、能搜尋到所需資料，並對平埔族有基本認識	一、準備活動 　　老師先行搜尋相關網站並根據網站內容設計學習單 二、教學活動 　1. 發下學習單 　2. 切換為老師的moniter，示範如何搜尋所需資料 　3. 示範搜尋如下： 　　→Kimo 　　→「國科會數位博物館專案」 　　→平埔文化資訊網 　　→網站導覽 　　→平埔族群的基本認識 　4. 切換回學生的moniter，請學生搜尋並自行尋找答案填入學習單 …………第一、二節結束………… 　5. 再切換到老師的moniter，進行下一步搜尋 　6. 示範搜尋如下： 　　→網站導覽 　　→建議閱讀資料區 　　→台灣研究 　　→台大電子圖書館及博物館計畫 　　——台灣平埔族探源		搜尋步驟課前先寫在黑板上，讓同學自行搜尋時可以參考（以下皆是）	20分 60分 15分

二、能自 行搜尋和 主題相關 的資料	→虛擬博物館 →資料館 7. 切換回學生之moniter，請學生自 　尋資料並填入學習單中 8. 再切換至老師之moniter，介紹其 　他相關網站之搜尋 9. 步驟如下： 　→Kimo 　→搜尋「原住民」 　→進入相關網站，如九族文化村、 　　原報之神話世界篇、台灣省立博 　　物館…… 10. 切換回學生之moniter，請學生試 　　後並從其他搜尋引擎尋找原住民 　　網站 11. 交回學習單 …………第三、四節結束…………		25分 10分 30分	

認識台灣種族──平埔族──網路資料搜尋

一、「平埔」是什麼意思？ _____

　　「平埔族」可解釋為 _____

　　「高山族」意指 _____

二、漢人將早就住在台灣的原住民稱為什麼？

　　_____

　　而將來台通商的西洋人稱為什麼？

　　_____

三、漢人將已漢化的原住民稱為 _____，未受漢化的稱為

　　_____，逐漸接受漢化的稱為 _____。

四、平埔族群，在台南平原上有多到一聚落 _____人，小聚落也至少

　　_____人，但其他地方的平埔族很少超過 _____人。

五、平埔族社會中，女人通常負責 _____工作，男人負責

　　_____，男女分工明顯。在社會事務方面，則女人負責

　　_____，男人負責_____。

六、平埔族中的「牽手」是什麼意思？理由為何？

七、請簡單解釋平埔族的「鑿齒」習俗。

八、從十七世紀以來，有哪些外國人陸續來台貿易？又有哪些地區的漢人也來台謀生？

九、自一九九○年以來，平埔族群一直要求正名、復名，一九九六年，台北市政府將總統府廣場前的「介壽路」改為＿＿＿＿＿＿＿，即為提醒大家平埔族存在的事實。

十、台大平埔族虛擬博物館中，將平埔族分為哪些族？

十一、舉出一個噶瑪蘭族的日常物品。

十二、舉出一個凱達格蘭族的日常物品。

十三、舉出一個巴則海族的日常物品。

中興國小「社會」教學活動流程表

教學主題	有唐山公無唐山媽				
學習領域	社會				
教學內容	認識清初台灣的情形感念先民的開發精神				
教學年級	四年級	教學節數	3節	教學設計老師	高淑妗
使用場地	教室、圖書館	教學時間			

教學目標	教學活動流程	說明	教學準備事項	時間分配
1-1 能認識清領時期台灣的開發情形及文化背景 1-2 能知道清初大陸人民來台的動機與目的 1-3 能知道台灣海峽在移民之途的危險性機	一、教學準備活動 　1.學生蒐集和台灣有關的人文史蹟 　2.台灣漢族移民來源圖 　3.艋舺古蹟圖 　4.「台灣的故事」錄音帶（康軒版） 二、 　1.引起動機 　　⑴以蒐集的資料說明台灣開發的人物事蹟 　　⑵教師播放「台灣的故事」廣播劇，根據內容說明清初對台治理情形 　2.清康熙年間已流傳有：「台灣錢淹腳目」、「台灣好趁食」諺語的由來 　3.清朝為何不重視台灣的開發？為何禁止人民渡海 　4.「台灣悲歌」內容說明 ………第一節完………	學生發表資料內容觀察課本 p.76 圖片說明清廷如何佔領台灣 說明當時大陸生活困苦而台灣富庶的原因 附件一 附件一 以課本 p.77 圖片呈現當時人民突破「禁令」的冒險情形		5分 5分 10分 5分 10分 5分

2-1 認識海禁政策對移民的影響	三、 1. 觀察台灣漢族移民來源圖 2. 渡海禁令內容說明 　第一條：無許可證不得渡台，違者嚴懲 　第二條：渡台人士不可攜眷，已渡台也不能攜眷至台 　第三條：禁止廣東人到台灣	瞭解移民來自何處（附件一） 說明禁令之原因 附件一	5分 15分 7分
2-2 探討「有唐山公無唐山媽」的由來 2-3 能知道台灣文化傳承的來源	3. 什麼是「有唐山公無唐山媽」？為什麼有「羅漢腳」？哪裡有「羅漢腳」？ 4. 統整：說明台灣文化襲自故鄉的傳承而流傳至今 5. 譜諜介紹：請學生和家人共同完成自家的族譜做為下一節課的準備 …………第二節完…………	說明造成無適婚對象的原因 附件一 以族譜內容做為尋根之旅的開始（附件二）	5分 3分 5分
3-1 能知道早期台灣開發與移民的建設 3-2 能認識祖先的信仰並感恩	四、 1. 介紹說明移民渡「黑水溝」來台的經營開發事蹟 2. 「水田制度」對農業化的影響 3. 台灣農業社會最普遍的信仰——媽祖廟宇的興建 4. 歸納：對當時的人來說「唐山過台灣」是一條充滿希望，卻也是艱辛危險的道路 5. 習寫學習單 6. 遊戲航海圖 …………第三節完…………	觀察課本 p.78-79 圖片？說明早期的屋宇建築 附件一 介紹艋舺古蹟分佈圖（附件一） 以今人眼光緬懷先人的辛勞並予感恩 附件三 附件四	5分 5分 10分 5分 15分

「有唐山公無唐山媽」學習單

請將自己和家人的姓名、出生地、使用的語言，填在空格裡。

～我的家族　尋根之旅～

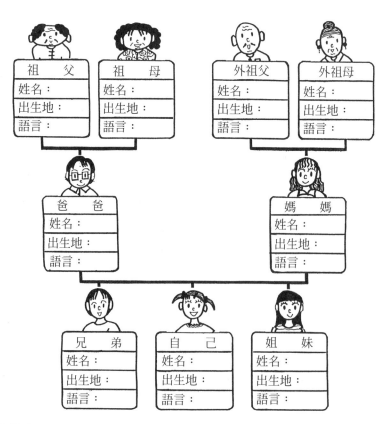

※關於你的家族，你還能找到更多資料嗎？

請把找到的資料寫下來。

祖籍：　　　　祠堂名稱：　　　　　　族譜：

「有唐山公無唐山媽」學習單

※請注意：遊戲中遇「前進」或「後退」時，只能依指示動作一次，定位後再
　　　　輪流擲骰子繼續遊戲。

中興國小「健康與體育」教學活動流程表

教學主題	有唐山公無唐山媽					
學習領域	健康與體育					
教學內容	由來台先民渡「黑水溝」，須通過體力考驗，探討身體保健的重要，並能力行					
教學年級	四年級	教學節數	2節	教學設計老師		張小芬
使用場地	教室		教學時間	(1) 年 月 日星期 第 節 (2) 年 月 日星期 第 節		

教學目標	教學活動流程	說明	教學準備事項	分配時間
一、瞭解先民來台時渡海的艱辛 二、瞭解身體保健的重要 三、知道注意飲食均衡和運動才能做好身心保健	一、準備活動 　1.展示漫畫台灣史④的渡台禁令 　　——禁止攜眷來台，解說造成「有唐山公無唐山媽」的原因 　2.由圖片引導兒童體會先民偷渡出海的心情以及所遭遇的危險 二、發展活動 　1.從先民渡黑水溝之險惡，討論能存活下來的人，是有什麼特殊因素 　2.從我們的午餐菜單去分析本週各道菜所含的營養素（六大類食物含五種營養素） 　3.提供學習單（以孩子喜歡吃的漢堡、炸雞、薯條、泡麵、餅乾）讓孩子討論如果常吃或偏食，可能對健康有什麼不良影響？ 三、結論 　1.各種營養素和健康有密切關係，人體要發育正常、免除疾病，各種營養素都不能缺少 　2.除了飲食均衡之外，養成運動習慣也是必需的 　………………第一節完………………	以「漫畫台灣史」④介紹渡海情況 以圖片說明渡黑水溝的險惡 兒童能說出身體健康的人存活機會較大 由兒童分組製作海報報告（每組報告一天菜單） 依據健康課本內容作答	投影片 書面紙 彩色筆 學習單	5分 5分 15分 10分 5分

一、瞭解運動和健康的關係 二、知道什麼時間做運動 三、能養成運動習慣	一、討論 　1. 你做過哪些運動？你運動後有什麼感覺？ 　2. 運動有沒有好處？ 　3. 老師常發現小朋友一吃完午餐就在操場打球或追逐，這樣對身體好嗎？ 　4. 不當的運動也會對身體造成傷害嗎？（如運動的時間不當、時間過常或超出自己的體力等）	由兒童發表 影印《健康生活》有關運動與健康資料發給小朋友	影印資料	10分
	二、發展活動 　1. 說明適當運動的重要 　2. 說明「體適能333」的意義： 　　⑴每週運動3次以上 　　⑵每週運動30分鐘 　　⑶運動後心跳每分鐘達到130下		書寫海報	10分
	三、創造活動 　除了健康操之外，你能設計一些有趣的運動嗎？（在下雨天能在室內做的運動）	兒童到操場實際演練，並和同學分享		20分
	四、課後活動 　1. 記錄你及家人運動的習慣 　2. 每週檢討是否符合「體適能333」的原則，有沒有需要改進的地方？ ………………第二節完………………	學習單	紀錄表	

每日飲食指南

類　　別	份　　量	份量單位說明
五穀根莖類	3～6碗	每碗：飯一碗（200公克）； 　　　或中型饅頭一個； 　　　或土司麵包四片。
奶　　類	1～2杯	每杯：牛奶一杯（240c.c.）； 　　　發酵乳一杯（240c.c.）； 　　　乳酪一片（約30公克）。
蛋豆魚肉類	4　份	每份：肉或家禽或魚類一兩（約30公克）； 　　　或豆腐一塊（100公克）； 　　　或豆漿一杯（240cc）； 　　　或蛋一個。
蔬　菜　類	3　碟	每碟：蔬菜三兩（約100公克）。
水　果　類	2　個	每個：中型橘子一個（100公克）； 　　　或蕃石榴一個。
油　脂　類	2～3湯匙	每湯匙：一湯匙油（15公克））

資料來源：消費者手冊

（請依據本表，檢視你及你的家人，是否符合營養均衡）（兒童可酌量減少）

「有唐山公無唐山媽」學習單

一、你做過下面這些運動嗎？你最喜歡哪一種運動？這些運動對你有沒有好處？

二、你覺得什麼運動最適合你自己的體能？請選擇適合的運動確實做到「體適能 333」的原則，請每週記錄做為改進的依據。

星期	運動項目	運動時間	本週情況及改進

中興國小「藝術與人文」教學活動流程表

教學主題	有唐山公無唐山媽						
學習領域	藝術與人文						
教學內容							
教學年級	四年級	教學節數	2節	教學設計老師		張瓊妮	
使用場地	音樂教室		教學時間	(1) 年 月 日 星期一 第 節 (2) 年 月 日 星期一 第 節			

教學目標	教學活動流程	說明	教學準備事項	分配時間
一、瞭解「思想起」所敘述的內容 二、能表現「思想起」的歌詞內容 三、瞭解「唐山過台灣」的歌詞內容 四、能共同創作歌曲以加深印象	一、動機 　請幾位小朋友事先準備台灣史，上台說故事 二、欣賞陳達所演唱之「思想起」 三、分組以戲劇或舞蹈表現出「思想起」的歌詞內容 ………第一節完……… 一、欣賞老師所提供有關先民來台的音樂CD 二、分組選出一首曲子並加以改編歌詞來敘述先民開墾台灣的奮鬥史 三、分組發表創作之歌曲並和全班分享 四、同學共同檢討其優缺點 ………第二節完………	請小朋友事先準備，可以講述台灣史大綱，也可以說一說其中的小故事 「思想起」即為敘述清朝時先人自大陸來台拓荒之辛苦 即為陳明章所寫「唐山過台灣」CD	收音機 CD 收音機 CD	10分 10分 20分 10分 15分 10分 5分

唐 山 過 台 灣

詞曲　陳明章

一隻白鴒鷥，一飛五千里。
講伊唐山過台灣。
一台小帆船，一程一個月，
講伊唐山過台灣，呀嘿。
一个小布袋仔，講伊帶著神主牌仔。
一个小包袱仔，講伊帶著小香爐，
伊講卜唐山過台灣，
伊講卜唐山過台灣。
一手三枝香，枝枝有神明。
拜託媽祖婆也汝著保庇平安佫淡水。
咱个祖先伊唐山過台灣，
開山佮造路啊，鹿港佫艋舺。

中興國小「綜合活動」教學活動流程表

教學主題	有唐山公無唐山媽					
學習領域	綜合活動					
教學內容	認識閩南建築					
教學年級	四年級	教學節數	2節	教學設計老師		張小芬
使用場地	教室	教學時間	(1) 年 月 日 星期 第 節 (2) 年 月 日 星期 第 節			

教學目標	教學活動流程	說明	教學準備事項	分配時間
一、認識台灣古厝 二、能欣賞古建築之美 三、能欣賞龍山寺雕刻之美	一、準備活動 　提示教學內容—— 　早年先民渡海來台，建築屋舍就地取材，常以竹子和茅草搭成，這種竹造房屋俗稱「竹槺厝」。後來生活逐漸安定，房舍也越蓋越精緻，我們來對傳統建築做一番認識 二、教學活動 　1.紅磚厝——平地一條龍 　2.紅磚厝——單伸手獨臂神龍 　3.紅磚厝——三合院溫馨感人 　4.紅磚厝——四合院難窺堂奧 　5.紅磚厝——剪黏、泥塑屋頂鑲嵌藝術 　　(1)屋頂——燕尾輕盈美妙 　　(2)屋脊——馬背形式變化多 　　(3)山牆上的裝飾——懸魚具意義 　　(4)屋簷的裝飾——滴水花樣多 ……………第一節完………… 三、發展活動： 　以龍山寺的建築為例，介紹雕刻之美 　1.龍柱 　2.抱鼓石——祈求吉慶 　3.六角轎頂式屋頂 　4.藻井 　5.斗拱及蓮花吊筒 　6.柱珠 　7.石窗、壁畫的雕刻 …………第二節完……………	以錄影帶——古蹟建築篇引起動機 影印台灣古厝之美資料（印自鄉土教學研習資料）每生一份——附件四 以實物提示機展示《台灣傳統建築》（李乾朗著）及自拍龍山寺相關圖片 附學習單	錄放影機電視機錄影帶 影印資料實物提示機《台灣傳統建築》一書 自拍龍山寺照片	5分 35分 40分

「有唐山公無唐山媽」學習單

　　觀賞過古建築物介紹，你覺得古蹟最美的部分是什麼？請參考書上的或照片上的圖片將它畫下來；或用照相機實地拍攝下來再貼上。

中興國小「綜合活動」教學活動流程表

教學主題	有唐山公無唐山媽					
學習領域	綜合活動					
教學內容	體驗先民墾荒的艱辛					
教學年級	四年級	教學節數	2節	教學設計老師		張小芬
使用場地	教室		教學時間	(1)　年　月　日星期　第　節 (2)　年　月　日星期　第　節		

教學目標	教學活動流程	說明	教學準備事項	分配時間
一、能體會先民開墾的辛苦 二、對於自己擁有的能珍惜和感恩	一、體驗活動 　1. 從國語課中，小朋友已知道了先民開墾台灣的艱辛過程；今天就要小朋友實際的從活動中體驗先民開墾的艱辛 　2. 操場邊沙坑後的空地雜草叢生，讓小朋友從鋤草開始，再鬆土、整地、播種、澆水，最後插上標示牌 　3. 心得報告 　　寫出自己參與墾荒的感想 …………第一、二節完…………	畫分好各組的地，發給蔬菜種子	鋤頭 鏟子 澆水器 標示牌 蔬菜種子	80分
三、能體會「一分耕耘一分收穫」	二、課後活動 　每天各組要巡視菜園，澆水、除草、除蟲並做記錄，直到菜長大收成	每天記錄巡視的同學名字、時間及所做的工作，和蔬菜的生長情況		每天10分鐘

「有唐山公無唐山媽」學習單

小朋友！你辛苦的耕耘，就會有豐富的收穫。
請每天一定要巡視菜園哦！加油！

巡視人	巡視時間	工作項目	菜生長情形

中興國小「綜合活動」教學活動流程表

教學主題	有唐山公無唐山媽				
學習領域	綜合活動				
教學內容	繪製、裝訂主題教學手冊				
教學年級	四年級	教學節數	2節	教學設計老師	葉碧苓
使用場地	教室		教學時間		

教學目標	教學活動流程	說明	教學準備事項	分配時間
	一、準備活動 　　教師—於課前準備紙張供學生繪製封面 　　學生—準備彩色筆、裝訂工具 二、發展活動 　　1. 繪製主題教學手冊之封面	附件一		
1-1能繪製封面	…………第一節完…………			40分
1-2能完成裝訂工作	2. 裝訂主題教學手冊 三、綜合活動 　　1. 互相欣賞同學製作之手冊 　　2. 整理環境 …………第二節完…………			25分 15分

台北市中興國小主題教學手冊

有唐山公無唐山媽

_____年_____班_____號 姓名：_____

教學札記：社會科

　　當我們第一天上課提到「唐山過台灣」時，許多小朋友都睜大眼睛問「唐山在哪裡？」「什麼是唐山公和唐山媽？」就這樣，我們帶著緬懷的心情回到從前進入歷史的長河……。

　　大部分的小朋友都知道鄭成功在台開墾的豐功偉業，卻不知來台灣開墾的人士是有時代背景因素的，當時大陸沿海連年旱災，謀生不易，台灣卻因為早期荷蘭人種植稻米、甘蔗需要大量人工，工資又是大陸的三倍，因而吸引了大批的移民，更有流傳至今的諺語如：「台灣錢淹腳目」、「台灣好趁食」……。

　　在訴說歷史的事蹟中，小朋友如夢般的眼神，跟隨著先人的腳步，時而興奮，時而黯然。我們討論祖先們若沒有與平埔族女子通婚，現在的台灣人口結構會是什麼情形呢？是否還有許多「羅漢腳」到處流浪呢？

　　經由此次學習之旅，同學們認識了自己的「原鄉」，也藉著「族譜」的習寫知道自己的家世，「認同自己」可以說是此次最大的收穫吧！我們也在唐山過台灣的航海圖遊戲中，譜上快樂的休止符！

高淑妗

教學札記： 綜合活動 及 健康與體育

　　介紹傳統建築之前，我自己必須翻閱多本相關書籍，觀看錄影帶。擷取精要部分做簡要介紹，讓孩子懂得欣賞傳統建築之美，才是我們教學的目的。

　　在體驗活動中帶著他們鋤野草、鬆土、種菜，體會一下先民拓荒之苦，孩子們雖然汗流滿面，卻樂在其中，也讓我看到多樣化的教學，孩子學得更開心、更用心。其實在教學過程中，收穫最多的是我自己吧！

張小芬

貼心的一句話

四年一班

凡走過必留下足跡,請小朋友每人用一句話,寫出你的感想!

1. 俞暐麒:祖先是爲我們才開戰,所以我們要感謝他們。
2. 趙存斌:我上完有「唐山公無唐山媽」我才知道,原來我祖先來台灣是那麼的難。
3. 高晟淵:可以讓我們學到祖先的生活方式。
4. 林昆輝:我覺得台灣以前發生了很多事。
5. 李祖緯:上完「唐山公無唐山媽」的感想,我覺得以前清初偷渡漢人很辛苦。
6. 周士偉:因爲從中國來台灣很難,可能海浪會把他們捲走,他們眞偉大。
7. 朱駿宇:從大陸偷渡來的人都是經過凶險的黑水溝才能到台灣。
8. 林宜萱:我覺得我們的祖先眞偉大,從遙遠的唐山來到台灣一定很辛苦。
9. 謝昀芷:很有趣,讓我們知道以前的大陸人不管生命危險,坐船來台灣。
10. 伍雅菁:我覺得這次主題教學讓我學得很多。
11. 黃于倩:我覺得以前的人很辛苦、很可憐。
12. 張若歆:我覺得以前的人很辛勞,因爲他們開發了很多。
13. 謝凱麗:我覺得以前的祖先爲了我們開墾台灣,一定很辛苦,謝謝祖先。
14. 張雅琳:我們現在才知道我們的祖先這麼偉大。我現在才知道清朝的時候,只有男生能到台灣,女生不可以,所以才會叫「有唐山公無唐山媽」。
15. 劉安琪:我覺得我要謝謝我的祖先,因爲他讓我可以幸福的過快樂的千禧年,也就是二○○○年。
16. 許瑜芳:很感謝我們的祖先爲我們把台灣開發得那麼好,也讓我更瞭解以前台灣發生的一些故事。

國語科

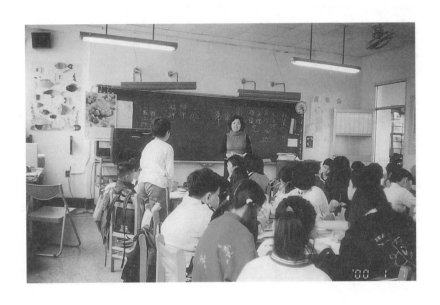

數學科

第九章

節約能源

五年級教師行動研究的成長記錄

節約能源

教學年級：五年級

編輯者：張志猛

設計與教學群：

> 語文：鄧守珍
>
> 數學：張志猛
>
> 社會：黃遠台、黃寬裕
>
> 自然與科技：李炎梅
>
> 健康與體育：馬堅
>
> 藝術與人文：張瓊妮
>
> 綜合活動：鄧守珍

主題設計緣起：

去年發生了「七二九」大停電和震驚全台的「集集（921）大地震」，孩子在恐懼中，真實的體驗到天災的可怕與黑暗的無助，於是我們便決定對症下藥，適時指導孩子珍惜資源、節約用電。因為孩子親身經歷過停電所帶來的不便，於是這應是最為有效的「機會教育」和「主題教學」吧！

五年級「節約能源」課程設計概念圖

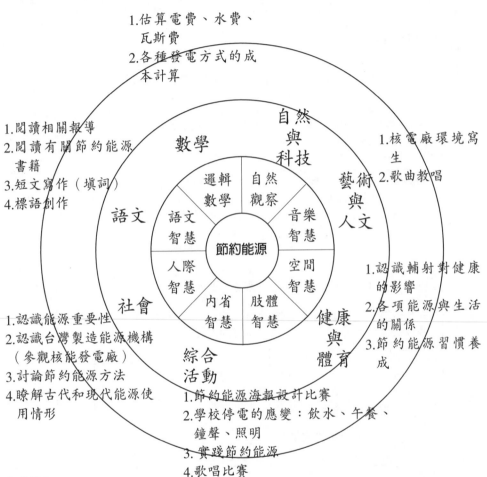

1.估算電費、水費、瓦斯費
2.各種發電方式的成本計算

1.閱讀相關報導
2.閱讀有關節約能源書籍
3.短文寫作（填詞）
4.標語創作

1.核電廠環境寫生
2.歌曲教唱

1.認識輻射對健康的影響
2.各項能源與生活的關係
3.節約能源習慣養成

1.認識能源重要性
2.認識台灣製造能源機構（參觀核能發電廠）
3.討論節約能源方法
4.瞭解古代和現代能源使用情形

1.節約能源海報設計比賽
2.學校停電的應變：飲水、午餐、鐘聲、照明
3.實踐節約能源
4.歌唱比賽

（圓中文字）自然與科技、數學、藝術與人文、語文、社會、健康與體育、綜合活動；邏輯數學、自然觀察、語文智慧、音樂智慧、人際智慧、空間智慧、內省智慧、肢體智慧、節約能源

設計緣起：

五年級是以「節約能源」為主題，以八大多元智慧（語文智慧、邏輯數學智慧、自然觀察智慧、音樂智慧、空間智慧、肢體智慧、內省智慧、人際智慧、）為核心，配合九年一貫課程七大學習領域（語文、數學、自然與科技、藝術與人文、健康與體育、綜合活動、社會），設計出各領域教學活動流程表。

中興國小五年級教學活動設計

教學主題	節約能源				
教學年級	五年級	教學節數	一週	教學設計老師	鄧守珍、張志猛、黃遠臺、黃寬裕、張瓊妮、馬堅
小組成員	五年級各科老師				

學習領域	教學活動內容	評量活動	教學者	教學時間	使用場地
語文	1.閱讀相關報導 2.閱讀有關節約能源書籍 3.短文寫作（填詞） 4.標語創作	1.全部小朋友參與討論 2.能歸納整理課文主旨 3.作短文、標語	守珍 志猛		教室
健康與體育	1.認識輔射對健康的影響 2.各項能源與生活的關係 3.節約能源，習慣養成	1.能說出輔射對人的影響 2.能說出各項能源與生活關係 3.生活中能確實做到	守珍 志猛		教室 花圃
社會	1. 認識能源重要性 2.瞭解古代和現代能源使用情形 3.認識台灣製造能源機構（參觀核電廠） 4.討論節約能源方法	1.能說出各種能源對人類之重要性 2.學習單寫作 3.能說出節約能源方法並進而實踐	黃寬裕 黃遠台	400分	教室 圖書館
藝術與人文	1.全班分為三組，各自找一首曲子，再根據此曲編寫歌詞，歌詞內容以節約能源為主題 2.各組派一位小朋友教大家唱所寫的歌曲	1.全班應寫出三首歌曲 2.大家都熟悉自己及他組的歌曲	瓊妮	80分	音樂教室

數學	1. 學習計算各項家庭用電費、水費 2. 認識各項發電方式所需成本 3. 學習計算各項生活中所接受之輻射量	1. 能實際計算出家用電費、水費 2. 能說出各項發電方式成本的高低比較 3. 能計算出每人每天所接受輻射量	志猛 守珍		電腦教室
自然與科技	1. 簡易的電力能源多媒體網頁製作 2. 介紹線上多媒體能源題庫測驗系統	1. 自製網頁 2. 題庫測驗結果	炎梅		電腦教室
綜合活動	1. 節約能源實踐 2. 節約能源海報設計比賽 3. 學校停電的應變：飲水、午餐、鐘聲、照明 4. 歌唱比賽	1. 能隨手關燈 2. 不浪費水資源			教室

中興國小「語文」教學活動流程表

教學主題	節約能源				
學習領域	語文				
教學內容	節約用電從生活做起				
教學年級	五年級	教學節數	7節	教學設計老師	鄧守珍
使用場地	教室	教學時間	(1) 年 月 日 星期 第 節 (2) 年 月 日 星期 第 節		
各節重點	一、大意、生字新詞 二、內容深厚、朗讀 三、形式深究、句型練習	四、話說教學 五、寫作教學 六、寫字教學	七、綜合應用		

教學目標	教學活動流程	說明	教學準備事項	分配時間
一、能摘取大意 二、能認識本課生字、新詞 三、能深究課文內容	1-1 能在二分鐘內讀完課文 1-2 能說出課文大意 2-1 能認識本課生字的形、音、義 2-2 能正確寫出及運用生字 2-3 能找出新詞，並查出意思 …………第一節完………… 3-1 能說出課文主旨：節約用電從生活做起，並且願意從現在開始做起 3-2 能探究家中哪些用品需要電力 3-3 能知道電從哪裡來 3-4 能說出如何節約用電，並說出讀後的心得與感想 …………第二節完…………	1. 引起動機：前幾次全台大停電 2. 生字：耗、奈、妥、洩、襪、效、殊、曬 兒童能說出並應用新詞 可將綜合活動（閱讀指導部分），提前至本單元開始之前教學，以利資料之蒐集，並配合教學	附件一 教師 1. 生字卡 2. 新詞卡 3. 問題條 4. 長條卡 5. 相關圖片 6. 相關文章 學生 1. 蒐集課外讀物「電」 2. 課前閱讀文章 3. 嘗試摘取大意 4. 師生共同合作，將蒐集資料佈置在教室中	2分 3分 5分 30分 5分 10分 15分 10分

四、能深究本課形式	4-1能說出本課文體是說明文 4-2能說出各段大意以及歸納其先說、再說、後說 4-3能練習用新詞造短句 4-4能說明本課文章結構 …………第三節完…………	師生共同討論本文為說明文 說明的功能： 1. 把事物、事理解釋清楚 2. 不夾帶個人情感意見的色彩 3. 揭示事物本質、規律 4. 傳播知識		5分 15分 15分 5分
五、能朗讀課文 六、說話教學	5-1朗讀或默讀，從中認識語言節奏，使得音律和諧 6-1利用深究課文內容時的資料，每人2分鐘，說出對電方面能源的認識，並且說明自己將如何身體力行 …………第四節完…………			2分 38分
七、能寫出左右相等的字	7-1能正確寫「效」、「殊」、「耗」等毛筆字 7-2能指出這些字在位置分配上是二等分（左右各半） …………第五節完…………	複習課文、生字、語詞，找出文中左、右相等的字 說明文字結構 學生書寫		5分 5分 10分 20分
八、能彷課文內容寫成新體詩	8-1能自行訂定新體詩各段大綱 8-2能連絡音樂部分提供的曲目，配上新體詩，成為節約能源之宣導歌曲 …………第六節完…………	閱讀（國語日報）內之優良作品，供小朋友參考 提出寫作大綱： 1. 先提出要說的對象 2. 具體介紹它的性質、特徵和功用 3. 收尾、結語 4. 提醒配合曲子，來搭配字數		5分 10分 25分
九、能夠意會部分	9-1能體會地球資源有限，養成節約能源的好習慣，是每一個人的責任 9-2蒐集相關「電」、「能源」的資料，以協助對此一主題的更深入瞭解 9-3新體詩發表 …………第七節完………… （本單元教學完成，全部過程至此）			40分

「節約能源」學習單

節約用電從生活做起

生活中，電器用品脫離不了我們的身體，電視機、飲水機、洗衣機、電風扇、冷氣機……之類的耗電高手，人又不懂得節約，每月的電費自然不在少數。

電視機從黑白到彩色，從真空管、電晶體到目前的積體電路，省電方面有十分大的改變，近年來提高畫面亮度，立體聲擴播，有線電視普及，使電視耗電量位居家庭第一，電視機說明書所標示的耗電量，指音量和亮度調至最大時的值，將浪費過多的能源，相對的，對於聽力、視力也有十分大的害處。

現在逐漸步入夏季，那難耐的高溫，就令人忍不住去啟動冷氣機的開關，一陣涼風吹來，多舒服啊！但是每月的電費單和所耗的電量，就是一筆天文數字，只要得體的使用冷氣機，讓你涼涼一夏，也不會讓你的荷包見底。

冷氣機設定要適當，以二十六度到二十八度最好，設定值每升高一度，就可省下百分之六的電，自己適合的溫度，也有適合的價值。

現今家家都有洗衣機、髒衣服、臭襪子……，一換下就送往洗衣機的口中，如同便利商店全年無休，為了能提高洗衣機的效率，要清洗的衣物最好先泡於水中約二十分鐘，容量最好是洗衣機的七、八成，而且並不是所有衣料都適合洗衣機洗，一些特殊的衣料最好用手洗。

現代人為節省時間，洗好的衣物都使用乾衣機烘乾，但是乾衣機是一種高耗電的電器用品，所以烘乾前請先充分脫水，以縮短烘乾的時間，每次烘乾的容量約七、八成是最有效率，使用烘乾機，最好在於雨天衣服曬不乾的情形才使用，儘可能利用自然方法曬乾衣物，以節約能源。

現在電器用品普遍，照明用具就是其中的一員，由於愛迪生發明燈泡，進而演變成日光燈，所以我們可以不像古人點蠟燭、抓螢火蟲的不便生活，隨著文明的進步、人們也就越健忘，一旦離開了房間、書桌等，就會忘記關燈，因為一點小疏忽，在不知不覺間，我們不知浪費了多少電力。在白天最好不開燈，利用自然光，減少不必要的浪費，那能源就能避免流失過多。

在生活中，有一些不起眼的省電動作，卻可以省了不少的的電力，台灣只是個小海島，卻要供給兩千一百萬左右的人和電力，負荷的量是多麼重啊！只是一個動作，就可以減輕台灣的負擔，為台灣省電，也為我們後代子孫省能源。

中興國小「數學」教學活動流程表

教學主題	節約能源				
學習領域	數學				
教學內容	如何計算電費及發電成本				
教學年級	五年級	教學節數	5節	教學設計老師	張志猛
使用場地	教室		教學時間	年　月　日至　年　月　日	

教學目標	教學活動流程	說明	分配時間
一、使每位學生會計算自己家中的電費 二、使每位學生會計算各項發電成本 三、使每位學生會計算自己每天所接受的輻射量	一、準備活動 　1. 要學生將自己家中的電費繳費單帶來 　2. 要求學生於上課前蒐集有關日常生活中各項輻射計量統計 　3. 利用平日搭乘計程車之經驗導出學生之前已學過的四捨五入觀念及累進費率之觀念 二、教學活動 　1. 由計程車之累進費率，引入電費的計算方式 　2. 實際計算個人家中電費是否相符 　3. 運用圖表方式介紹各項發電方式所需成本 　4. 比較各項發電方式所需成本的高低及各項優缺點 　5. 利用所蒐集的輻射資料，學習如何計算一天之中所接受的輻射量 　6. 實際計算個人每天所接受的輻射量 　7. 與核能發電所產生的輻射做比較 三、綜合活動 　由學生發表於日常生活中要如何節約用電及減少所接受的輻射量	運用當月之電費繳費單 可先上網蒐集相關資料 另可分為家庭用電、工業用電、綜合用電 事先蒐集有關各項發電方式之成本製成圖表 可由學生自由發表 介紹學生相關單位及計算方式 由學生個別發表，教師指導	40分 20分 20分 20分 20分 20分 20分 40分

中興國小「社會」教學活動流程表

教學主題	節約能源					
學習領域	社會					
教學內容	從能源看人生					
教學年級	五年級	教學節數	5節	教學設計老師	黃寬裕、黃遠台	
使用場地	教室		教學時間	(1) 年 月 日 星期 第 節 (2) 年 月 日 星期 第 節		

教學目標	教學活動流程	說明	教學準備事項	分配時間
一、認識能源的重要性	一、引起動機 　1.從七月二十九日全台大停電及九月二十一日集集大地震電力中斷談起，請學生發表切身感受或看法感想 　2.教師透過教學提示機、錄放影機展示相關資料，加以補充說明，並作結論 二、共同探索 　1.簡單列舉能源種類 　　⑴從日常生活中列舉與能源相關之用品，例如：電扇、電燈…… 　　⑵教師引導歸納說明能源種類，例如：電能、化學能、機械能…… 　2.想想看：缺乏了那些能源，人類的生活會有什麼影響改變？ 　3.想想看：人類濫用了能源，生活又會有什麼影響改變？ …………第一節完…………	事先請小朋友收集相關資料 教師總結缺乏「電能」對人類造成不變 請小朋友思考後發表想法	教學提示機、錄放影機	8分 5分 15分 6分 6分
二、能瞭解古代和現代能源使用情形	一、探索古代中西能源利用情形 　1.中國古代能源的利用 　　例如：火藥—利用化學反應產生能量 　　　　　鑽木取火—利用摩擦機械能產生熱能而用以生火煮食	教師與小朋友共同探討舉例，教師並稍作分析說明	火藥、蒸汽機、蒸汽火車、水車、帆船等圖片	4分

		煤油燈—利用燃燒化學 能產生光線 　2.西洋古代能源的運用 　　帆船：利用風力機能產生動力 　　蒸汽機：利用燃燒熱能產生動力 　　水車：利用水力產生機械能 二、探索現代能源之利用情形 　1.教師引導小朋友依下列幾方面探討能源之運用 　　⑴醫學上：放射線治療 　　⑵工業上：核能發電、生產機器、火力發電 　　⑶食衣住行上：鐵路電氣化、汽車、冷氣機 　　⑷科技發展上：火箭、太空梭、衛星、飛彈 　2.請小朋友想像：未來人類運用能源可能讓生活做了哪些改變？ 　　例如：有了電扶梯，將來也可能有電扶馬路（自動馬路），但因人類懶於走路，肥胖症卻成爲人類隱憂 …………第二節完…………	由小朋友依項列舉發表，教師無須預設答案，僅對小朋友所提之答案稍加說明即可	教學提示機、錄放影機	4分 20分 12分
三、能說出節約能源的方法並實踐之	一、教師重提第一節課之共同探索問題2、3「人類缺乏能源或濫用能源，生活會有什麼影響改變？」 二、探討日常生活上節約能源的方法有哪些？ 　　例如：冷氣機溫度設定、隨手關燈、資源回收再利用 三、請小朋友自評個人節約能源實踐程度，並進而共勉實踐 …………第三節完…………	帶領小朋友進入「人類缺乏能源或濫用能源，生活會有什麼影響改變？」分組討論後發表	教學提示機、小白板	5分 20分 15分
	一、參觀核能發電廠 二、探討問題 　　你認爲再興建核能發電廠，增加能源供應好不好？爲什麼？ …………第四、五節完…………	學習單配合校外教學 經由小朋友發表、討論後，老師和小朋友共同得到共同結論	遊覽車	80分

「節約能源」學習單

「如何看待核能發電」錄影帶觀後測驗題

1. (　)$E=MC^2$這能量轉換公式是誰提出的？①愛因斯坦②李遠哲③牛頓④李登輝

2. (　)核能最大的用途在：①發電②醫療③工業④益智遊戲

3. (　)全世界有多少個國家是使用核能發電？①20多個②30多個③40多個④50多個

4. (　)蘇聯車諾堡核電廠使用阻絕中子的方式是：①輕水式的②氣冷式的③石墨式的④眞空式的

5. (　)一座核能電廠的壽命大約幾年？①10年②20年③30年④40年

6. (　)台灣核廢料目前貯存於何處？①蘭嶼東南角②屏東墾丁③花蓮太魯閣④台北市區

7. (　)核電廠員工使用過的衣物、工具、塑膠手套等是屬於哪一種廢料？①無放射性②中放射性③低放射性④高放射性

8. (　)核電廠使用過的核燃料是屬於哪一種廢料？①無放射性②中放射性③低放射性④高放射性

9. (　)二十多年來我國三座核電廠已生產了多少億度的電力？①4000多億②5000多億③6000多億④7000多億

10. (　)法國、日本、韓國等能源缺少的國家，他們使用什麼能源來發電？①煤②水力③風力④核能

中興國小「自然與科技」教學活動流程表

教學主題	節約能源				
學習領域	自然與科技				
教學內容	建立個人能源網頁				
教學年級	五年級	教學節數	4節	教學設計老師	李炎梅
使用場地	電腦教室	使用時間	年　月　日　　星期　　第　　節 年　月　日　　星期　　第　　節 年　月　日　　星期　　第　　節 年　月　日　　星期　　第　　節		

教學目標	教學活動流程	說明	教學準備事項	分配時間
一、學生會建立新資料夾	一、準備活動 　　老師課前先建好三頁能源網頁 二、教學活動 　　1. 老師示範 　　　→滑鼠右鍵 　　　→新增 　　　→新資料夾 　　　→命名 　　　→按右鍵 　　　→傳送到 　　　→我的文件夾 　　學生練習		老師先建三頁網頁可展示用，並先上網搜尋相關網站及資訊	10分
二、學生能將網頁存取	2. 老師示範網頁存檔 　　　→ frontpage 　　　→ cancle getting started 　　　→ frontpage editor 　　　→ key in aa bb cc 　　　→ file 　　　→ save as 　　　→新資料夾 　　　→修改檔名為 aa 　　　→ save 　　　→ frontpage editor new 　　　→ key in bb aa cc 　　　→ file 　　　→ save as	教師可依現場狀況將上手快的學生分配教慢上手的學生		10分

	→新資料夾			
	→修改檔名爲 bb			
	→ save			
	→ frontpage editor new			
	→ key in cc aa bb			
	→ file			10分
	→ save as			
	→新資料夾			
	→修改檔名爲 cc			
	→ save			
	學生練習			20分
三、學生能理解超連結並建立超連結	1. 老師示範超連結			
	→ frontpage editor			
	→ file			
	→ file aa			
	→ bb insert			
	→ hyperlink			
	→ select file to 新資料夾			
	→檔案名稱 bb			
	→ ok			
	→ cc insert			
	→ hyperlink			
	→ select file to 新資料夾			
	→檔案名稱 cc			
	→ ok			
	→ file			
	→ file bb			
	→ aa insert			
	→ hyperlink			
	→ select file to 新資料夾			
	→檔案名稱 aa			
	→ ok			
	→ cc insert			
	→ hyperlink			
	→ select file to 新資料夾			
	→檔案名稱 cc			
	→ ok			
	→ file			
	→ file cc			
	→ aa insert			
	→ hyperlink			

	→select file to 新資料夾 →檔案名 aa → ok → bb insert → hyperlink → select file to 新資料夾 →檔案名稱 bb → ok → preview →由 page cc 進入 page aa →由 page aa 進入 page bb →由 page bb 進入 page cc →由 page cc 進入 page bb →由 page bb 進入 page aa →由 page aa 進入 page cc 連結完成	老師展示自製網頁，並由網路搜尋教學時展示高科大學生自製之能源專題網站頁給生設計網站時參考用		5分
四、學生能自行由網路搜尋所需之能源資料	2. 老師展示 file aa—能源網頁首，file bb—電力能源，file cc—認識核能，請學生設計個人能源首頁，及蒐集能源相關資料做爲次兩頁內容，分別鍵入 file bb 及 file cc 3. 老師示範如何由網路搜尋相關資料 → Kimo			20分 15分

五、學生能利用特效美化網頁	→搜尋「能源」
	→進入網站
	→找到資料列印或抄寫
	→搜尋「台灣電力」
	→進入網站
	→找到資料列印或抄寫以用於個人網頁
	學生練習
	4. 老師示範跑馬燈
	  → insert
	  → active elements
	  → marquee
	  →輸入「節約能源人人有責」及其他選項，如 background color, behavier, direction...etc.
		學生若欲設計其它效果可直接詢問師，這樣不會因特效教學廢時過多而使生課堂練習時間不足		50分

		→ok →preview →file →save as →save as file 新資料夾 →檔案名稱選擇 →存檔 學生練習 5. 學生建立自己的能源網頁，完成後列印交出		20分

中興國小「藝術與人文」教學活動流程表

教學主題	節約能源					
學習領域	藝術與人文					
教學年級	五年級	教學節數	2節	教學設計老師		張瓊妮
使用場地	音樂教室		教學時間	年　月　日　星期　第　節		
教學目標	教學活動流程		說明	教學準備事項		分配時間
一、瞭解歌詞和歌曲及曲風的配合 二、能將作品完整呈現	一、準備活動 　請學生蒐集各種有關宣傳之歌曲，如交通安全歌、環保歌、產品歌等 二、發展活動 　1. 以上述學生所準備之歌曲做為動機，讓學生體認歌曲能讓人對所宣傳的事件或物品印象深刻 　2. 請全班同學腦力激盪，共同找出一首符合節約能源的曲調 …………第一節完………… 　3. 配合「小小世界」分組合作改編歌詞以宣傳節約能源的重要性 三、綜合活動 　1. 各組發表改編成果與全班分享 　2. 全班評選出最佳歌曲 …………第二節完…………		可由電視播放的曲子中獲得 大部分的歌曲歌詞押韻、節奏輕快活潑 「小小世界」曲子輕快，適合做宣傳歌 附件一	 「小小世界」之詞譜 鋼琴	30分 10分 20分 20分

小小世界

色爾曼兄弟詞曲
黃霑　中文填詞

大家　常　歡　笑，眼淚　不　會　掉，時常　懷　希　望，不必
看那　陽　光　照，看那　月　兒　耀，良朋　同　歡　樂，相依

心驚跳，讓我們　同歡笑，讓我們　同歌唱，小小世界真美　妙。
相微笑，每個人　都甜蜜，在心　裡喜常照，小小世界真美　妙。

世　界真是　小　小小，　　小　得非常　妙　妙妙，

這　是一個　小　世界，小小　世界真美　妙。

（大　家）

世 界 真 是 小 小 小， 小 得 非 常 妙 妙 妙，

常 歡 笑，眼 淚 不 會 掉，時 常 懷 希 望，不 必 心 驚 跳，讓 我

這 是 一 個 小 世 界，小 得 真 美 妙。

們 同 歡 笑，讓 我 們 同 歌 唱，小 小 世 界 真 美 妙。

中興國小「健康與體育」教學活動流程表

教學主題	節約能源					
學習領域	健康與體育					
教學內容	www網站，趣味競賽					
教學年級	五年級	教學節數	3節	教學設計老師	馬堅	
使用場地	電腦教室室外操場		教學時間	(1) 年　月　日星期　第　節 (2) 年　月　日星期　第　節		

教學目標	教學活動流程	說明	教學準備事項	分配時間
一、少年肥胖症的預防和治療	一、準備活動 　1. 引發動機 　2. 查運動營養學網站，瞭解營養進食的基本要點 二、發展活動 　1. 討論 　　(1)將寫好的在家裡進食的營養菜單列出，展開分組活動／討論 　　(2)討論中列出／調配出最熟悉與最佳食物 　2. 少年肥胖症的預防與治療 　　(1)瞭解自己的體質指數 　　(2)對有超重現象的小朋友進行個別輔導。(a)節食(b)多運動 　　(3)瞭解水的重要性，及水跟負磁場的關係 ………………第一節完………… 　3. 瞭解體育和節約能源的關係，體育即從肢體運動來促進健康 　　舉例，要小朋友去想 　　如：多走樓梯，不搭電梯 　　　　多搭地鐵，公車 　　　　自己洗衣服掃地 　趣味競賽 　爬樓梯比賽 ………………第二節完……………	發給講義 參考「營養進食表」 [檔案] 將家庭作業拿出 由少年肥胖症的預防與治療手冊逐步演練 參考「少年肥胖症」 [檔案] 參考「水的重要性」 [檔案]		10分 15分 15分 10分 15分 15分

	預留時間 跑步、慢步比賽 檢查超重的小朋友是否有改善,並作最 後指導 …………………第三節完………………	測驗紙 參考 test, test1[檔 案]		15分 15分 10分

中興國小「綜合活動」教學活動流程表

教學主題	節約能源				
學習領域	綜合活動				
教學內容	能源「電」之於健康生活				
教學年級	五年級	教學節數	1節	教學設計老師	鄧守珍
使用場地	電腦教室室外操場	教學時間		年　月　日星期　第　節	

教學目標	教學活動流程	說明	教學準備事項	分配時間
一、認識電與健康之間的關係 二、討論、整理	1-1 引起動機：由國語、自然方面得到的知識，明白「電」的由來 1-2 能正確說出，如何使用電器產品，以保護身體的健康，及做到節約能源的原則 2-1 填寫學習單，並願意由生活中去著手做到約定 …………本節結束…………	1.電冰箱 2.電鍋 3.電視機 4.吹風機 5.蒸飯機 6.照明設備 7.電風扇 8.冷氣 9.抽風（排煙）機 10.收音機 11.遊樂器 附件一		5分 30分 5分

「節約能源」學習單

「電」能源之於健康生活

我們使用以下的電器時，你會怎麼做，以確保身體健康並做到節約用電？

照明空調篇
・冷氣機
・電風扇
・日光燈
・暖氣機
・抽風機
・抽油煙機

電器用品篇
・電冰箱
・洗衣機
・吸塵器
・吹風機
・影印機

電熱篇
・微波爐
・電磁爐
・電熨斗
・電暖氣
・電（子）鍋
・飲水機

視聽音樂篇
・電視
・錄放影機
・收音機
・遊樂器
・音響

心得感想

羽欣：節約能源是一件重要的事情，我們應該要做到，不是只有學生做，人人都要做。

勝評：我要節約能源，不亂用電。

韻竹：我要節約能源，不亂用電、水等。

惠安：這一週喜歡上自然，因爲可以打電腦。

瑋駿：大家一起來節約，不怕沒有電。

鴻薇：大家一起來節約。

正安：學到節約能源。

婉庭：學的是少用電。

一名：學到了少用電，及省能源。

漢文：節約能源，讓我如何使用電源。

暐淳：上完能源那些東西，我覺得大家都要節約能源。

公鑫：我們一定要節約能源，否則沒有電就完蛋了，所以要節約能源。

博維：我們要學會節約能源，我們才有電可以使用。

健展：如果我們再不節約能源的話，以後生活就會很困難。

珮汶：我學到節約能源的重要。

婉卿：我們要節約能源才能有電。

江妤：只要在平常生活中節約一點，就能使生活過得更好。

韻璇：我們要節約能源。

昀孜：節約能源人人都做得到！

加苠：節約能源讓我學到如何節約和計算用電。

貼心的一句話

五年一班

凡走過必留下足跡，小朋友們每人用一句話，寫出自己的感想！

1號.讓我學會算電費和一些事，如：W就是瓦的符號。

2號.核能真的很偉大，能拿來發電，沒有了它，世界會變得很黑暗；核能好用
又危險，所以使用時要注意安全。

3號.我們到電力公司看到了許多發電器具，也讓我們知道電從哪裡來。

4號.我這次的收穫很多，如：如何節約能源、如何發電等等。

5號.這次的課外課程，令我收穫很多，希望下次還可以這樣。

6號.這次的節約用電教學，讓我更進一步的知道電的用處，如：電能讓全世界
在晚上有亮光。

7號.在這一次的學習裡，我學到很多，像以前不會寫的國字，後來就會寫了。
謝謝老師的教導。

8號.我學到了電費怎麼計算。

9號.收穫很多，讓我們知道怎麼樣計算電費，也讓我們知道不能浪費電。

10號.我覺得這一次的教學很好玩，又有校外教學參觀。

11號.我的收穫是會算家裡面的電費。

12號.覺得電很有趣。

13號.我覺得很好玩，而且收穫很多，又可以知道一些核能資訊。

14號.老師教我們電費的計算方式，這樣我就會自己算電費了。

15號.讓我學會了電費的算法，以後我就可以算出家裡的電器用電量。

16號.瞭解電對人類的重要，能源很少，所以我們要少用電。

17號.我不但學會怎樣計算簡單的電費，也知道節省用電的辦法，真是受益良多。

18號.這一個禮拜上的課「電」，我覺得能進一步瞭解電的重要，所以我要省
電，以後就有比較多的電可以用。

19號.我瞭解核能內部構造，我國只能夠蓋4座核能電廠而已，所以要珍惜。

20號.這一次的課，讓我有很多收穫，其中一個最大的收穫，是我知道了電的寶
貴。

教學札記

（一）感恩這次的「行動研究」活動。對我而言，這次活動是自我成長的再提升，一路走來雖然辛苦，但回首走過的痕跡，可說是滿滿的豐收。

（二）也許是第一次，做這種另設主題的統整性教學，求好心切，安排了過多的內容，一週時間結束後，才發現仍有很多東西，沒能教給孩子；我想是自己忽略了孩子們需要成長空間和思考時間吧。

　　生活中的知識，或許我們常常看得到，可是有誰真正的去想過、瞭解過呢？唯有將知識落實於生活，才能發揮它無窮的力量！

鄧守珍、張志猛

第十章

淡水河與艋舺

六年級教師行動研究的成長記錄

淡水河與艋舺

教學年級：六年級

編輯者：李印堂

設計與教學群：

> 語文：張國瑛
>
> 數學、社會：李印堂
>
> 自然與科技：劉世錦、吳秋慧
>
> 健康與體育：陳秋冬
>
> 藝術與人文：張瓊妮、張國瑛

主題設計緣起：

生於斯，長於此，愛家、愛鄉的人必是心中有愛，教育的目的，不只是知的探討，更重要的是承先而能啟後。

淡水河孕育了艋舺，艋舺引領北台灣的開發史，生活於遍地是先民足跡的我們，怎能漠視先民的胼手胝足，瞭解是惜福的開端，亦是開創的動力。

認識家鄉不只是眼前的景象，希望讓小朋友能藉由此次的主題教學，對我們的家鄉艋舺有更進一步的瞭解，延伸出愛鄉的情感。

六年級「淡水河與艋舺」課程設計概念圖

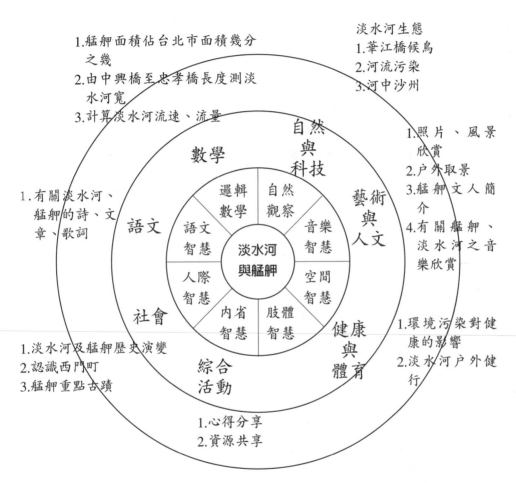

設計緣起：

六年級是以「淡水河與艋舺」為主題，以八大多元智慧（語文智慧、邏輯數學智慧、自然觀察智慧、音樂智慧、空間智慧、肢體智慧、內省智慧、人際智慧）為核心，配合九年一貫課程七大學習領域（語文、數學、自然與科技、藝術與人文、健康與體育、綜合活動、社會），設計出各領域教學活動流程表。

中興國小六年級教學活動設計

教學主題	淡水河與艋舺						
教學年級	六年級	教學節數	一週	教學設計老師			
小組成員	李印堂、陳秋冬、劉世錦、簡明隆、張國瑛、吳秋慧、張瓊妮						

學習領域	教學活動內容	評量活動	教學者	教學時間	使用場地
語文	1.探討有關淡水河或艋舺的詩、文、歌詞 2.蒐集早期艋舺的新聞（圖書館、網路） 3.早期文人的書法作品	1.能解釋或說明，詩、文或歌的涵義 2.創作淡水河或艋舺的新詩、散文、書法、寫作	印堂國瑛	9節	教室、電腦教室
健康與體育	1.環境污染對健康的影響 2.淡水河戶外健行	1.知道污染對身體健康的害處 2.能說出如何預防污染，並能確實做到	印堂國瑛	2節	淡水堤外便道、教室
社會	1.淡水河及艋舺歷史演變 2.認識西門町及由來 3.艋舺重要古蹟介紹（龍山寺……）	1.知道淡水河的起源及入海處演變 2.知道西門町名稱的由來 3.能介紹萬華古蹟（至少一個）	秋冬	3節	教室、西門町龍山寺
藝術與人文	1.分組利用錄音機錄下爸媽所唱的有關萬華或淡水河的歌曲（老師也蒐集一首「淡水暮色」） 2.欣賞有關廟會錄影帶，再教唱描寫廟會即景之歌 3.寫生	1.各組會使用錄音機 2.各組將錄下的歌曲播放出來 3.學「廟會」此首歌 4.完成寫生作品	瓊妮簡明	5節	音樂教室

數學	1.分數與比值 2.面積與角柱、角錐 3.單位換算 4.流速、流量（速率問題）	1.能計算艋舺（萬華區）與台北市的面積比 2.會算角柱的體積，也能認識角柱、角錐的不同 3.會面積的單位換算	國瑛印堂	6節	教室、堤外便道
自然與科技	淡水河生態 1.華江橋候鳥 2.河流污染源的探討 3.河中沙洲的形成原因	1.認識候鳥 2.能舉出三種有關淡水河的污染源 3.知道沙洲的形成	世錦秋慧	4節	華江橋、中興橋、教室
綜合活動	1.心得分享 2.資源分享	1.能將心得說出 2.將搜尋的資源分享出來	上述老師	1節	教室

親愛的小朋友

　　我們這次的校外教學，是為了往後一週的主題教學，做學習前的準備，六年級的主題教學是淡水河與艋舺，選定此一主題是因為我們的家鄉艋舺是台北市最早開發的地區之一，其人文、古蹟、自然生態、經濟活動、水文地理等，都有相當豐富的資源等待我們去發掘與學習。

　　淡水河是台灣北部最大的河流，艋舺是台北盆地最早開發的地區，淡水河豐富了台北盆地、提供了人們最大的生存條件，艋舺就依偎在淡水河邊，發展出台北盆地最有活力、最具人文背景的生活環境，要瞭解我們的家鄉——艋舺，就不能不去瞭解這條孕育艋舺的淡水河。

　　瞭解艋舺必先踏訪淡水河，親自體驗淡水河的生命力與自然景觀，再轉入市區內看看祖先們所遺留下的人文古蹟。用心去體會大自然的神奇、用愛去感受先民們所遺留下來的心思。

　　這次的主題教學，老師們期盼小朋友能在主動的學習中，利用資料的蒐集、新舊照片的對照、長輩的經驗傳遞等，來完成這一次的主題教學，最重要的是希望小朋友藉由此次的主題教學，能對我們的家鄉艋舺有更進一步的瞭解，延伸出愛鄉的情感。

　　利用我們的雙眼仔細觀察，淡水河、艋舺有何特色，再利用相機、筆記的方式留下你們的學習記錄。

　　所以在校外教學前，請小朋友準備：

1. 筆、筆記本。
2. 照相機（每組至少一台）。
3. 望遠鏡（要觀看雁鴨）。
4. 野鳥圖鑑（每組一本）。
5. 小水瓶要有瓶蓋的（瓶口稍大的，每班一個，收集淡水河的污水）。
6. 一顆最快樂的心準備學習。

小朋友準備好了嗎？那就出發了喔！

對了，小朋友，安全是很重要的，你們一定要很注意喔！

小朋友準備好了吧！我們出發了，我們將依照路線圖出發尋找家鄉寶物。

一、小朋友，當我們走進河川地，你的第一個感覺是什麼呢？請小朋友簡單的
　　說出，還有你認為河川地對河流的防洪有何重要性？

二、首先出現在我們的眼前的是忠孝橋，小朋友請你利用身邊的工具，大約目
　　測橋墩的高度與厚度？還有身旁的堤防是不是很高呢？請小朋友說一下堤
　　防為何要建得如此高。

三、前方是忠孝抽水站，小朋友你們看見了嗎！你們知道為何要建抽水站？抽
　　水站的功用在哪呢？

四、再往前看，中興橋就在眼前，你們知道中興橋與忠孝橋何者的歷史比較
　　久？

五、小朋友我們一同往三重的方向看，拿起望遠鏡往中興橋的橋下望去有一大片的沙洲，小朋友在老師還未講解、你們也未尋找資料時，請你們腦力激盪一下，在小組共同討論下，給沙洲的形成，下一個解釋。

六、向前走我們將看見一個污水排放口，請小朋友注意自身的安全，觀察污水排放的情形，也請小朋友收集一小瓶污水，我們將回學校觀察。現在請小朋友思考一下，如果台北市二百五十萬人口所製造的污水都未經過處理，那淡水河會變成如何？請小朋友簡單的描述。

七、小朋友前面是廣大的公園（雁鴨公園），我們要大展身手了，請小朋友仔細的觀察。小朋友你們看到哪些野鳥，請你們做簡單的記錄。

八、雁鴨公園的環境如何呢？你在雁鴨公園看到哪些景象，可否請小朋友簡單的描述一下。

九、午餐時間到了，小朋友我們將享受美味餐盒，感謝阿姨們的辛勞，愛就是把飯吃光光，現在請小朋友說出你們的感謝話語。

十、休息一下我們將出發前往龍山寺，到了龍山寺請小朋友簡明的描述龍山寺的歷史及所供奉的主神是什麼？

十一、供桌的供品非常的多樣，每樣供品都是信徒的誠意，小朋友你看見了哪些供品，請寫出來，並說出供品的涵義。

十二、小朋友你會拜拜嗎？請小朋友親自手拿線香膜拜一遭，不知如何膜拜的小朋友，可請教身邊的長輩，並請小朋友將膜拜的過程記錄下來，你會收穫良多。（請教時要注意禮貌）

十三、你會抽籤嗎？在千禧年的一開始，小朋友依照傳統禮俗，抽一支籤來預測自己的來年是否順利，請小朋將籤詩貼上，並寫下抽籤的過程。（也請你請教長輩）

十四、龍山寺有非常多的對聯，現在請小朋友找尋一下，將下列的空格填上。

　　1. 山籟供（　　）（　　　）
　　　 龍園煮（　　　）（　　　）

　　2. 願人同（　　）（　　）聊託宣威
　　　 念佛本（　　）（　　）何爲作氣

　　3. （　　）笑龍山當子午
　　　 （　　）源一脈宗拳母
　　　 （　　）清川淑聚群英
　　　 （　　）章鳳姿呈異質

　　4. 小大叩隨（　　）（　　）頓發
　　　 清疏聞入（　　）（　　）旋忘

十五、下一站是祖師廟，請說出你對祖師廟建築的看法，也能說出祖師爺的歷史。

十六、小朋友，台北最早的一條街是哪一條呢？請說出來。

十七、最後一站是艋舺教會，基督教在台灣有很多的貢獻，現在請小朋友說出艋舺教會的由來。

十八、我們走完了全程，小朋友辛苦了，充實的學習，一定要有努力的付出，說一下你的心得。（五十字）

中興國小「語文」教學活動流程表

教學主題	淡水河與艋舺				
學習領域	語文				
教學內容	人物傳記、古蹟對聯、作文、書法、說話				
教學年級	六年級	教學節數	9節	教學設計老師	張國瑛
使用場地	電腦教室、戶外、教室	教學時間	(1) 年 月 日 星期 第 節 (2) 年 月 日 星期 第 節		

教學目標	教學活動流程	說明	教學準備事項	分配時間
1-1 能說出艋舺的意義 1-2 能回答淡水河與艋舺的關係 1-3 瞭解在艋舺活動的名人	一、準備活動 　引起動機 　1.四年級懷念淡水河課文回憶 　2.淡水河與艋舺的關係 　3.艋舺人物舉例——馬偕、施乾 ………第一節完………	如附件		40分
2-1 能回答施乾的事蹟	二、發展活動㈠ 　1.文章教學：〈博愛濟眾施乾〉 　　⑴朗讀課文 　　⑵生字探索 　　⑶語詞究源、佳句欣賞 　　⑷課文內容深究 ………第二節完………	如附件課文		40分
2-2 瞭解救濟院的位置	2.作業活動 　　⑴指導學生瞭解施乾生平事蹟 　　⑵電訪救濟院，並發表訪談心得 　　　（可由學生代表訪談） ………第三節完………			40分
3. 能回答對聯的意義	三、發展活動㈡ 　1.對聯欣賞：龍山寺對聯舉例欣賞 　　⑴介紹對聯涵義、由來 　　⑵誦讀龍山寺對聯 　　⑶探索對聯及匾額的內涵與功能 ………第四節完………	如附件對聯		40分

	2.語詞探究 　⑴探討對聯句中難懂語句與其典 　　故 　⑵到圖書館蒐集古今巧聯妙對 …………第五節完…………			40分
4.學生能完成作 　業並列舉大綱	四、作文教學 　題目：擇一撰寫 　1.我家在艋舺 　2.逛西門町 …………第六、七節完…………	如附件		80分
5.九成學生能依 　規定時間完成	五、書法教學 　擇龍山寺一則對聯書寫（20字以 　內） …………第八節完…………	由老師指定 對聯		40分
6.能說出家鄉的 　感覺。	六、說話教學 　學生就上課內容發表感想 …………第九節完…………			40分
	七、作業活動 　完成學習單 　附註：1.〈博愛濟眾施乾〉一文選 　　　　　自台北市政府編印《故鄉 　　　　　台北》一書			

「淡水河與艋舺」學習單

1.寫出下列語詞意義：

　　⑴細民：　　　　　　　　　　⑵窮困潦倒：

　　⑶唾棄：　　　　　　　　　　⑷憤憤不平：

　　⑸巧婦難為無米之炊：　　　　⑹望族：

　　⑺形枯神傷：

2. 施乾一生為何種人服務？

3. 寫出施乾的出生環境：

4. 施乾畢業時任職於何處？他從哪所學校畢業？

5. 哪一位日本文學家將施乾的事蹟傳回日本？

6. 本課如何描寫窮困人生活？

7. 日本警察見到流民的行動請你用適當語詞來形容：

8. 最初施乾搭給窮困人住的地方稱為什麼？現在稱為什麼？它位於何處？

9. 請以50~100字略述課文大意：

10. 你讀完本課有何感想？

11. 你看到龍山寺的對聯以哪種字體寫的最多？並試舉一例此體對聯

12. 除了上述字體外，還有用哪些字體書寫？並試舉一例此體對聯。

13. 請將〈龍園煮香茗，山籟供清齋〉這則對聯用白話文描述其意義？

14. 試說出對聯的意義及緣由。

15. 「澤厚民豐」是什麼意思？它懸掛在龍山寺何處？

16. 匾額有何功能？它通常懸掛在屋子何處？

17. 龍山寺有許多匾額，你知道有多少個嗎？請你寫出十個以上匾額內容。

18. 龍山寺有許多名人題字寫的匾額，你知道是哪些人嗎？至少寫出3人？

19. 試默寫三則龍山寺的對聯，並請你說明它的意思？

中興國小「數學」教學活動流程表

教學主題	淡水河與艋舺				
學習領域	數學				
教學內容	認識圓柱體、圓柱體表面積的計算、台北市與萬華區的面積比、水流量的概算				
教學年級	六年級	教學節數	5節	教學設計老師	李印堂
使用場地	教室、河濱公園	教學時間	(1)　年　月　日　星期　第　節 (2)　年　月　日　星期　第　節		

教學目標	教學活動流程	說明	教學準備事項	分配時間
1-1 能觀察出並能討論出，淡水河的寬度及橋的寬度 1-2 會利電腦和圖書館尋找資料 2-1 瞭解分數，並能正確的說出萬華區與台北市的分數比值 2-2 會引申出其他的計算的比值。	一、準備活動 　1.堤外便道的校外教學 　　⑴觀察橋墩的形狀 　　⑵目測或利用工具概算出橋墩高及橋長、淡水河的寬度 　　⑶小朋友利用相機、筆畫出或記錄出所見的景象 　2.用電腦網路或圖書館查出台北市與萬華區的面積 二、發展活動㈠ 　1.請小朋友說出台北市及萬華區的面積 　2.回憶舊經驗，知道面積的單位換算 　　⑴長度單位的平方倍 　　⑵公里、公引、公丈、公尺、公寸、公分、公釐 　3.利用現有的數據，概算出台北市面積為萬華區的多少倍 　4.老師拿出地圖，請小朋友以分數的方式說出萬華區大約是台北市的幾分之幾（請小朋友討論） 　5.討論完畢後，請小朋友以實際的面積計算一次，並能知道台北市與萬華區的比值 　6.引申題：請小朋友計算出中興國小在萬華區的面積比值	行前提示，提醒小朋友該注意的地方，並請小朋友做筆記 小朋友利用照相機或圖畫的方式蒐集資料 利用課餘的時間請小朋友到圖書館或電腦教室蒐集資料 老師提供地圖，供小朋友比較 老師準備圓柱的模型，供小朋友參考 老師提供中興國小的單位面積	校外教學的學習單 準備相機，拍攝小朋友可能漏掉的鏡頭 製作相關地圖投影片 準備圓柱體的模型 向總務尋求幫助，提供學校的單位面積	40分 40分

3-1 會利用模型算出圓柱的表面積 3-2 會利用現有的工具概算出橋墩高	三、發展活動(二) 1.請小朋友提出所見的橋墩爲何種形狀 2.老師先假設橋墩爲正圓柱形，老師再利用模型（圓柱體的模型）讓學生回憶舊經驗，使小朋友說出圓柱的相關名詞（如底面、側面） 3.回憶舊經驗（五年級）說出或討論出圓周率，圓周長的計算公式 4.利用圓面積、圓周長的計算方式，能分別計算出底面積、側面的面積，完成圓柱表面積的計算 5.請小朋友假設出中興橋或華江橋的橋墩的高度及柱體的底面的直徑，完成橋墩的表面積計算 6.給一個假設性的題目，例如說橋墩每年下陷十公分，請小朋友討論出一座橋的壽命是多長，多久要改建	老師提假設性的數據，供小朋友計算	複習五年級的數學，勾起小朋友的回憶	60分
4-1 能利用速率公式計算出流速 4-2 水流流量能知道容積的計算	四、發展活動(三) 1.請小朋友討論出淡水河的寬度（利用橋樑的資料說出淡水河的大約寬度或概算） 2.請小朋友討論，如何測量出淡水河的深度（利用小白板） 3.回憶舊經驗（五年級下學期）速率的計算公式（速率＝距／時間） 4.利用舊經驗，老師假設出中興橋至忠孝橋爲一個封閉的空間，其長、寬、高均爲小朋友先前所討論出來的結論，請小朋友計算出其容積的水量爲多少 5.利用上題假設，請小朋友計算出在一定時間內所流經的水量爲多少，老師給一個假設性的流量，請小朋友利用速率方式來解題			50分
	五、綜合討論 1.請小朋友簡單的說出，本單元所學習的活動範圍 2.請小朋友說出可利用於日常生活的例子			10分

「淡水河與艋舺」學習單

一、小朋友你還記得，五年級數學中的單位換算嗎？在公制單位中有哪些呢？
（　　　）、公引、公丈、（　　　）、公寸、（　　　）、公釐
公制單位中長度單位是幾進數呢？（　　　）
我們現在來回憶一下：
⑴2.5公尺是多少公分？（　　　）　　　⑵3500公尺是多公里？（　　　）
⑶5.25公里是多少公分？多少公尺？（　　　）（　　　）

二、回憶完長度單位，現在小朋友告訴老師，面積是長的（　　　）倍。其理由
為何，利用小組討論，寫出答案。

公制單位中面積是幾進數呢？（　　　）
現在複習一下：
⑴2平方公里為多少平方公尺？（　　　）
⑵12平方公里為多少公頃？多少公畝？（　　　）（　　　）
⑶3500平方公尺為多少公畝？多少公頃？（　　　）（　　　）
⑷6平方公尺為多少平公分？（　　　）

三、四年級時小朋友學過概算，小朋友你知道概算的定義為何？請小朋友利用
小組討論，寫出答案。

我們現在做做看看下列的題目：
⑴23111332人，約為（　　　）萬人。
⑵25678平方公里，約為（　　　）方公里。（取到萬位）
⑶概算中約30000元，其可能正確的答案是介於何處？(A)30000元至35000
元 (B)5000元至35000元 (C)25000元至34999 (D)24999元至34999元

四、六年級的第九單元為比與比值，複習完上述的題目，我們要進入本單元的
主題。
1. 小朋友上課時注意老師的引述，請討論出何為比？比的定義？
2. 例如六年二班全班有22人，十二月五日請假的人數有4人，其出席人數
與缺席人數的比為多少？

全班22人　22-4=18　出席人數有18人　題目中要比較出席人數與缺席人數，所以應該為出席人數比缺席人數，改為數字是18比4，出席人數是為前項，缺席人數為後項。

比的讀法是十八比四，可寫成 18：4

3. 利用上題的例子，小朋友對比的認識是否有更深入的瞭解？對比瞭解後我們要進一步的知道何謂比值。

4. 以第四題為例，其比值是 18÷4=18/4(9/2)，比值中分子和分母要為整數，其值為最簡分數，比值的表示方法不一定是分數的模式，小數或百分數也可以。

5. 小朋友你知道萬華區的面積是多少？台北市的面積是多少？

萬華區的面積為7.8383平方公里，台北市的面積為272平方公里，台北市的面積約為台灣的一百三十二分之一。

6. 小朋友知道面積後，請概算一下，萬華區的面積取到個位約為（　　　　）平方公里，台北市的面積取到十位和百位各約為（　　　　）（　　　　）平方公里。

7. 小朋友請你利用前題的概算，寫出萬華區與台北市的比和比值。台北市是萬華區的多少倍？

8. 中興國小的面積為9434平方公尺，若取概算至千位，那小朋友你能寫出中興國小與萬華區的比和比值？也能寫出中興國小與台北市的比和比值？

「淡水河與艋舺」學習單

　　親愛的小朋友，校外教學我們看見壯觀的橋樑建築，也請小朋友利用照相機，拍下資料，現在就請小朋友回想，並回答下列問題。

一、請小朋友大致說出，你們所看見的橋墩的形狀？

二、小朋友，四年級時我們曾學習過估算，那何為估算，請小朋友解釋一下？

三、若以忠孝橋為例，小朋友也在現場做大約估算，請寫出大約的橋樑高度？
　　也請口頭回答估算的依據為何？

四、現在我們假設橋墩為正圓柱體，那請小朋友說出，圓柱體的各面的名稱？

五、小朋友，現在若有要算圓柱的表面，是由哪三部分構成的？（　　　）、
　　（　　　）、（　　　）。其側面展開為（　　　）形。

六、橋樑是交通的要道，所以橋墩必須要和地面（　　　），也就是圓柱的高要和
　　（　　　）垂直。

七、現在小朋友回想一下，五年級我們學過也討論過圓周率的由來，請說一說圓周率是如何推算出來的？

八、圓周率＝（　　　）、圓周長＝（　　　）×（　　　）、圓面積＝（　　　）×（　　　）×（　　　）。

九、我們現在都知道圓柱的定義，也知道圓柱的構成要素，那就請小朋友回答下例題目：
　　1.有一圓柱體，直徑20公分，高10公分，其底面積為多少？側面積為多少？圓柱的整體表面積為多少？

　　2.請小朋友利用校外教學時估算出來的橋墩高、橋墩厚（圓直徑），計算出橋墩的表面積？（假設橋墩和我們上課的圓模型是一樣為正圓柱體，其底面也為二個）

十、延伸題，中興橋和台北橋先後都改建過，堤防也逐漸提高，其改建的原因很多，在這我們不討論，倘若橋樑的改建主因為橋墩下陷，現在我假設堤防高為9公尺，中興橋現高14公尺，橋墩每月下陷5公分，請問幾年後中興橋要一定改建？

中興國小「社會」教學活動流程表

教學主題	淡水河與艋舺				
學習領域	社會				
教學內容	認識淡水河與艋舺的相互關係、知道艋舺的源流與西門町的歷史、認識艋舺的古蹟				
教學年級	六年級	教學節數	3節	教學設計老師	李印堂
使用場地	教室、河濱公園、視聽教室、電腦教室	教學時間	(1) 年 月 日 星期 第 節 (2) 年 月 日 星期 第 節		

教學目標	教學活動流程	說明	教學準備事項	分配時間
1-1 能觀察出並能討論出，淡水河與艋舺相依存的關係 1-2 會利用電腦和圖書館尋找資料 1-3 能和家長互動，一同探訪艋舺的美 2-1 瞭解艋舺與淡水河的關係 2-2 能簡單的說出淡水河與艋舺的歷史	一、準備活動 　1. 堤外便道的校外教學及古蹟巡禮 　2. 用電腦網路或圖書館查出台北市與萬華區的歷史事蹟 　3. 請小朋友蒐集家中的照片，只要能展現出艋舺風情的即可 　4. 請小朋友和家長尋一主題參觀艋舺的古蹟，或有名的建築物 　5. 請小朋友請教長者有關艋舺的故事 二、發展活動（一） 　1. 請小朋友小組討論，說出所認識的淡水河和艋舺的歷史關係 　2. 老師提出淡水河的照片（全流域的照片），請小朋友指出淡水河的流域名稱 　3. 老師以說故事的方式，說出淡水河的歷史，也以問答的方式提出問題，讓小朋友一同討論 　4. 提出舊照片，請小朋友討論現今的淡水河和以往的淡水河有何不同 　5. 從舊照片中讓小朋友發現淡水河與艋舺的依存關係	行前提示，提醒小朋友該注意的地方，並請小朋友做筆記 小朋友利用照相機或圖畫的方式蒐集資料 利用課餘的時間請小朋友到圖書館或電腦教室蒐集資料 老師提供舊地圖與舊照片，供小朋友比較 老師準備台灣地圖，讓小朋友能明白淡水河的地理位置	校外教學的學習單 準備相機，拍攝小朋友可能漏掉的鏡頭 製作相關地圖投影片	先前的準備 40分

3-1 知道艋舺為何更名為萬華 3-2 知道西門町的由來 3-2 對家園有所期許，能愛家愛鄉	三、發展活動（二） 　1. 先請小朋友說出所知道的艋舺故事，即經驗中所知的艋舺與西門町 　2. 老師以說故事的方式和問答的方式引出艋舺和西門町的歷史 　3. 小朋友拿出照片，老師也拿出照片，讓小朋友在新舊照片中討論出艋舺的演變，也讓小朋友在討論中勾畫出理想的家園	由地理位置的認識到歷史的認識		40分
4-1 認識基督教對台灣的影響 4-2 能認識艋舺的古蹟，進而愛家愛鄉 5-1 能與家長共同討論，一同探討家鄉的美	四、發展活動（三） 　1. 請小朋友拿出校外教學的資料，討論我們所參觀的古蹟，簡單的說出古蹟的歷史 　2. 老師重點的介紹龍山寺，並請小朋友說出所看見龍山寺中的活動，也能說出其活動的內在涵義 　3. 請小朋友說出艋舺教會的歷史，老師提供一個有關基督教的故事 　4. 請小朋友說出祖師廟與龍山寺的不同點	老師提供幻燈片，以供教學		30分
	五、綜合討論 　請小朋友簡單的說出，與家長參觀古蹟的介紹			10分

「淡水河與艋舺」學習單

　　淡水河孕育艋舺，生活在此地的我們，怎能不認識淡水河，看完前面的簡介，現在請小朋友回答下面的問題：

一、請小朋友利用你的巧手，大致畫出淡水河的流域圖。（請浮貼）

二、請小朋友去請教長輩，請長輩說出早期淡水河的景致，小朋友將訪問記錄
　　下來。

三、為何淡水河是孕育艋舺的母親，小朋友將上課所得利用小組討論，將結論
　　寫上。

四、上課時看過一些早期的舊照片，我們也實地的踏訪過淡水河，其間有何不
　　同，請討論後寫下答案。

五、小朋友請你利用圖書館或網路尋找出新莊、艋舺、大稻埕的發展先後，簡
　　單的說明其演變的過程。

六、一府、二鹿、三艋舺是指現今的何處？

七、最後，請小朋友描繪出心目中理想的淡水河是怎樣的景色？（50字以上，
　　可以利用圖畫來表達）

「淡水河與艋舺」學習單

　　親愛的小朋友，看完艋舺的歷史資料，也親身體驗現代艋舺的活力，那現在就請你們回答下列問題。

一、早期台北盆地為原住民同胞的居住地，小朋友你知道居住在台北盆地的原住民為哪一族？

二、艋舺是取代何地，成為北台灣政治、文化、經濟的重心要地？

三、小朋友你知道艋舺一名的由來嗎？艋舺原指何物？請說明。

四、艋舺一名的更換，是在何時？其更名的理由為何？請簡單的說一說。

五、西門町的正確發音是什麼？町的本義又是什麼呢？

六、請小朋友簡單的介紹一下，你所認識的西門町？你認為現代的西門町的定位是什麼？

七、萬華的未來不是夢，最近通車的捷運（貫通萬華區）是哪一條路線？

八、小朋友你知道西門町是電影院的集中地，有電影街之稱的是哪一條街道？

「淡水河與艋舺」學習單

　　小朋友，萬華龍山寺是我們萬華區最重要的古蹟之一喔！所以我們不能不認識這個中外聞名的的古蹟。現在，就讓我們去龍山寺走走吧！

★活動一　石頭的故事
　小朋友，你知道龍山寺前廣場所鋪的石塊又叫做什麼石嗎？以前它的作用是什麼？

★活動二　動物的化身
　你可以觀察龍像哪些動物嗎？請連連看。
　1.角　2.眼　3.頭　4.耳　5.身　6.鱗　7.腹　8.爪　9.掌

　A.馬　B.蠶　C.虎　D.蝦　E.鹿　F.魚　G.牛　H.蛇　I.鷹

★活動三　龍山寺的守護神
　龍山寺三川門門上的四大天王手裡拿什麼武器？代表「風調雨順」的象徵，請連連看。
　風　調　雨　順

　傘　劍　琴　蛇　環

★活動四　神啊！請聽聽我說吧！
　正殿有「觀世音菩薩」，你想祈求菩薩什麼事呢？
　我想祈求菩薩
　1.

　2.

★活動五　要看清楚喔！不要找錯了！
神明也有職位喔！負責的工作也不同，不要亂拜喔！
爸爸生意順利——拜（　　　）
我希望哥哥考上大學——拜（　　　）
我希望阿姨早生貴子——拜（　　　）

★活動六　要看清楚喔！不要找錯了！
寺廟裡有好多人在拜拜喔！你知道信徒　拜的供品代表什麼意思嗎？請連連
看，看看他們在祈求什麼呢！
蔥　蒜　粽子　蘋果　糕　蘿蔔

步步高升　平安　聰明　精算　好彩頭　包中

★活動七　台北市最早的街道是貴陽街，小朋友，你知道它早期的名字叫什
麼？

★活動八　清水祖師廟不僅是宗教聖地，早期更是學校的搖籃，小朋友，你可
以說出哪些學校曾經借用清水祖師廟充當臨時學校？

★活動九　台北唯一現存的古蹟書院為何？其名稱為何有所更改？

★活動十　小朋友，請你簡單說出龍山寺和祖師廟的建築有何不同？

★活動十一　請小朋友畫一下古時艋舺河港位在今日何處？（回憶一下我們校
外教學時所看的）

中興國小「自然與科技」教學活動流程表

教學主題	淡水河與艋舺					
學習領域	自然與科技					
教學內容	艋舺附近淡水河之候鳥					
教學年級	五年級	教學節數	2節	教學設計老師	劉世錦、吳秋慧	
使用場地	淡水河、教室	教學時間	(1) 年 月 日 星期 第 節 (2) 年 月 日 星期 第 節			

教學目標	教學活動流程	說明	分配時間
一、能說出候鳥的習性及附近有哪些候鳥 二、瞭解環境與候鳥出現的關聯 三、能說出環境污染對候鳥棲息地的影響	一、準備活動 　1.蒐集候鳥照片及相關資料 　2.將校外教學所見記錄下來 　3.將沙洲形成及環境污染資料帶來 二、調查成果報告及整理 　1.各組報告、展示蒐集到的資料 　2.各組報告校外教學觀察紀錄 三、討論 　1.將所蒐集到的資料和校外觀察資料作比對 　2.怎樣的環境容易吸引候鳥前來 　3.為什麼華中橋附近會有候鳥 四、統整 　淡水河附近因泥沙淤積形成沙洲，適合候鳥休息及覓食 五、觀賞錄影帶 六、討論 　1.從蒐集的資料中比較過去和現在候鳥種類與數目是否有所不同 　2.是什麼原因造成候鳥數目變化 　3.環境污染對候鳥棲息地的影響為何 　4.觀察候鳥時，應注意何事 七、統整 　1.我們應該維護環境避免造成污染和保護候鳥免受打擾和侵害 　2.欣賞候鳥相關影片 …………第一、二節完…………	可查書或上網蒐集資料 已於前節討論沙洲的形成及淡水河環境污染 將蒐集之資料展示給大家看，並視報告狀況而定 因河中有沙洲堆積，形成食物鏈，候鳥覓食容易 關渡水鳥自然保留區 不隨便亂倒垃圾，也不排放未經處理的廢水 觀察候鳥時應避免喧嘩，並保持距離，以不干擾為重點	20分 15分 5分 20分 20分

「淡水河與艋舺」學習單

　　今天我們要學習一門新的學問，小朋友！我們住在西門町，可能都聽過許多有關艋舺的故事，但是這塊土地還有許多地方值得我們去關心，例如淡水河，它曾經是先民賴以維生的重要資源，今天我們就從最喜歡親近的河水開始觀察起，看看這塊我們生活的環境有哪些值得我們探討關心，有關自然科，我們將選擇沙洲是怎樣形成的、水鳥的觀察等主題加以探討。

淡水河的沙洲
一、沙洲是什麼？
答：

二、沙洲在河的哪一部分？
答：

三、沙洲有利用價值嗎？
答：

四、沙洲與水患有關係嗎？
答：

五、想想看沙洲形成和學過的地層的形成有關係嗎？
答：

六、究竟沙洲在河川中扮演什麼角色？在生態上又有什麼功用？

答：

七、其實在河中我們看到許多地形地貌，它們都扮演著它們特有的功用，值得我們細細去體會及探討，沙洲就是一個很好的例子，請用你所知道的描述一下沙洲好嗎？

答：

八、中興橋下的沙洲正好位在大漢溪和新店溪會合處，會合後又是大的彎曲，使得水流在一邊會比較慢，淤積的泥沙便越來越多，這可能是沙洲形成的原因之一。

九、遠古時代，台北可能是一大片沼澤地，河水經過多次改道，許多土地被沖刷成河床，未被沖刷而留下來的可能就形成了沙洲了。

十、當然你可能會想到許許多多的原因，這些原因都需要用科學的方法去驗證，而找到正確的答案，你知道有哪些方法可以找到答案呢？建議你不妨做一個實驗計畫來完成它，說不定你就是未來的科學家呢。好好加油吧！

十一、請畫下淡水河沙洲的地理位置圖，圖要標示出簡單的關係位置地名及方位，畫圖如下：

「淡水河與艋舺」學習單

　　關渡的水鳥很有名，但在我們學校附近亦有雁鴨公園，有很多水鳥可供觀察，讓我們親自走一趟，將結果記錄下來，並想一想該如何與這些可愛的鄰居相處。

水鳥觀察

一、小朋友，什麼季節候鳥們會群飛來台灣呢？

答：

二、小朋友如果你是隻快樂的小鳥，有一天肚子很餓，卻找不到水及食物時，
　　你該如何解決這個難題呢？

答：

三、說說看，如果你居住的地方，到處都被垃圾所包圍時，你的感覺如何呢？

答：

四、如果你是一隻鳥，你希望人類如何跟你相處呢？

答：

五、小朋友拜訪「雁鴨公園」時，你覺得要注意哪些事項呢？

答：

六、為什麼水鳥容易出現在有沙洲淤積的地方?

答：

七、如果「雁鴨公園」周遭的環境車水馬龍，想一想，如此的環境，會不會影響到此地生物的生長呢？

答：

八、小朋友在雁鴨公園時，是否有看到過境的候鳥，你知道牠們的名字嗎？

答：

九、你會不會把拜訪「雁鴨公園」的過程及所拍的照片與家人、朋友分享？

答：

十、小朋友請寫下這次雁鴨公園之旅的感想：

中興國小「健康與體育」教學活動流程表

教學主題	淡水河與艋舺					
學習領域	健康與體育					
教學內容	飲水思源與保護水源防止污染					
教學年級	六年級	教學節數	2節	教學設計老師	陳秋冬	
使用場地	教室、中興橋下	教學時間	(1) 年 月 日 (2) 年 月 日			

教學目標	教學活動流程	說明	教學準備事項	分配時間

一、能瞭解清潔的水源對人體健康有很大的影響
 	
二、能瞭解家庭用水的來源
 	
三、能保護水源防止污染
 	
四、分組學習分工合作，發揮團隊精神
	一、引起動機
	  1.想一想，污染的湖泊及河川，對水源的保護和我們的健康會有什麼影響？
	  2.複習舊經驗
	   ⑴家庭飲用水
	   ⑵社區公共給水的方法
	    ·人口稀少的鄉村—(a)建造密封式公共水井，用抽水機抽出供大家使用；(b)將地下水用馬達抽到水塔裡，消毒後分配水管分送使用
	    ·人口較多的市鎮：設自來水廠，處理水的設備較完善，是一種較安全又方便的用水
	
	二、發展活動（六六討論法）
	  問題一：淡水河是大台北地區最重要的水源，若水源受到家庭和工廠的廢水、廢物甚至農藥等的污染，影響給水的品質，會怎樣？
	  問題二：台北盆地的四周有哪幾條河川流往淡水河出海，帶來了多少的污染？
	………………第一節完………………
		出示「污染的河川」及「清潔的水源」圖片
		
		請小朋友發表後，教師出示自來水廠消毒過程圖說明
		
		分組討論，每六人一組。討論結果寫在小白板上，由組長報告
		
		請各組小朋友下課後至圖書館查相關資料，下一堂課使用
			國編版健教五上、實物提示機、錄放影機、電視機
			
			淡水河之歌、製作相關圖片、實物提示機
				12分
				
				14分
				
				14分

一、請各組組長報告上一節所查到的資料	本節可配合戶外教學，觀察中興橋下地下水道出口處	蒐集資料	10分
二、發展活動（青山綠水常在） 　　討論防止污染的最好辦法 　　1. 不要在水源上游設立工廠 　　2. 工廠排放廢水之前要先加處理 　　3. 家家戶戶要有完善排水溝 　　4. 少用清潔劑、殺蟲劑、農藥 　　5.不要將廢物、垃圾丟進河裡 　　6. 在水源區不可飼養牲畜，以免糞便污染水源			15分
三、綜合活動：寫學習單 …………………第二節完…………………			15分

「淡水河與艋舺」學習單

一、你對自來水廠的供水處理過程，知道多少？請用簡單的圖示說明一下。

二、在看過第六號水門的污水排放後，請問你的感想是什麼？

三、你認為保護水源是誰的責任？我們應該怎樣做呢？

四、瞭解保護水源的重要性後，你怎樣做到不浪費水資源？

中興國小「藝術與人文」教學活動流程表

教學主題	淡水河與艋舺					
學習領域	藝術與人文					
教學內容	艋舺之美——過去、現在（照片與圖片欣賞）					
教學年級	六年級	教學節數	3節	教學設計老師	張國瑛	
使用場地	教室、戶外	教學時間	(1)　年　月　日　星期　第　節 (2)　年　月　日　星期　第　節			

教學目標	教學活動流程	說明	教學準備事項	分配時間
一、學生能配合課程蒐集艋舺過去相關照片與圖片 二、學生能由照片中認識過去的艋舺	一、準備活動 　1.教師準備與艋舺有關的圖片或照片 　2.準備萬華的現代照片做為對照 二、發展活動 　1.教師陳列艋舺有關之舊照片與圖片供學生欣賞 　2.請學生說明照片位置在現今何處？ 　3.請學生發表觀賞心得或感想 　4.教師綜合講評 ………………第一節完…………………	分班教學或二班協同教學	實物投影機或投影機 照片或圖片	40分
三、90%學生可畫出觀賞心得	三、作業活動 　1.畫出心中的故鄉，或將觀賞照片與圖片心得畫出 　2.老師逐張講評，全班共同欣賞 ……………第二、三節完……………			80分

中興國小「藝術與人文」教學活動流程表

教學主題	淡水河與艋舺					
學習領域	藝術與人文					
教學內容	音樂					
教學年級	六年級	教學節數	2節	教學設計老師		張瓊妮
使用場地	圖書室、音樂教室	教學時間		(1) 年 月 日 星期 第 節 (2) 年 月 日 星期 第 節		

教學目標	教學活動流程	說明	教學準備事項	分配時間
一、瞭解歌詞內容並會哼唱 二、瞭解歌詞需和旋律及曲風配合 三、各組完成作品並發表	一、準備活動 1. 請學生蒐集淡水河沿岸風光的圖片或詩詞 2. 教師準備描述淡水河風光之音樂帶 二、發展活動 1. 以欣賞學生蒐集的圖片或詩詞作為動機的引起 2.播放台語歌「淡水暮色」音樂帶，讓學生欣賞並哼唱此曲以感受淡水河之美 …………第一節完………… 3. 分組並以學生所蒐集的詩詞作為歌詞，各組討論可配合詩詞之歌曲（或自由創作）編寫一首「淡水河之歌」 三 綜合活動 各組發表成果與全班分享，並由同學提出優缺點 …………第二節完…………	學生可請家長協助或上網蒐集 歌詞如附件一 教師在此提示重點及方法 詩詞可參考附件二	「淡水暮色」音樂帶 圖片 詩詞 歌詞 五線譜 詩詞	 20分 20分 20分 20分

淡水暮色

詞：葉俊麟　曲：洪一峰

日頭將要沉落西，水面染五彩。
男女老幼塊等待，漁船倒退來。
桃色樓窗門半開，琴聲訴悲哀。
啊⋯⋯幽怨的心情無人知。

朦朧月色白光線，浮出紗帽山。
河流水影色變換，海風陣陣寒。
一隻小鳥找無伴，歇在船頭岸。
啊⋯⋯美妙的啼叫動心肝。

淡水黃昏帶詩意，夜霧罩四邊。
教堂鐘聲心空虛，響對海面去。
埔頂燈光真稀微，閃閃像天星。
啊⋯⋯難忘的情景引心悲。

中興國小「綜合活動」教學活動流程表

教學主題	淡水河與艋舺				
學習領域	綜合活動				
教學內容	心得分享				
教學年級	六年級	教學節數	1節	教學設計老師	李印堂
使用場地	教室		教學時間	年　月　日　星期　第　節	

教學目標	教學活動流程	說明	教學準備事項	分配時間
1-1 讓小朋友能在學習後相互分享、相互討論，進而產生對家鄉的愛 1-2 也藉由討論拉近師生的關係	一、準備活動 　　請小朋將這一週的學習資料提出 二、發展活動 　1. 在教室中舉行小型的座談會，所有老師都出席，讓小朋友說出心中的感想 　2. 也讓小朋友說出對家鄉的愛與遠景 　3. 老師也一同說出心中的感想	討論是讓小朋友做一個學習反省與反芻，有思才有真正的學習	佈置教室，輕鬆的討論情境	40分

萬華舊河港。

雁鴨公園的雁鴨。

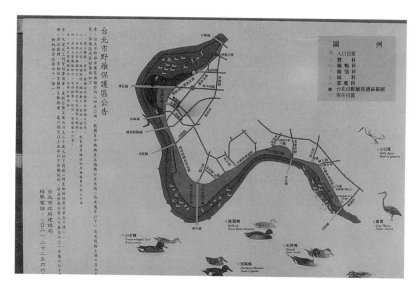

雁鴨公園告示板。

艋舺教會前的聆聽。

動手找答案。

合照於龍山寺前。

第十一章

校園生活

身心成長班教師行動研究的成長記錄

校園生活

教學年級：身心成長班
編輯者：黃雪敏、周小文
設計與教學群：
　　　周小文、黃雪敏

主題設計緣起：

　　我們的課程是配合學校的運動會，藉著運動會，讓學生能有更多的機會去瞭解學校，並且能夠更加的對這個單元有所體會。身心成長班的課程與普通班比較不一樣，我們主要是分為六大單元：實用語文、實用數學、社會適應、生活教育、職業生活、休閒生活。雖然與多元評量的七大領域有點不同，但是我們還是配合了學校的多元教學計畫來進行，其中若有不足之處，尚請多多指教。

身心成長班「校園生活」課程設計概念圖

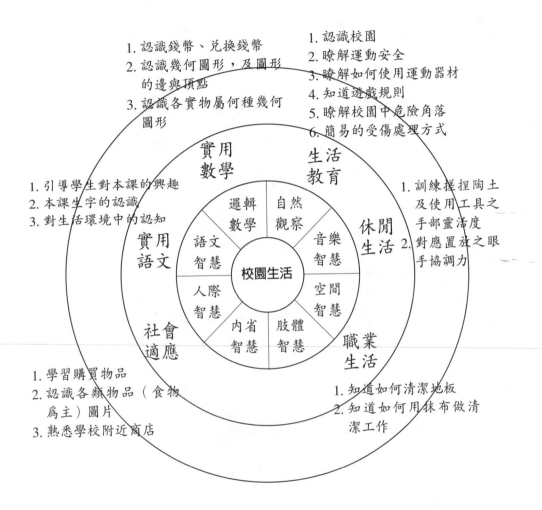

1. 認識錢幣、兌換錢幣
2. 認識幾何圖形，及圖形的邊與頂點
3. 認識各實物屬何種幾何圖形

1. 認識校園
2. 瞭解運動安全
3. 瞭解如何使用運動器材
4. 知道遊戲規則
5. 瞭解校園中危險角落
6. 簡易的受傷處理方式

1. 引導學生對本課的興趣
2. 本課生字的認識
3. 對生活環境中的認知

1. 訓練搓捏陶土及使用工具之手部靈活度
2. 對應置放之眼手協調力

1. 學習購買物品
2. 認識各類物品（食物為主）圖片
3. 熟悉學校附近商店

1. 知道如何清潔地板
2. 知道如何用抹布做清潔工作

實用數學
生活教育
實用語文
休閒生活
社會適應
職業生活

邏輯數學
自然觀察
語文智慧
音樂智慧
校園生活
空間智慧
人際智慧
內省智慧
肢體智慧

中興國小身心成長班教學活動設計

教學主題	校園生活					
教學年級	身心成長班	教學節數	17節	教學設計老師	黃雪敏、周小文	
小組成員	周小文、黃雪敏					
學習領域	教學活動內容		評量活動	教學者	教學時間	使用場地
實用語文	1. 引導學生對本課的興趣 2. 本課生字的認識 3. 對生活環境中的認知		1. 能認識生詞 2. 作業單 3. 能跟著唸讀課文 4. 能正確讀出課文	黃雪敏	5節	教室
生活教育	1. 認識校園 2. 瞭解運動安全 3. 瞭解如何使用運動器材 4. 知道遊戲規則 5. 瞭解校園中危險角落 6. 簡易的受傷處理方式		1. 能正確使用遊樂器材 2. 觀察能服從規則 3. 學習單	黃雪敏	4節	教室、操場
職業生活	1. 知道如何清潔地板 2. 知道如何用抹布做清潔工作		1. 觀察是否參與打掃工作	黃雪敏	2節	教室、走廊、生活教室
實用數學	1. 認識錢幣、兌換錢幣 2. 認識幾何圖形，及圖形的邊與頂點 3. 認識各實物屬何種幾何圖形		1. 指認錢幣、等值錢幣兌換 2. 完整觸描幾何圖形 3. 指認幾何圖形	周小文	2節	教室
休閒生活	1. 訓練搓捏陶土及使用工具之手部靈活度 2. 對應置放之眼手協調力		1. 搓捏陶土，陶土造型 2. 陶土球對應置放	周小文	2節	教室
社會適應	1. 學習購買物品 2. 認識各類物品食物爲主圖片 3. 熟悉學校附近商店		1. 購買物品 2. 指認圖片 3. 找到學校附近任一商店	周小文	2節	教室、校外

中興國小「實用語文」教學活動流程表

教學主題	校園生活			
學習領域	實用語文			
教學內容	校園生活			
教學年級	身心成長班中高年級	教學節數	5節	教學設計老師 黃雪敏
使用場地	教室、操場	教學時間	年　月　日第　大節	

教學目標	教學活動流程	說明	分配時間
引導學生對本課的興趣	一、準備活動： 　1. 告知學生下一課單元是運動場 　2. 帶學生到運動場，跑跑跳跳，看一看運動場 二、發展活動： 　1. 先讓學生朗誦課文，瞭解課文內容 　2. 生詞的唸讀，認識 　3. 生字的示範習寫 　4. 生字的連連看 …………………第一節完…………………	1. 字卡 2. 將課文書寫白板上 3. 作業單1	10分 10分 10分 10分
運動場課文生詞的認識	1. 先讓學生朗誦課文 2. 進行生詞的塗寫練習 3. 生詞的認識遊戲 …………………第二節完…………………	1. 作業單2 2. 讓學生各拿一個生詞牌，以自我介紹的方式來介紹自己的字牌，也去認識別人的字牌	5分 15分 20分
生詞的重複教學	1. 先讓學生玩生詞卡的呼拉圈遊戲 2. 課文生字的視覺搜尋 3. 課文畫線，練習生活中用到生詞機會的練習 …………………第三節完…………………	1. 就是把詞卡放在呼拉圈上，讓學生依據老師點到的生詞，跳進該呼拉圈裡 2. 作業單3	20分 15分

課文的誦讀	1. 課文的個人朗讀 2. 生詞的剪貼 3. 課文中生詞的指認 ··········第四節完··········	1.作業單4 2. 以問答的方式讓學生 　指認生詞	15分 15分 10分
學習成果的評量	1. 課文的問答 2. 複習單的教學 3. 複習單的習寫 ··········第五節完··········		10分 15分 15分

運動場

傍晚全家人，到運動場運動
姐姐和媽媽在打羽毛球
爸爸先做暖身操，
準備要去跑跑步
等一下
我也要跟同學，一起去打棒球

中興國小戊班實用語文科作業單

大單元名稱：運動會　　小單元名稱：運動場

小朋友，請你幫這些空白的字詞塗上顏色

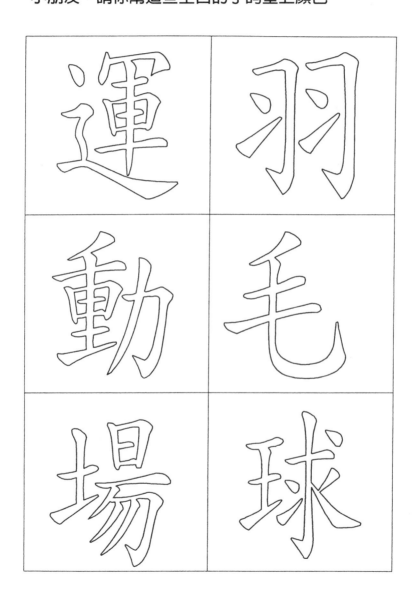

中興國小戊班實用語文科作業單

大單元名稱：運動會　　　小單元名稱：運動場

小朋友，先將下面的字剪下，貼在它該貼的位置上

暖身操　打棒球　羽毛球　等一下

我	？	準	爸	姐	傍	
也	？	備	爸	姐	晚	
要	？	要	先	和	全	運
跟		去	做	媽	家	動
同		跑	？	媽	人	場
學		跑	？	在	，	
一		步	？	打	到	
起				？	運	
去				？	動	
？				？	場	
？					運	
？					動	

中興國小戊班實用語文科作業單

大單元名稱：運動會　　　　　　**小單元名稱：運動場**

◎選選看，把對的答案圈起來

1.傍晚全家人到哪裡運動呢？

　　　　　　　運動場　　　　　　公園

2.媽媽和姐姐在做什麼運動？

　　　　　　　打籃球　　　　　　羽毛球

3.爸爸先做什麼操？

　　　　　　　暖身操　　　　　　健康操

4.我也要跟同學去做什麼呀？

　　　　　　　遊戲　　　　　　　打棒球

◎連連看

　　打棒球

　　羽毛球

　　跑步

中興國小「生活教育」教學活動流程表

教學主題	校園生活				
學習領域	生活教育				
教學內容	校園安全				
教學年級	身心成長班	教學節數	4節	教學設計老師	黃雪敏
使用場地	教室、操場		教學時間	年　月　日第　大節	

教學目標	教學活動流程	說明	分配時間
認識校園環境	1. 先展示校園的環境圖 2. 指出班級位置 3. 指出廁所位置 4. 帶學生到校園漫步一周 …………第一節完…………	校園環境圖	10分 5分 5分 20分
瞭解運動安全 瞭解如何使用遊樂器材	1. 運動前的暖身操─新式健康操的練習 2. 介紹學校的遊樂器材 3. 示範使用遊樂器材的正確方式 4. 讓學生玩遊樂器材 …………第二節完…………	新式健康操錄音帶 操場遊樂器材	20分 5分 5分 10分
知道如何玩遊戲	1. 說明「老鷹捉小雞」的遊戲規則 2. 帶領小朋友一起玩	晴天─操場 雨天─生活教室	5分 15分
瞭解校園中的危險環境	1. 展示校園環境圖 2. 告知學生校園角落、廚房、空教室的位置 3 告知這些地方的危險性 …………第三節完…………	校園環境圖 作業單1	5分 5分 10分
簡易受傷的處理方式 校園中的自我保護	1 基本消毒的方式 2 基本上藥方式的教導 1.「校園小霸王」錄影帶的觀賞 2. 教導正確免於恐嚇的方式 3. 作業單的練習 …………第四節完…………	碘酒 棉花棒 藥膏 紅藥水 棉花棒 錄影帶 作業單2	5分 8分 10分 7分 10分

大單元名稱：校園生活　　小單元名稱：運動場

小朋友，校園如果發生了火災，請問小朋友應該如何處理？請在對的行為處貼上貼紙。

中興國小「職業教育」教學活動流程表

教學主題	校園生活				
學習領域	職業教育				
教學內容	打掃環境				
教學年級	身心成長班	教學節數	2節	教學設計老師	黃雪敏
使用場地	教室		教學時間	年　月　日第　大節	

教學目標	教學活動流程	說明	分配時間
知道如何 清潔地板	1. 介紹打掃工具 2. 示範如何掃地 3. 示範如何拖地、洗拖把 4. 個別學生指導 5. 實際打掃 …………第一節完…………	掃把 拖把 水桶	5分 7分 7分 6分 15分
知道如何 使用抹布	1. 教導抹布的使用方法 2. 示範擦桌子、椅子、黑板 3. 示範如何擦狹窄的窗台 4. 示範如何擦玻璃 5. 由學生示範 …………第二節完…………	抹布 桌子 椅子 窗戶 水桶	5分 7分 7分 7分 14分

中興國小「實用數學」、「休閒教育」教學活動流程表

教學主題	校園生活——認識形狀					
學習領域	1.實用數學／形狀　2.休閒教育／美勞（塑陶）					
教學內容	1.認識幾何圖形　2.搓捏陶土					
教學年級	身心成長班	教學節數	3節	教學設計老師		周小文
使用場地	教室、校園		教學時間	年　月　日		

教學目標	教學活動流程	說明	教學準備事項	分配時間
	壹、準備活動 一、活動說明 二、引起動機 　　1.前導遊戲 　　a.老師說明會指定小朋友唸詞卡 　　（寫有□□形） 　　b.老師將幾何形板放在手上，另一 　　手握住詞卡，雙手上下開闔，並 　　唸著「□□形、□□形、□－□ 　　－形」。每唸一節奏，便在其中 　　一位小朋友面前停一下		塑膠布、透明膠膜、陶土、幾何形板、工具組、牙籤、圖形紙（對應置放用）、字卡	5分
0-1c 0-1d	c.最後在哪位學生前停住便請他用 　　手指觸描幾何形板邊緣 　　d.然後唸字卡			
1-1a 1-1b 1-2a 1-2b 1-3 1-4	貳、發展活動 一、 　　1.讓學生搓陶土球，放於圖形紙上 　　幾何圖形頂點處 　　2.指導學生以牙籤和陶土球組合成 　　幾何造型。並置於圖形紙對應位 　　置上（陶土球為頂點，牙籤為邊） 　　3.可沿模板切割幾何形狀陶土片，將 　　陶土片置於組合好之幾何造型中 　　4.進階可指導學生做立體之幾何造型 　　…………第一、二節完…………	圖形紙依學生程度而變化	陶土、幾何形板、圖形紙、工具組牙籤、塑膠布、透明膠膜	75分

	參、綜合活動		
01-2a 01-2b 01-3a 01-3b	一、 1. 老師依學生所做之陶土幾何造型個 　 數，發給其等量之幾何形板 2. 指導學生配對陶土幾何造形及幾何 　 形板（形狀對應），並數數看共做 　 幾個幾何圖形 3. 配對幾何形板和與其對應之字卡	陶土、幾何 形板、字卡	40分
02-1a 02-1b	二、 1. 收拾陶土、洗手		
03-1a 03-1b	三、 1. 說出老師指定的各物品為何種形 　 狀，是平面幾何圖形或立體幾何圖 　 形		
	……………第三節完………………		

備　註

平面組合圓形

立體組合圓形

平面組合三角形

立體組合三角形

中興國小身心成長班教學活動　教學主題：校園生活──認識形狀

教學目標與評量

序號	教學目標　　　　　　　　　　　　日期								
0-1c	可完整觸描三角板								
0-1d	可仿唸出字卡上的字								
1-1a	可搓陶土球								
1-1b	可將陶土球放於圖形紙上的指定位置								
1-2a	可做出幾何組合造型								
1-2b	可將組合造型放於指定位置								
1-3	會沿模板切割幾何形狀陶土片，並置於組合造型中								
1-4	會組合立體幾何造型								
1	可自行重複發展活動								
01-2a	可對應配對幾何形板和組合造型（形狀對應）								
01-2b	可數出共做幾個組合造型								
01-3a	可配對幾何形板及對應之字卡								
01-3b	可唸出字卡上之字詞								
03-1a	說出老師指定物品為何種形狀								
03-1b	說出老師指定物品為平面幾何圖形或立體幾何圖形								

0.無法完成　1.動作協助　2口語協助　3.口語提示　4.獨立完成

中興國小「實用數學」、「社會適應」教學活動流程表

教學主題	校園生活──小商店					
學習領域	1.實用數學／數的組合、錢幣　2.社會適應／購物能力					
學習內容	1.數的組合　2.購買物品、熟悉學校附近商店					
教學年級	身心成長班	教學節數	8節	教學設計老師		周小文
使用場地	教室、校外		教學時間	年　月　日至　年　月　日		

教學目標	教學活動流程	說明	教學準備事項	分配時間
0-1	壹、準備活動 一、 　1.拿取代幣點數並放置在一行有10格之格紙上 　2.將貼滿之格紙一行裝入1個塑膠袋內 　3.點數裝了幾個塑膠袋，沒裝入袋內的代幣有幾個，共有幾個代幣		圖卡、錢幣、代幣	20分
0-4	4.1個塑膠袋代表1個十。說出有幾個十 貳、發展活動 一、			240分
1-1 1-2	1.依塗好顏色之圓圈寫出所代表的數 　2.依數字圈出有幾個圓圈	附件1作業單	圖卡、錢幣、代幣、作業單	
2-1 2-2 2-3 2-4	二、 　1.依加法題目拿取代幣貼在一行有10格之格紙上（加數與被加數需以不同色之代幣表示） 　2.數共有幾個代幣 　3.貼滿一行之格紙放入塑膠袋內 　4.依減法題目操作代幣 …………第一、二、三、四節完…………	附件2作業單 附件3作業單		
3-2 3-3a 3-3b 3-3c 3-3d 3-3e	三、 　1.老師說明何為1元、5元、10元、50元、100元之錢幣與紙幣 　2.請學生拿取老師指定之錢幣 　3.讓學生練習10個1元可換1個10元等			

3-4	4. 錢幣折換方式（可先教10元與1元的折換）			
3-5	5. 讓學生依數字拿取相等的錢數			
	6. 老師拿取大於或小於此數字的錢數，讓學生說出多或少了多少錢			
	………第五、六節完………			
	四、			
4-1a	1. 讓小朋友依食物圖片找出另一張有相同食物的圖片。並用錢幣購買此張圖卡			
4-1b				
4-2	2. 讓小朋友依圖片找出另一張有相同食物但透視點不同的圖片。並用錢幣購買此張圖卡			
	………第七節完………			
	參、綜合活動		錢幣	60分
	一、			
01-1	1. 可帶學生到學校附近商店中購買物品			
	………第八節完………			

備註：附件1—塗色圈
　　　附件2—加法題目示例（數的組合）
　　　附件3—減法題目示例（數的分解）

中興國小身心成長班教學活動　　教學主題：校園生活──小商店

教學目標與評量

序號	教學目標　　　　　　　　　　日期									
0-1	拿取指定數量之代幣									
0-4	說出有幾個十									
1-1	依塗好顏色之圓圈寫出所代表的數									
1-2	依數字圈出有幾個圓圈									
2-1	依題目拿取代幣貼在格紙上									
2-2	貼滿一行之格紙放入塑膠袋內									
2-3	說出有幾個代幣									
2-4	依減法題操作代幣									
3-2	拿取老師所指定的錢幣									
3-3a	將10個一元與1個十元互換									
3-3b	將5個一元與1個五元互換									
3-3c	將2個五元與1個十元互換									
3-3d	將10個十元與一百元互換									
3-3e	其他方式錢幣折換									
3-4	依數字取相等錢數									
3-5	說出多或少了多少錢									
4-1a	能依圖片找出另一張有相同物品的圖片									
4-1b	能拿指定的錢數									
4-2	能依圖片找出另一張有相同食物但透視點不同的圖片									
01-1	至商店中購買喜歡物品									

0.無法完成　1.動作協助　2.口語協助　3.口語提示　4.獨立完成

中興國小身心成長班教學活動
教學主題：校園生活——小商店
附件2—加法題目示例（數的組合）

					5 + 0
				4 + 0	4 + 1
			3 + 0	3 + 1	3 + 2
		2 + 0	2 + 1	2 + 2	2 + 3
	1 + 0	1 + 1	1 + 2	1 + 3	1 + 4
0 + 0	0 + 1	0 + 2	0 + 3	0 + 4	0 + 5

中興國小身心成長班教學活動
教學主題：校園生活──小商店
附件3─減法題目示例（數的分解）

					4−0
−	−	−	−	3−0	4−1
−	−	−	2−0	3−1	4−2
−	−	1−0	2−1	3−2	4−3
−	0−0	1−1	2−2	3−3	4−4

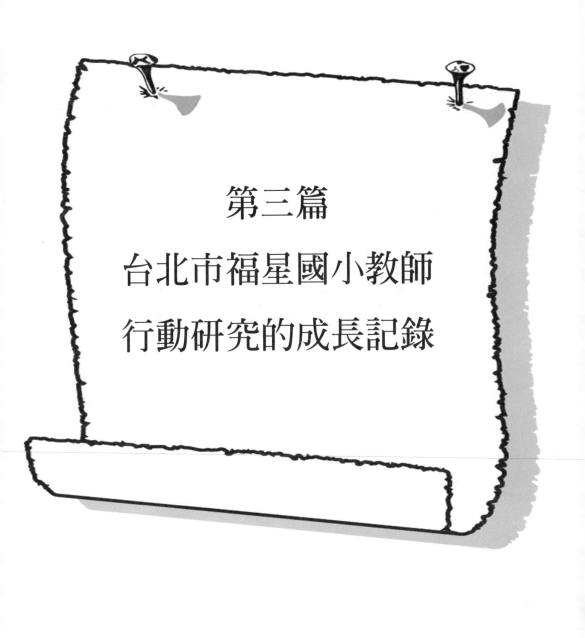

第三篇

台北市福星國小教師

行動研究的成長記錄

第十二章

可愛的小動物

一年級教師行動研究的成長記錄

可愛的小動物

教學年級：一年級

編輯者：謝佳純

設計與教學群：

　　張雅宜、黃馨嬋、江美芬

　　謝佳純、鄭雅文

主題設計緣起：

　　在我們生活周遭有許多可愛的小動物，牠們會「動」的特性，最能吸引小朋友的注意，也是小朋友最喜愛的玩伴。本教學主題是以身邊常見可愛的小動物為主要對象，透過觀察及模仿學習，瞭解每一種動物的特徵、習性、食性等以及學習基本的分類方法，並藉由故事、兒歌、謎語欣賞，更進一步認識各種動物，體會文字的趣味，進而培養愛護和尊重生命，以及感恩和孝順父母的態度。

（教學活動流程表、學習單以社會、藝術與人文、數學、自然與科技、綜合活動為例）

一年級「可愛的小動物」課程設計概念圖

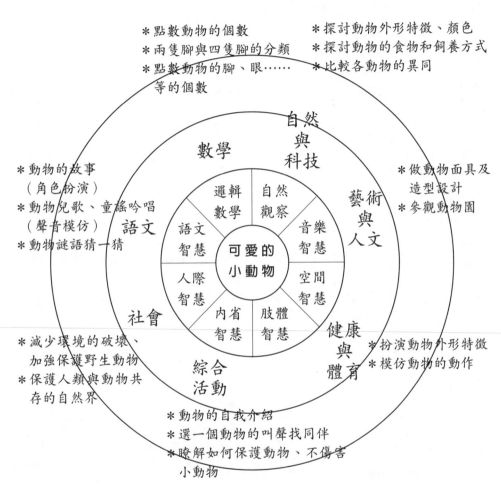

*點數動物的個數
*兩隻腳與四隻腳的分類
*點數動物的腳、眼……
　等的個數

*探討動物外形特徵、顏色
*探討動物的食物和飼養方式
*比較各動物的異同

*動物的故事
　（角色扮演）
*動物兒歌、童謠吟唱
　（聲音模仿）
*動物謎語猜一猜

*做動物面具及
　造型設計
*參觀動物園

自然
與
科技

數學

藝術
與
人文

邏輯
數學

自然
觀察

語文
智慧

音樂
智慧

可愛的
小動物

語文

人際
智慧

空間
智慧

內省
智慧

肢體
智慧

社會

健康
與
體育

綜合
活動

*減少環境的破壞、
　加強保護野生動物
*保護人類與動物共
　存的自然界

*扮演動物外形特徵
*模仿動物的動作

*動物的自我介紹
*選一個動物的叫聲找同伴
*瞭解如何保護動物、不傷害
　小動物

可愛的小動物課程設計圖說
　　在這裡我們根據美國哈佛大學迦納（Howard Gardner）教授的多元智慧理論，設計了能兼顧各項智慧層面的、生活化的課程，希望藉由各種動物的觀察，培養孩子們能主動探索與研究。模仿動物、扮演動物，培養孩子們能充分表達、溝通與分享自己的體驗，更能在設計造型和製作動物面具時，欣賞別人的作品，表現自己的創作。

福星國小一年級教學活動設計

教學 主題	可愛的小動物						
教學 年級	一年級	教學 節數	13節	教學設計老師		黃雪敏、周小文	
小組 成員	張雅宜、黃馨嬋、江美芬、謝佳純、鄭雅文						
學習 領域	教學活動內容		評量活動		教學者	使用 時間	使用 場地
語文	◎動物的故事 ◎動物兒歌、童謠吟唱 （聲音模仿） ◎動物謎語		◎可依自己所分配的角色，適 　當表演 ◎能歡樂吟唱兒歌、童謠，並 　正確的模仿動物叫聲 ◎能猜出謎語中的動物		江美芬	120分	教室
健康 與 體育	◎扮演動物外形特徵 ◎模仿動物的動作		◎能扮演動物外形特徵與動作		江美芬	40分	體能 教室
社會	◎故事賞析 ◎影片欣賞		◎能看完故事後，回答問題 ◎能發表觀後感		張雅宜	80分	教室
藝術 與 人文	◎會唱兒歌「小兔兔」 ◎做動物面具及造型設 　計		◎能說出動物的名稱和特性 ◎會做出動物的面具和設計動 　物造型		黃馨嬋	80分	教室
數學	◎動物分類 ◎數數 ◎比較多少		◎能將兩隻腳和四隻腳的小動 　物做正確分類 ◎能由1唱數到20 ◎能做出兩數量的大小比較		謝佳純	80分	教室
自然 與 科技	◎辨別小動物，並說出小 　動物的名稱 ◎辨別小動物的特徵 ◎能明瞭小動物的食物、 　進食方式和飼養方式		◎能說出圖片中動物的名稱 ◎能描述小動物的外形特徵、模 　仿小動物的動作、叫聲 ◎能說出小動物食物、進食方式 　和飼養方式		謝佳純	80分	視聽 室、 教室
綜合 活動	◎動物的自我介紹 ◎選一個動物的叫聲找 　同伴		◎ 可以說明小動物的特徵和性 　別 ◎會隨著不同叫聲的動物中， 　找出同類的動物		鄭雅文	40分	教室

福星國小「社會科」教學活動流程表

教學主題	可愛的小動物					
學習領域	社會					
教學內容	影片欣賞及故事賞析					
教學年級	一年級	教學節數	3節（120分鐘）	教學設計老師	張雅宜	
使用場地	一年級教室 視聽教室	使用時間	(1) 　年　月　日　星期　第　節 (2) 　年　月　日　星期　第　節			

教學目標	教學活動流程	說明	教學準備事項	分配時間
讓子女瞭解父母對他們的關愛	(一)課前準備 老師： 　1. 學習單 　2. 將學生分為三組，準備三則有關動物的父母和子女的互動關係的故事 學生： 　1. 看老師所指定的故事並想一想故事旁的問題 (二)準備活動 引起動機 一、故事導讀		學習單 準備相關故事 （選自人間有愛動物有情）	40分
	(三)發展活動 活動一： 　1. 請小朋友分組討論所看的故事和問題 　2. 分組派代表或採自願方式請小朋友念故事內容及心得分享 ………第一節結束………	・小朋友能事前看完故事並能熱烈討論 ・小朋友能很有勇氣的上臺發表，用自己的方式去表達看完故事的感想		

	活動二：獅子王錄影帶欣賞 ◎錄影帶的內容 　1. 用問答方式請小朋友 　　發表觀後感 　2. 公獅子是怎麼照顧牠 　　的孩子呢？ ㈣綜合活動 　一、統整 　　1.想一想動動腦父母平 　　　常是怎麼照顧你的 　　2. 我們應該感謝父母對 　　　我們的關愛，請你寫 　　　出幾句謝謝爸爸媽媽 　　　的話 　　3. 請講出要如何孝順父 　　　母有哪些你做得到的 ㈤結論：老師做結論 　1.父母對我們的照顧是無 　　微不至的 　2.我們應該孝順父母 ㈥習寫學習單 ……第二、三節結束……	‧能專心仔細觀賞 　錄影帶 ‧能熱烈發表	錄影機 錄影帶 學習單
			80分

「可愛的小動物」學習單

一、想一想，動動腦，父母平常是怎麼照顧你的？

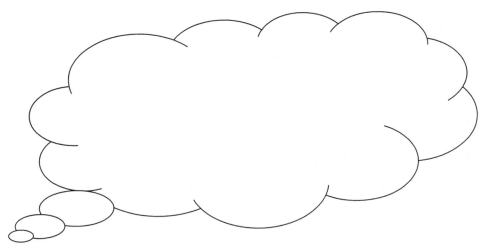

二、我們應該感謝父母對我們的關愛，請你寫出幾句謝謝爸爸媽媽的話。

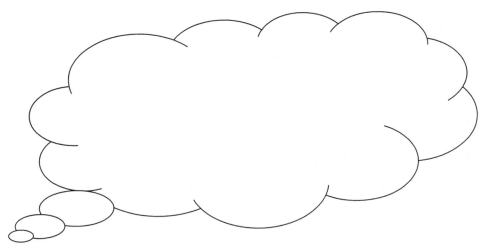

三、請講出要如何孝順父母，有哪些你做得到的？

🖉 _____

_____

_____

_____

_____

_____

_____

福星國小「數學」教學活動流程表

教學主題	可愛的小動物					
學習領域	數學					
教學內容	認識動物、分類、數數、比較多少					
教學年級	一年級	教學節數	2節（80分鐘）	教學設計老師		謝佳純
使用場地	一年級教室	使用時間		(1) 年 月 日 星期 第 節 (2) 年 月 日 星期 第 節		

教學目標	教學活動流程	說明	教學準備事項	分配時間
一、能由1唱數到20 二、能以自己的觀感說出圖裡的情形 三、透過具體、半具體物的操作，數出10以內的數字，並寫出正確數字	㈠課前準備 老師： 　1.海報及學習單 　2.大型（20片） 　3.全班用的小型花片（每位學生20片） 　4.動物圖卡 ㈡準備活動 引起動機 一、請小朋友發表 　1.上自然課已認識的五種小動物 　2.到動物園的經驗 ㈢發展活動 活動一：「我會數也會寫！」 一、唱數遊戲 　1.先請一、二位小朋友唱數 　2.老師帶領小朋友唱數，由1到20 　3.全班齊唱，由1到20 二、老師先約略說明：小華、小英假日到戶外玩 　1.鼓勵小朋友發表自己的看法 　2.是什麼地方？（福星動物園） 　3.你看到哪些動物？（兔子、狗、貓、雞、鴨） 　4.每種動物各有幾隻？ 　　＊在桌上排出等量的花片	・能說出已認識五種小動物，並自由發表到動物園的經驗 ・能由1唱數到20 ・能發表自己的看法 ・能說出圖片中所見的動物	海報及學習單 動物圖卡 花片	40分

四、能用正確的數詞，說出數數結果	＊在學習單上畫出等量的圈圈 ＊說出正確的數詞 ＊在學習單上寫出正確的數字 …………第一節結束…………		
五、能正確分類 六、透過具體、半具體物的操作，數出20以內的數字，並寫出正確數字 七、能比較20以內各數量的大小	活動二：「我會分類！」 一、全班共同討論，請小朋友上臺發表自己的做法 　1.兔子有幾隻腳？ 　2.狗有幾隻腳？ 　3.貓有幾隻腳？ 　4.雞有幾隻腳？ 　5.鴨有幾隻腳？ 　6.哪些動物是兩隻腳的？（雞、鴨） 　7.哪些動物是四隻腳的？（兔、狗、貓） 　8.兩隻腳的動物共有幾隻？ 　9.四隻腳的動物共有幾隻？ 　＊在桌上排出等量的花片 　＊在學習單上畫出等量的圈圈 　＊說出正確的數詞 　＊在學習單上寫出正確的數字	・能正確數出小動物腳的數目 ・能將兩隻腳和四隻腳的小動物做正確分類 ・能正確數出並寫出1到20的數字	花片 20分
	活動三：「比一比，誰多？誰少？」 一、觀察學習單上的圖片 二、全班共同討論，請小朋友上臺發表自己的做法 　1.雞有幾隻？鴨有幾隻？雞比鴨少幾隻？ 　2.貓有幾隻？狗有幾隻？貓比狗多幾隻？ 　3.狗有幾隻？兔子有幾隻？狗比兔子少幾隻？ 　4.鴨有幾隻？貓有幾隻？鴨比貓多幾隻？ 　5.四隻腳的動物共有幾隻？兩隻腳的動物共有幾隻？四隻腳的動物比兩隻腳的動物多幾隻？	・能說明比較多少的方法 ・能做出兩數量的大小比較	20分
	㈣綜合活動 一、完成學習單 ………………第二節結束………………		學習單

活動一：我會數也會寫！

數數看，每一種動物各有幾隻？畫出一樣多的圈圈，並寫出數字。

動物	畫圈圈	寫數字

活動二：我會分類！

❋ 哪些動物是兩隻腳的？

_____

_____

❋ 哪些動物是四隻腳的？

_____

_____

❋兩隻腳的動物有幾隻？四隻腳的動物有幾隻？數數
　看，並畫出一樣多的圈圈，並寫出數字。

動物	畫圈圈	寫數字
兩隻腳 的動物		
四隻腳 的動物		

活動三：比一比，誰比較多？

✿雞有（　　）隻；鴨有（　　）隻，
　雞比鴨少（　　　）隻。

✿貓有（　　）隻；狗有（　　）隻，
　貓比狗多（　　　）隻。

✿狗有（　　　）隻；兔子有（　　）隻，
　狗比兔子少（　　　）隻。

✿鴨有（　　）隻；貓有（　　）隻，
　鴨比貓多（　　　）隻。

✿四隻腳的動物共有（　　　）隻；
　兩隻腳的動物共有（　　　）隻，
　四隻腳的動物比多兩隻腳的動物多（　　　）隻。

福星國小「自然」教學活動流程表

教學主題	可愛的小動物						
學習領域	自然						
教學內容	認識可愛的小動物						
教學年級	一年級	教學節數	3節（120分鐘）	教學設計老師		謝佳純	
使用場地	一年級教室 視聽教室		使用時間	(1)　年　月　日　星期　第　節 (2)　年　月　日　星期　第　節			

教學目標	教學活動流程	說明	教學準備事項	分配時間
一、辨別小動物，並說出小動物的名稱	(一)課前準備 老師： 　1.學習單 　2.小動物圖片、小動物書籍 　　（兔子、狗、貓、雞、鴨） 　3.小動物的錄影帶 學生： 　1.課前先觀察小動物，並到圖書館看 　　相關書籍。 (二)準備活動 　引起動機 一、觀賞小動物的錄影帶		學習單 小動物圖片、書籍、錄影帶	40分
	(三)發展活動 活動一：「猜猜我是誰？」 ◎觀察小動物圖片： 　這些小動物叫做什麼名稱？ 　（兔子、狗、貓、雞、鴨） …………第一節結束…………	・能專心仔細 　觀賞錄影帶 ・能說出圖片 　中動物的名 　稱	錄影帶 小動物圖片、書籍	

二、辨別小動物的特徵 1.能說出不同的小動物，其外形不同 2.能說出動物的叫聲也是一種特徵 三、能明瞭小動物的食物、進食方式和飼養方式	活動二：「我很特別喔！」 ◎辨別小動物的特徵 　觀察小動物的外形特徵 　1. 頭部有哪些特徵？ 　2. 身體有哪些特徵？ 　3. 腳部有哪些特徵？ 　4. 有哪些運動方式？（模仿小動物的動作） 　5. 模仿小動物的叫聲。 …………第二節結束………… 活動三：「請你好好照顧我！」 ◎小動物的食物和飼養方式 　1. 小動物吃什麼食物？ 　2. 小動物如何吃食物？ 　3. 飼養小動物應該注意哪些事項？ ㈣綜合活動 一、統整 　1. 每一種動物長得不一樣 　2. 每一種動物運動方式不一樣 　3. 每一種動物叫聲不一樣，有的動物不會叫 　4. 每一種動物吃的食物不一樣 二、習寫學習單 …………第三節結束…………	• 能描述小動物的外形特徵 • 能模仿小動物的動作 • 模仿小動物的叫聲 • 能說出小動物食物、進食方式和飼養方式	小動物圖片、書籍 小動物圖片、書籍 學習單
			40分

教學主題	可愛的小動物
學習領域	自然
學習內容	認識可愛的小動物

(一)兔子

一、外形特徵：

　　1. 頭上有長長的耳朵

　　2. 嘴裡有很長很大的門牙

　　3. 眼睛有的是紅紅的，有的不是

　　4. 尾巴短短的

　　5. 後腳比較長

　　6. 身上有毛

二、運動方式：

　　1. 利用長長的後腿輕快地跳躍奔跑

　　2. 利用後腿站立、跳躍、坐下

　　3. 利用前腿擦洗臉部

　　4. 休息時會搖動耳朵

　　5. 會垂下耳朵，以腳搔抓身體

　　6. 不時會抽動鼻子

三、食物：紅蘿蔔、玉米、甘薯、包心甘藍菜、蒲公英、馬鈴薯、青草、菜等。
　　　　（※兔子體內的水分可由食物中直接攝取，不需給予額外的水分，洋蔥是禁止餵食的）

四、進食方式：兔子吃東西時咀嚼很仔細，如果食物又硬又大，便用門牙啃咬食物

五、飼養方式：

　　可飼養在鐵絲籠內，下方有小洞，讓兔子的排泄物直接掉落於下方糞盤中，糞盤上放置報紙。兔子的尿液和糞便腥臭無比，需要每天更換洗淨。飼養籠要放置在室外、通風良好、乾燥且不直接日曬的地方

(二)狗

一、外形特徵：

　　1. 有四隻腳，四隻腳一樣長，腳底有肉墊及指甲

2. 身上有溫暖、柔軟的毛

3. 有尾巴

二、運動方式：

走、跑、坐、臥等

三、 食物：

1. 肉、魚、飯、飼料等

2. 狗喜歡啃骨頭

四、進食方式：用牙齒咬碎食物，吞入肚子

五、飼養方式：

依狗的大小給予適當的狗屋，讓小狗可以休息，狗屋底層要離地10公分以上，通風才會良好，此外在冬天狗屋應放在可以曬到太陽的地方，吹不到冷風且不被雨淋的地方。一天至少運動一次，清潔梳理一次是很重要的。每天供食二次，最好不要讓牠們吃剩。

(三)貓

一、外形特徵：

1. 有四隻腳，四隻腳一樣長，腳底有肉墊及指甲，指甲可伸縮

2. 身上有溫暖、柔軟的毛

3. 有尾巴，可保持身體平衡

二、運動方式：

走、跑、坐、臥、跳等

三、食物：肉、魚、飯、飼料之外，也吃蟲和老鼠

四、進食方式：用尖銳的牙齒把食物撕開，再慢慢咀嚼

五、飼養方式：

小貓可餵食牛奶，成貓一天餵食一至二次，貓吃東西時常不知節制，所以得控制食量。貓十分愛清潔，要替牠準備沙盤

(四)雞

一、外形特徵：

1. 尖尖的嘴

2. 公雞的雞冠和肉垂比母雞大，羽毛也比母雞漂亮

3. 身上有厚厚的羽毛，能保護身體並保持乾燥

4. 有一對翅膀

5. 有兩條強而有力的腳和長爪子

6. 有尾巴

二、運動方式：

1. 四處走動奔跑

2. 用腳抓地尋找食物

3. 晚上會在站矮樹木上睡覺

三、食物：

1. 植物類——米、麥、栗、米糠、豆渣、蔬菜、綜合飼料等

2. 動物類——昆蟲、蚯蚓等

3. 礦物類——骨粉、貝殼粉、食鹽等

四、進食方式：雞沒有牙齒，用嘴巴啄食，再把食物整個吞下去

五、飼養方式：

　　小雞可用大紙箱加上鐵絲網蓋住飼養，大雞要用鐵籠，籠內要鋪沙或稻殼以保持清潔。也可設置架高的木條，讓雞在木條上睡覺。每天上午、中午、下午各餵食一次，分量以30分鐘內可吃完為準，要有供水容器

㈤鴨子

一、外形特徵：

1. 扁平的嘴，邊緣呈鋸齒狀

2. 身上有油油的羽毛可以保持身體乾燥，因為這種油會讓水珠直接滾離牠們的身體

3. 身上有像絨毛一樣鬆軟的羽毛來包住空氣，使身體暖和

4. 身體肥胖，有一對翅膀和尾巴

5. 有兩條短小的腿，腳部平坦，腳趾間有蹼

二、運動方式：

1. 走路時會左右搖擺身體

2. 用腳滑水，身體慢慢前進，動作快又優雅

3. 展開拍動翅膀

三、食物：麵包屑、青菜、水草等

四、進食方式：鴨子沒有牙齒，用嘴巴啄食，再把食物整個吞下去

活動一：猜猜我是誰？

小朋友，你認識我們嗎？請寫出我們的名字。

(　　　　　)　　　　　(　　　　　)

(　　　　　)　　　　　(　　　　　)

(　　　　　)

活動二：大家來湊腳！

小朋友，這些是我們的腳印，你猜得出來是誰的呢？

活動三：動動腦！

小朋友，你能根據提示，寫出我們的名字嗎？

🐾 我的耳朵很長，尾巴短短的，走起路來一跳又一跳。

_____

🐾 我很會看家，一有狀況就「汪汪」叫，提醒主人。

_____

🐾 我戴著一頂紅帽子，早上會「喔喔」啼，叫大家起床。

_____

🐾 我很喜歡游泳，我的腳有蹼，像槳一樣，很會滑水。

_____

🐾 我在晚上比在白天看得清楚，而且老鼠很怕我。

_____

活動四：請餵我吃東西？

小朋友，我們和你一樣需要吃食物，但是並不是每樣食物我們都可以吃，請你餵我們適當的食物吧！

教學札記

　　一年級主題教學的題目「可愛的小動物」，小朋友有很大的興趣，又加上主要認識的動物——貓、狗、雞、鴨、兔，是較容易在日常生活中或書集、圖片、影片中看得到的，也是深受小朋友喜愛的動物，所以小朋友很容易接受並進入課程的學習探究。

　　在課程設計與教學方式方面，在個人實際教學後，有以下改進方式與建議：

◎由於試教時間有限，個人以錄影帶、書籍、圖片為主要的教學媒體，有些小朋友無法從中仔細觀察各種動物的不同。因此，能在課堂上實際看到這些動物，小朋友的學習效果會更好。

◎時間允許，可到動物園可愛動物區，來一趟戶外教學。

◎活動二：大家來湊腳，對一年級的小朋友有點困難，他們還無法體會腳的形狀和腳印之間的關係。建議等小朋友玩過「蓋印」遊戲後，再教此單元。

◎本次教學是深入認識貓、狗、雞、鴨、兔這五種動物，藉以學習如何觀察各種動物，及辨認各種動物的不同。若小朋友對其它的動物有興趣，可利用課餘時間，提供錄影帶或書籍，讓小朋友觀看，認識更多的動物。

福星國小「綜合活動」教學活動流程表

教學主題	可愛的小動物				
學習領域	綜合活動				
教學內容	天才寶貝大戰惡魔王				
教學年級	一年級	教學節數	1 節	教學設計老師	鄭雅文
使用場地	教室	使用時間	民國八十九年元月三日星期　第　節		

教學目標	教學活動流程	說明	教學準備事項	分配時間
	一、課前準備 (一)教師 　1. 蒐集各學習領域中與貓、狗、雞鴨、兔有關的問題，並分五類（貓、狗、雞、鴨、兔）問題庫，將題庫內的問題標上題號 　2. 製作抽籤棒，抽籤決定題號用（約1~30號） 　3. 製作動物圖卡，每種動物至少三張及其他可使遊戲更刺激的圖片 　4. 製作遊戲路線圖的海報，亦可於當節課前自行先在黑板上畫好 　5. 準備一個大骰子 　6. 想一段小故事引起動機，引起學生學習興趣 (二)學生 　1.複習之前各節所學的內容 二、發展活動 (一)引起動機 　　在一個遙遠的地方，有一個神奇王國，神奇王國裡的國王最喜歡帶歡樂給小朋友了，所以世界上所有的小朋友都非常喜歡這位國王。就因為這樣使惡魔非常生氣，因為惡魔最討厭看到別人快樂。有一天惡魔趁大家都不注意的時候把國王抓起來，關在城堡的大牢裡，自己當起了國王。自此之後，神奇王國的人民不再快樂，也沒有人帶給小朋友歡樂	希望達到所有的班上學生都能專心聽故事	天才寶貝大戰惡魔王的小故事	5分

	後來聰明的小朋友知道，原來他們所愛的國王被可惡的惡魔關起來，便決定要將國王救出來。然而這一路上，惡魔設下了許許多多困難的問題阻撓小朋友的救援行動。到目前為止，還沒有人救出國王。親愛的天才寶貝們，請運用你們的智慧與勇氣，看看誰能先打倒惡魔解救出神奇王國的國王！			
*會1數到20的數數問題 *會20以內數字的書寫 *會20以內數字的大小比較 *能說出各種小動物的特徵並模仿其叫聲、走路的樣子 *知道小動物吃什麼食物、飼養時需注意事項 *會吟唱與所學小動物有關兒歌 *會注雞、鴨、狗、貓、兔的注音，並會造詞、造句	㈡遊戲規則解說 　1.將全班分成二組（可男、女分或單、雙號分），以不同顏色的磁鐵代替 　2.擲骰子決定前進格數 　　小天使圖卡：表起點 　　箭頭圖卡：表可無條件前進一格 　　炸彈圖卡：表踩到地雷全軍覆滅需重回起點 　　喇叭圖卡：表救出國王獲勝 　3.若走到有動物圖卡的，需先說出該圖卡是雞、鴨、狗、貓、兔哪一個，然後抽籤決定問題 　　註： 　　蒐集的問題需涵蓋：（附件一） 　　⑴由1數到20的數數問題 　　⑵20以內數字的書寫 　　⑶20以內數字的大小比較 　　⑷有關各種小動物的特徵、叫聲 　　⑸小動物吃的食物、飼養方式 　　⑹小動物是如何被呵護長大 　　⑺吟唱與所學小動物有關兒歌 　　⑻所學小動物的注音、造詞、造句 　　⑼較具挑戰性的課外常識題 　4.最先到達城堡救出國王者獲得勝利 ㈢遊戲開始 …………………本節節束…………………	分兩組班上學生會比較有參與感，因為上來闖關者若不會，同組學生可幫忙回答問題 若走到狗的圖卡，教師問學生這是什麼動物，學生要說出答案，然後抽籤決定問題是狗這一類的第幾題	闖關路線圖先在黑板上畫好，並貼上事前製做好的圖卡。二個不同顏色的磁鐵 準備骰子 準備抽籤筒及雞、鴨、狗、貓、兔五類的題庫	5分 32分

附件一：

鴨

1. 池塘裡原本有十隻鴨子在游泳，有三隻累了回家睡覺。請問現在池塘內還剩多少隻鴨子？
2. 拿出花片數一數，鴨小弟有八個哥哥、四個姐姐、鴨小弟共有多少兄弟姐妹？
3. 鴨媽媽要買新鞋給她七個寶寶，請問她要買幾隻鞋呢？
4. 鴨媽媽早上生二顆蛋，下午生了四顆蛋，請問鴨媽媽今天生了幾顆蛋？
5. 鴨爸爸帶七隻鴨子去散步，請問總共有幾隻鴨子在散步？（將答案寫在黑板上）
6. 鴨寶寶學寫數字，發現有一個數字跟牠長得很像，是哪個數字請在黑板上寫出？
7. 有十九隻小鴨在學游泳，請問十九該怎麼寫？
8. 河邊有大鴨子五隻，小鴨子七隻，請問哪一種鴨子比較多？
9. 李大媽的鴨子生了三顆蛋，王大媽的鴨子生了二顆蛋，誰的鴨子生的蛋比較多？
10. 鴨媽媽生了十一顆蛋，有八顆孵出小鴨，請問現在是蛋多還是鴨多？
11. 請問鴨的嘴巴是尖尖的還是扁扁的？（扁扁的）
12. 請問鴨的眼睛長在同一邊還是不同邊？（不同邊）
13. 請問鴨的什麼可以防水？（羽毛）
14. 請問鴨的腳有什麼特別的地方？（有蹼）
15. 請說一說鴨子的身材是怎樣的？（短脖、短腿、胖身體）
16. 請學鴨走路的樣子？（左右搖擺）
17. 請學一學鴨子的叫聲？（呱、呱、呱）
18. 請問鴨子最喜歡做什麼？（游泳）
19. 請問鴨子會啄人嗎？（會）
20. 請學一學鴨子跑步的樣子。（翅膀張開小跑步、身體左右搖擺）
21. 請學一學鴨子吃食物的樣子。（雙手後背、伸長脖子、頭上揚左右搖晃）
22. 請問小鴨子是怎麼來的？（母鴨生蛋、孵蛋、成形、破殼而出）
23. 請問鴨媽媽是怎麼照顧鴨寶寶的？（自由回答，點到即可）
24. 請唱一首跟鴨子有關的歌。（醜小鴨）
25. 請問鴨的注音要怎麼拼？（一ㄚ）
26. 請寫出小鴨兩個字。（小 一ㄚ）

雞

1. 一隻公雞一隻母雞和四隻小雞，總共有多少隻雞？（六隻）

2. 小花養了一隻雞，請你告訴小花雞有幾隻腳？（二隻）

3. 一窩雞有八隻公的七隻母的，請問這一窩雞會有多少雞冠？（八個）

4. 阿公養了十三隻雞，請數出十三個花片並寫出來。

5. 雞爸爸在院子裡找食物，找了五隻蚯蚓，請問五這個數字怎麼寫？

6. 早餐煎雞蛋給爸爸、媽媽和自己各一顆，請問要拿幾顆蛋？把它寫出來。

7. 四隻白斬雞六隻手扒雞，請問哪一種雞比較多？（手扒雞）

8. 三隻母雞生了十三顆蛋，請問母雞多還是蛋多？（蛋）

9. 大盤子裡裝了九隻雞翅，小盤子裡裝了十隻雞翅，哪個盤子裝得多？（小盤子）

10. 請問雞的嘴巴是尖尖的還是扁扁的？（扁扁的）

11. 請問公雞跟母雞怎麼樣分辨？（雞冠或叫聲）

12. 請模仿公雞的叫聲。（咕咕咕——）

13. 請模仿母雞的叫聲。（咕咕咕）

14. 請問雞的腳有幾根？（四根）

15. 請問小雞跟小鴨一樣都會把第一個看到會動的東西認為是牠的誰？（媽媽）

16. 雞是鳥的一種，所以雞會在天空飛來飛去對不對？（不對）

17. 請問雞有沒有牙齒？（沒有）

18. 請問雞為什麼會吞沙礫？（沒有牙齒，可幫忙磨碎食物）

19. 請問雞厚厚的羽毛有什麼功能？（保護身體和保持乾燥）

20. 雞的腳和爪子長而有力可以做什麼用？（扒開泥土尋找食物）

21. 請問雞跟鴨的蛋都是在什麼時候才變硬的？（排出體外後）

22. 請問雞冠長在雞的什麼地方？

23. 請造一個有雞這個字的詞語？

24. 請唱一首跟雞有關的歌？

25. 請圈出雞跟鴨二字相同的地方？（鳥）

26. 請問雞怎麼注音？（ㄐㄧ）

27. 請問雞飛狗跳這個成語有幾種動物？（二種）

兔

1. 請問兔子有幾隻腳？（四隻）

2. 籠子裡關了兩隻兔子，請問可以數出幾隻腳？（八隻）

3. 一隻兔子有兩個耳朵，請問三隻兔子總共會有多少耳朵？（六個）

4. 請問兔子排在十二生肖的第幾個？（第四個）
5. 有二隻兔子在玩耍，後來又跳來一隻，現在總共有多少隻兔子在玩耍？（三隻）
6. 兔姐姐教兔妹妹學寫數字，可是牠忘記六要怎麼寫，你知道嗎？
7. 五隻白兔加五隻黑兔結果會是多少隻？請你寫一寫？（10）
8. 三隻兔子要分二根紅蘿蔔，夠分嗎？為什麼？（不夠，三比二多一）
9. 白兔吃了六根蘿蔔，黑兔吃了七根蘿蔔，誰吃得多，多多少？（黑兔，多一）
10. 兔子比跳高一隻跳了七個鉛筆盒高，一隻跳了四個鉛筆盒高，請問哪一隻跳的高，為什麼？（跳七個的高，七比四多）
11. 兔子的鼻子很敏銳，請模仿兔子聞東西的樣子。（會不時抽動鼻子）
12. 兔子為什麼經常擺動牠的長耳朵？（為了聽清楚四周微弱的聲響）
13. 請問兔子是如何跳躍的？學一學。（用後腿往前跳）
14. 請問兔子的嘴巴有長二顆很長很大的什麼？（門牙）
15. 請問兔子都吃什麼樣的食物？請說二種。（紅蘿蔔、包心甘藍菜）
16. 請問兔子吃水分太多的食物會怎樣，所以蔬菜要先陰乾才吃？（拉肚子）
17. 請問兔子為什麼會吃柔軟狀的糞便？（它是未消化完全含有相當豐富的營養）
18. 兔子會利用什麼地方來挖洞？（爪子）
19. 請問兔子是生兔寶寶還是生蛋？（生兔寶寶）
20. 有一句成語：狡兔有三窟，三窟是什麼？（居住的洞穴）
21. 兔子的兔怎麼注音？（ㄊㄨˋ）
22. 請問在龜兔賽跑的故事裡，兔子為什麼輸給了烏龜？（兔子太驕傲而休息過頭）
23. 請用兔子、紅蘿蔔造一個句子？

狗
1. 想一想、算一算小狗有幾條腿？（四條）
2. 黑狗、白狗、黃狗、花狗排一排，請問排第三位是哪一隻狗？（黃狗）
3. 數一數，如果一隻母狗可以生四隻小狗，二隻母狗可以生幾隻？（八隻）
4. 公狗在尿尿的時候，有幾條腿沒有離開地面？請寫出來。
5. 一隻狗吃一根骨頭，現在有十六條狗要幾根骨頭？請寫出來。
6. 一隻狗被狗鍊鍊住，狗狗生氣想把狗鍊甩開，結果摔了個大跟斗。上句總共出現幾個狗？請把答案寫出來。（五）
7. 白狗咬了一個數字十七，黑狗咬了一個數字十八，哪一個數字小？（十七）

8. 右邊有五隻狗，左邊有六隻狗，請用花片排出來並說說哪一邊的狗多？（左邊）

9. 桌上有二個盤子，紅盤子裡有十根骨頭，黃盤子裡有十一根骨頭，請問哪個盤子骨頭比較多？（黃盤子）

10. 請問狗的全身除了哪裡沒長毛？（鼻、腳底）

11. 請問健康的狗兒鼻子是怎樣的？（濕濕的）

12. 狗總是張開嘴巴呼氣散發體熱，是因為牠的汗腺長在哪裡？（舌頭上）

13. 請問小狗會游泳嗎？（會）

14. 請問剛出生的小狗吃什麼長大？（狗奶）

15. 請模仿小狗走路的樣子。

16. 請學一學狗的叫聲。（汪汪 汪汪）

17. 請問狗四腳朝天躺在地上流露出要人撫摸的神情時是高興、害怕、生氣、撒嬌？

18. 請問狗尾巴夾在兩腿，頭低低的是高興、害怕、生氣、撒嬌？（害怕）

19. 狗露出牙齒，弓起身體發出低吼聲是高興、害怕、生氣、撒嬌？（生氣）

20. 狗四腳挺直尾巴豎起汪汪大叫是高興、害怕、生氣、示警？（示警）

21. 狗耳朵向後垂，尾巴不停搖動是高興、害怕、生氣、撒嬌？（高興）

22. 請問狗為什麼每走一段路就要撒泡尿？（認路指標、佔地盤）

23. 狗的清潔很重要，夏天、冬天一星期各要洗幾次？（二、一）

24. 狗吃骨頭可使牙齒堅固、骨骼強壯，可是哪一種骨頭不能吃？（雞骨頭）

25. 狗狗的眼功能有什麼缺點？（色盲、視力不良）

26 請唱一首跟狗有關的歌。

27. 請問狗怎麼注音？（ㄍㄡˇ）

28. 請造一個跟狗有關的成語。

貓

1. 請問貓有條腿？（四條）

2. 二隻花貓加五隻黑貓總共是多少隻貓？（七隻）

3. 有五條魚分給三隻貓夠不夠分，為什麼？（夠，五大於三）

4. 院子裡本來有五隻貓後來又跑來四隻，請問現在共有幾隻？寫出來。（九隻）

5. 請問小貓是從貓蛋裡孵出來的嗎，牠是怎麼出生的？（不是，貓媽媽生出來的）

6. 請畫一畫貓的耳朵？

7. 請問貓的爪子跟狗最大的不同是什麼？（可以伸縮進出）

8. 請問什麼動物最怕貓？（老鼠）

9. 請問貓的尾巴有什麼功用，使牠能在窄牆屋簷行走？（保持平衡）

10. 請問貓為什麼要吃草清潔牠的胃？（可和積存在胃中的毛球一起排出體外）

11. 貓為什麼白天時經常躲起來打瞌睡？（牠是夜行性動物）

12. 如果有一條魚掛在樹上貓吃得到嗎，為什麼？（吃得到，牠會爬樹）

13. 請問貓的眼睛瞳孔白天和晚上有什麼不同？（白天縮成一線，晚上放大成圓形）

14. 請問貓的舌頭有什麼特別地方？（鋸齒狀組織可刮下食物的肉清理皮毛）

15. 貓尾巴、鬍鬚豎起表示高興、撒嬌、生氣驚嚇、想玩？（高興）

16. 貓用背來回磨擦人的腿部表示高興、撒嬌、生氣驚嚇、想玩？（撒嬌）

17. 貓橫躺著肚子朝天表示高興、撒嬌、生氣驚嚇、想玩？（想玩）

18. 貓尾巴豎起背成弓形發出尖銳叫聲表示高興、撒嬌、生氣驚嚇、想玩？（生氣驚嚇）

19. 請問貓要怎麼注音？（ㄇㄠ）

20. 請學貓咪的叫聲。（喵喵喵）

21. 請唱一首跟貓有關的歌。

22. 小花貓三個字怎麼寫？（小花ㄇㄠ）

23. 請造一句跟貓有關的句子。

教學活動札記

教學主題	可愛的小動物		
教學年級	一年級	教學老師	鄭雅文

❈ *教師解說遊戲的方法及各圖案所代表的意義* ❈

收穫與檢討：

1. 活動前的引起動機非常重要，教師活潑的語調、誇張的肢體動作，能夠有效的吸引小朋友的注意力哦！

2. 遊戲規則一定要說明清楚，寧可讓所有學生提完問題，也不要急著開始玩，如此遊戲會進行得更順暢！

教學活動札記

教學主題	可愛的小動物		
教學年級	一年級	教學老師	鄭雅文

✻ 小朋友專心聽講的可愛模樣令人感動不已！✻

收穫與檢討：

1. 想不到自編的小故事能夠引起小朋的共鳴，令我愈教愈有信心，手舞足蹈已入忘我境界！

2. 綜合活動採分組方式的座位，可使教室空間擴大，有利活動的進行，不信，親自試試便知道！

教學主題	可愛的小動物		
教學年級	一年級	教學老師	鄭雅文

✲ 小朋友投擲骰子決定前進的格數 ✲

收穫與檢討:

1. 原本投擲骰子只是遊戲中的一個使用工具,但在課堂進行時,發現它
   還具備複習數數的功能!

2. 為使教室空間更寬敞,各班多半將講台移走,此時可隨易取一把小椅
   子,放置遊戲所需工具,既不占空間又能使所有學生看清楚前面進行
   之活動,可說是一不錯的變通方法。

教學主題	可愛的小動物		
教學年級	一年級	教學老師	鄭雅文

✳小朋友正在數格子前進，因低年級身高不夠教師正在協助他✳

收穫與檢討：

1.採取正方形螺旋式前進最
大的缺點是需用到較高的版
面，對低年級的學生而言，
會因身高問題無法自行數格
數使遊戲大打折扣。建議低
年級學生以波行前進較佳。

教學活動札記

教學主題	可愛的小動物		
教學年級	一年級	教學老師	鄭雅文

❀小朋友正在抽籤決定問題的題號❀

收穫與檢討：

1. 將所有的問題都列在一起並標上題號，再以抽竹籤方式決定題號，不但竹籤可反覆使用，又不浪費紙張，製作時間縮短可說一舉數得！

2. 問題的設計一定要在上完一科後就出該科問題，等各科都上完，你的問題也都出完了。若要等到全部上完再出，可會花費你許多的寶貴時間哦！

教學主題	可愛的小動物		
教學年級	一年級	教學老師	鄭雅文

＊ 小朋友正用心的在解題以便通過關卡繼續前進 ＊

收穫與檢討：

1. 設計的問題涵蓋了各種動物（雞、鴨、兔、貓、狗），囊括國、數、
   自、體、音、社、美各科的問題，充滿變化及挑戰性！

第十三章

關懷身心障礙學童教育

二年級教師行動研究的成長記錄

關懷身心障礙學童教育

教學年級：二年級

編輯者：陳麗娜

設計與教學群：

　　　施雅芳、柯秀芬、林麗貞、蘇鈺琇

　　　林慧瑜、陳麗娜、張春桂

主題設計緣起：

　　在教育改革如火如荼展開之際，追求教育本質、重視人本教育思想亦蔓延基層教師之心。人與人之間相互的瞭解、真誠的關懷、彼此的尊重，乃是化解歧見、誤會，甚至打破自我優越的藩籬。從體認每個個體的特殊性、獨一性，轉而尊重每個個體的不同，如此方能達到民主社會中互相尊重的要求，而身心殘障者更能自由揮灑於燦爛的天空中！

二年級「關懷身心障礙兒童教育」課程設計概念圖

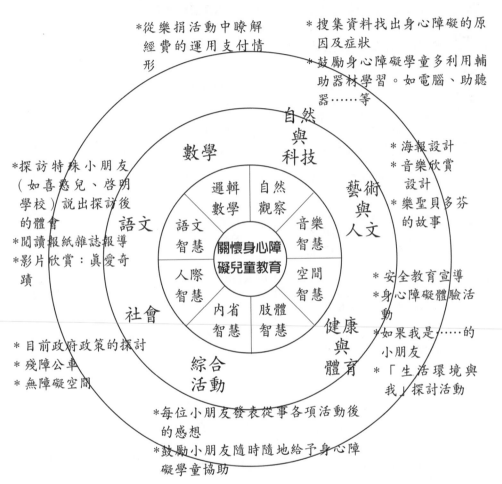

*從樂捐活動中瞭解經費的運用支付情形

＊搜集資料找出身心障礙的原因及症狀
＊鼓勵身心障礙學童多利用輔助器材學習。如電腦、助聽器……等

＊探訪特殊小朋友（如喜憨兒、啟明學校）說出探訪後的體會
＊閱讀報紙雜誌報導
＊影片欣賞：真愛奇蹟

＊海報設計
＊音樂欣賞設計
＊樂聖貝多芬的故事

＊安全教育宣導
＊身心障礙體驗活動
＊如果我是……的小朋友
＊「生活環境與我」探討活動

＊目前政府政策的探討
＊殘障公車
＊無障礙空間

＊每位小朋友發表從事各項活動後的感想
＊鼓勵小朋友隨時隨地給予身心障礙學童協助

概念圖中文字：

自然與科技　藝術與人文　健康與體育　綜合活動　社會　語文　數學

邏輯數學　自然觀察　音樂智慧　空間智慧　肢體智慧　內省智慧　人際智慧　語文智慧

關懷身心障礙兒童教育

關懷身心障礙兒童教育課程設計圖說

　　國民小學課程應以生活為中心，在生活中培養尊重與關懷的人格特質，是本課程設計的重點。藉由實地探訪及真實的體驗，使孩子們能感同身受，進而能瞭解自己，珍愛生命。在樂捐活動中，能表現規劃、組織的能力與團隊合作的精神。在瞭解政府的政策中，探討社會福利的重要，進而能說出自己規劃的理想生涯。

福星國小二年級教學活動設計

教學 主題	關懷身心障礙學童教育					
教學 年級	二年級	教學 節數	16節	教學設計老師		陳木金
小組 成員	陳麗娜、施雅芳、張春桂、林麗貞、蘇鈺琇、林慧瑜、柯秀芬					
學習 領域	教學活動內容		評量活動	教學者	使用 時間	使用 場地
語文	1. 探訪特殊小朋友（如：喜憨兒、啓明等） 2. 閱讀報紙、雜誌報導 3. 影片欣賞 4. 寫給特殊小朋友的一封信		・能說出探訪後的心得 ・能注意相關人、事、物的報導 ・能完成一封信	施雅芳	4節	1.啓明 學校 2.教室
健康 與 體育	1. 安全教育宣導 2. 身心殘障體驗活動 3. 如果我是……的小朋友「生活環境與我」探討		能參與活動 能說出環境中有利與不利因素	柯秀芬	2節	1.活動 中心 2.教室
社會	本學習第一單元爲團體生活，在團體生活中，爲殘障者設立殘障設施、多協助他們		融入實際生活中	林麗貞	2節	1.校園 2.教室
藝術 與 人文	音樂欣賞、樂聖貝多芬本人失聰，但卻是一位偉大的音樂家		在生活中關懷弱勢兒童	蘇鈺琇 林慧瑜	2節	音樂 教室
數學	1. 鼓勵小朋友節省零用錢、踴躍樂捐 2. 計算樂捐的款項 3. 會購買物品，並會計算		能以實際行動表示 會計算樂捐的款項 會使用代幣買賣	陳麗娜	2節	教室
自然 與 科技	1. 蒐集資料，找出身心障礙的原因及症狀 2. 鼓勵身心障礙的學童多利用輔助器材學習，如電腦、助聽器等		能瞭解身心障礙的原因並給予實際的協助	張春桂	2節	1.圖書 室 2.電腦 教室
綜合 活動	1. 每位小朋友發表從事各項活動後的感想 2. 鼓勵小朋友隨時隨地給予身心障礙學童協助		能由衷的給予身心障礙學童安慰及協助	張春桂	2節	教室

福星國小「語文」教學活動流程表

教學主題	關懷身心障礙學童教育					
學習領域	語文					
教學內容	經驗分享、影片欣賞					
教學年級	二年級	教學節數	6節	教學設計老師	施雅芳	
使用場地	視聽教室	使用時間	(1) 年 月 日 星期 第 節			

教學目標	教學活動流程	說明	教學準備事項	分配時間
認識特殊朋友	一、準備活動： 1. 請小朋友於上課前收集有關身心障礙兒童資料 2. 教師準備有關黃乃輝先生的錄影帶 二、主要活動： 1. 教師請小朋友對自己找來的資料作一簡單的介紹 2. 教師就小朋友的資料作一簡單的歸納、整理，並挑出適合者作簡單的介紹 　（海倫凱勒、鄭豐喜、貝多芬、安得魯波伽俐、乙武匡司、王芃等等）	可從報紙、雜誌、網路等方式收集包括古人、今人均可請家長協助完成 對特殊朋友作粗淺的認識，藉以引起小朋友的興趣（附件一）	閱讀相關資料	20分 20分
詳細認識特殊朋友 瞭解一位特殊朋友	3.將身心障礙的類別作更詳盡的說明 ①視障②聽障③肢障④智障⑤學障⑥情障⑦自閉症 4.實例：舉出黃乃輝先生的例子 ①黃乃輝先生的生平簡單介紹 ②觀賞錄影帶「讓心亮起來」 5.閱讀特殊朋友所寫的文章： 從「黃乃輝說故事」一書中選擇文章與小朋友分享 藉由發表教學讓小朋友整理其思緒，並在只上或寫或畫記錄下來 6.請小朋友說出上完前幾節課的心得 7.請小朋友將心得及感想用文字及圖畫的方式記錄下來	對身心障礙的小朋友有更深入的瞭解（附件二） 藉由錄影帶，更真實的認識特殊朋友（附件三） 分享特殊朋友所寫的文章 請小朋友發表心得，鼓勵他們多說，並協助修飾其用詞與句子的完整性 （附件四、五）		40分 10分 30分 40分 20分 60分

「關懷身心障礙學童教育」學習單

◎今天在課堂上認識了很多的特殊朋友，你對誰的印象最深刻？
把有關他的事蹟寫下來。

我對＿＿＿＿＿＿＿＿＿的印象最深刻。

他的事蹟有＿＿＿＿＿＿＿＿＿＿＿＿＿＿＿＿＿＿＿＿

＿＿＿＿＿＿＿＿＿＿＿＿＿＿＿＿＿＿＿＿＿＿＿＿＿＿

＿＿＿＿＿＿＿＿＿＿＿＿＿＿＿＿＿＿＿＿＿＿＿＿＿＿

＿＿＿＿＿＿＿＿＿＿＿＿＿＿＿＿＿＿＿＿＿＿＿＿＿＿

「關懷身心障礙學童教育」學習單

▶特殊朋友的分類有以下幾種：

1.視障　2.聽障　3.肢障　4.智障　5.學障　6.情障　7.自閉症

在你今天聽過老師的講解後，你對哪一種特殊朋友印象最深？
把你印象最深的部分寫下來。

我對＿＿＿＿＿＿＿＿＿的朋友印象最深。

因為＿＿＿＿＿＿＿＿＿＿＿＿＿＿＿＿＿＿＿＿＿＿

＿＿＿＿＿＿＿＿＿＿＿＿＿＿＿＿＿＿＿＿＿＿＿＿＿＿

＿＿＿＿＿＿＿＿＿＿＿＿＿＿＿＿＿＿＿＿＿＿＿＿＿＿

＿＿＿＿＿＿＿＿＿＿＿＿＿＿＿＿＿＿＿＿＿＿＿＿＿＿

教學活動札記

教學主題	關懷身心障礙學童教育		
教學年級	二年級	教學老師	張春桂

　　從選定教學主題、到編寫活動流程表、教材、學習單，全學年的老師真是絞盡腦汁，也花了不少的時間。

　　在教學之前，師生收集的資料不少，有些來自報章、雜誌、書籍，有些來自電腦網路，討論時非常踴躍，因此預定的節數不夠使用，可再延長教學時間，讓學生充分的瞭解身心障礙學童，而真心的給予協助。

　　聽完幾位傑出的身心障礙者的生平事蹟後，大部分的小朋友都能瞭解，佩服他們的毅力、勇氣及愛心，並願意給予他們協助。

　　自然科技的各種輔助器材，除了電腦及教學軟體外，都無法取得實物，因此只好藉助圖片或口述。

　　半數以上的小朋友會使用電腦及教學軟體，學習興致很高。如果各班教室都能有電腦及各科教學軟體，或者有電視及各科教學錄影帶，相信小朋友的學習興趣一定能提高。

　　有關數學方面的教學感想則有三點：

1. 利用孩子帶來的玩具，佈置成商店，並請小朋友於課前製作代幣，於上課時各組輪流至小組商店購買，小朋友覺得新鮮有趣，並從中學習如何利用僅有的錢購買喜歡的玩具，要付多少錢、可以找回多少錢，均由代幣的使用中得到答案。
2. 請小朋友在家中與父母做買賣的練習，可以達到親子同樂，並可以達到個別練習的機會。
3. 在進行中，小朋友興致高昂，聲音過大，這是不可避免的缺點。但在課後亦與小朋友分享至百貨公司和市場購物的不同，希望小朋友能達到至百貨公司購物的水準。

　　從本主題教學活動中，除了讓小朋友能真心協助身心障礙者之外，更能激發小朋友的上進心，努力用功、認真學習，絕不能輸給身心障礙學童。

國小教學活動札記

教學主題	關懷身心障礙學童教育		
教學年級	二年級	教學老師	施雅芳老師

　　「主題教學」、「行動研究」這是什麼啊？聽都沒聽過。什麼？跟我們的教學有關，嗯，那好吧，就試試看吧！──這就是一切的開始，也是一路走來的心情！

　　對於「未知」，總是會有點害怕。但在實際實行之後，才會知道箇中滋味；而問題與收穫才一一的呈現。

　　我們的主題：「關懷身心障礙學童教育」在資料方面還算豐富，除了老師可以想到的部分之外，小朋友方面也有令人意外的資料，兩者的結合，讓課堂上的討論與求知慾的感染更加的熱烈，而原本設計的課程時數反而顯得不夠。

　　教案設計的部分由每個老師針對某一範圍來設計，一方面減輕了老師的負擔，也使得教案的內容可以更完整。在擬定教案內容時，如果可以多多徵詢他人的意見、共同討論，則可以激盪出更多不同的火花。

　　經由這次的主題教學讓小朋友有了機會去認識一些他們平時不會接觸到的人，小朋友也都深深的覺得自己是很幸福的，會更加珍惜眼前的一切。

福星國小「健康與體育」教學活動流程表

教學主題	關懷身心障礙學童教育				
學習領域	健康與體育				
教學內容	身心殘障體驗活動				
教學年級	二年級	教學節數	1節	教學設計老師	柯秀芬
使用場地	活動中心羽球場		使用時間	89年1月11日星期二第三節	

教學目標	教學活動流程	說明	教學準備事項	分配時間
安全教育的宣導	一、安全教育宣導： 　加強小朋友（安全）的觀念，有些殘障不是天生的 　1. 使用剪刀、刀片、鉛筆 　2. 異物入耳 　3. 惡作劇（趁人不備將椅子拉開） 　4. 走廊奔跑相撞 　5. 暫時性的不方便（骨折……）	提醒小朋友在日常生活中要注意安全，避免使自己在無意中受傷		5分
體驗身體在不方便的情況下，如何進行活動	二、體驗活動： 　1. 單手不能動 　2. 單腳不能動 　3. 眼睛看不到 　4. 聽不到、不能說 　5. 以上每項體驗五分鐘 　6. 說出體驗後的心得	體驗各種不方便的情況		25分
生活環境與特殊小朋友的關係	三、「如果我是特殊小朋友」生活環境探討： 　1. 肢障（有無電梯） 　2. 聽障 　3. 視障（導盲磚、電梯點字、導盲犬） 　調查學校內有無障礙空間 ………………本節結束………………	從生活周遭去關懷特殊小朋友		10分

福星國小「社會」教學活動流程表

教學主題	關懷身心障礙學童教育				
學習領域	社會				
教學內容	無障礙空間				
教學年級	二年級	教學節數	1節	教學設計老師	林麗貞
使用場地	本校	使用時間	(1) 89年1月4日星期二第三節 (2) 89年1月6日星期四第二節		

教學目標	教學活動流程	說明	教學準備事項	分配時間
培養關懷弱勢的精神	一、準備活動： 　1. 從921地震災害談起 二、發展活動： 　1. 有些人因而造成肢體傷殘、行動不便 　2. 有些人家人傷亡，身心創傷 　3. 有些人的家園被毀，房舍傾倒 　4. 參觀本校無障礙設施 …………………本節結束…………………	學生報告，老師補充 實際參觀、說明		5分 15分 20分

福星國小「藝術與人文」教學活動流程表

教學主題	關懷身心障礙學童教育					
學習領域	藝術與人文					
教學內容	影片、CD欣賞、經驗分享					
教學年級	二年級	教學節數	2節	教學設計老師	蘇鈺琇	
使用場地	視聽教室或合奏教室		使用時間	80分鐘		

教學目標	教學活動流程	說明	教學準備事項	分配時間
認識貝多芬	一、準備活動 　1.請小朋友收集貝多芬的生平資料。 　2.教師準備貝多芬及其他殘障音樂家的資料 二、發展活動 　「介紹殘障音樂家」： 　1.貝多芬（聽障） 　　A.生平介紹：作曲家 　　B.樂曲欣賞：貝多芬「命運交響曲」、「田園交響曲」、「合唱交響曲」	分享收集的資料 教師從旁協助指導	書面資料 錄音帶 唱片 錄音機 海報	20分
認識帕爾曼	2.帕爾曼（小兒麻痺） 　　A.生平介紹：小提琴家 　　B.樂曲欣賞：電影配樂「北非諜影」、「亂世佳人」 ………第一節結束………	教師準備錄影帶讓小朋友看到音樂家在台上的表現	錄影帶 電視	20分
認識安德列‧波伽俐	3.安德列‧波伽俐（視障） 　　A.生平介紹：男高音聲樂家 　　B.樂曲欣賞：聲樂曲「告別的時刻」			15分
透過體驗活動對身心殘障有更進一步的瞭解	4.體驗活動 　　A.眼睛蒙住作聽音、發聲練習 　　B.耳朵搗住作音樂活動練習 三、綜合活動 　1.作歸納整理 　2.總結 ………第二節結束………	準備絲巾、耳塞等輔助用品	絲巾、耳塞、衛生紙	15分 10分

「關懷身心障礙學童教育」學習單

小朋友：經過這兩次上課的介紹，讓我們認識到三位偉大的音樂家。現在請你
　　　　拿起筆來連連看，看下面哪一些事項是符合這三位音樂家的，請你幫
　　　　忙找出來喔！

♪ 貝多芬　　　　　　　眼睛看不到　　　　　小提琴家

　　　　　　　　　　　　　　　　　　　　♪ 亂世佳人

♪ 帕爾曼　　　　　　　耳朵聽不見　　　　　男高音聲樂家

　　　　　　　　　　　　　　　　　　　　♪ 命運交響曲

♪ 安德列　　　　　　　小兒麻痹症　　　　　作曲家

　　　　　　　　　　　　　　　　　　　　♪ 告別的時刻

「關懷身心障礙學童教育」學習單

一：意義：關懷身心障礙學童教育
二：教學內容：設計募款海報、幫助殘障同胞
三：活動內容：
　　（一）、設計海報：
　　　　　A、活動內容

　　　　　B、時間

　　　　　C、募款用途說明

福星國民小「數學」學教學活動流程表

教學主題	關懷身心障礙學童教育				
學習領域	數學				
教學內容	購物時會付錢與找錢				
教學年級	二年級	教學節數	2節	教學設計老師	陳麗娜
使用場地	教室		使用時間	(1) 88年12月30日星期四第二節 (2) 88年12月31日星期五第一節	

教學目標	教學活動流程	說明	教學準備事項	分配時間
一、樂意捐出自己的零用錢 二、會正確的計算樂捐款項 三、熟練的使用代幣	一、經驗分享 　㈠九二一地震，小朋友踴躍樂捐的感受 　㈡社會大眾踴躍樂捐的情形 二、自由樂捐，並登記在表格中 三、㈠統計各組樂捐的款項 　㈡計算全班樂捐款項 　㈢各組報告如何計算 四、根據老師顯示於黑板的數字，拿出正確的錢數 五、利用代幣做加法與減法的練習 …………第一節結束…………	自由發表 用代幣做練習	附件一 代幣	10分 10分 10分 10分
四、會購置適合自己錢數的物品	六、各組利用自己帶來的物品佈置成小商店，並於物品前標示價錢，方便小朋友購買 　㈠每一組輪流購買 　㈡購買前先出示每組的款項（即各組登記在表格的數目） 　㈢小組成員可以討論要買哪些物品？ 　㈣用多少錢？剩多少錢？登記於表格中 七、小朋友報告此次購物使用代幣的心得 八、遊戲 …………第二節結束…………	全班分組輪流購置玩具，每組以五分鐘計	玩具、標價卡、代幣 附件二	25分 10分 5分

「關懷身心障礙學童教育」學習單

　　看了「讓心亮起來」的影片後，我們是否會覺得自己好幸運喔？我們不但有疼愛我們的爸爸、媽媽，我們還有一個健康的身體，而且四肢健全，可以自由自在的活動！雖然，我們年紀還小，但是我們也會盡自己的能力幫助他們；我也可以將自己的零用錢存下來，買小禮物送給他們。這樣，他們會覺得很溫暖，心胸會更開朗，對未來會懷抱著更多的希望！

　　這是我們第（　　　　）組每一個人想要捐出的零用錢，詳細數目如下：

姓名							合計
金額							

「關懷身心障礙學童教育」學習單

我們這一組共捐了 _____ 元。

我們這一組可以買哪些玩具？

_____

我還剩下 _____ 元。

下面問題，請看清楚後，用代幣練習看看：

(一)我買了無敵超人86元，皮卡丘玩偶250元，溜溜球28元，我共用多少元？

(二)我付1000元，買以上三樣東西，老闆要找我多少錢？

(三)我有235元，爸爸給我78元，我現在有多少錢？

今天的數學課真有趣：
因為： _____
_____

福星國小「自然與科技」教學活動流程表

教學主題	關懷身心障礙學童教育					
學習領域	自然與科技					
教學內容	1. 收集資料，瞭解身心障礙學童的特質及相處方法　2. 介紹輔助學習器材					
教學年級	二年級	教學節數	2節	教學設計老師		張春桂
使用場地	圖書室，電腦教室	使用時間		(1) 89年1月5日星期三第一節 (2) 89年1月5日星期三第二節		

教學目標	教學活動流程	說明	教學準備事項	分配時間
一、瞭解身心障礙學童特質 二、瞭解與身心障礙學童相處方法 三、能實地協助身心障礙學童 四、知道如何使用電腦及教學軟體 五、知道如何使用助聽器及導盲杖 六、知道利用各種輔助學習器材來學習	一、準備活動 　⑴師生收集相關的書籍圖片 　⑵攜帶輔助學習器材 二、報告與展示 　⑴各組報告收集的資料及圖片 　⑵綜合整理出身心障礙學童的特質 　⑶綜合整理出與身心障礙學童相處的方法 三、表演 　⑴分組扮演身心障礙學童及健全學童 　⑵身心健全學童如何協助身心障礙學童 四、統整 　對身心障礙學童不可歧視，要給予協助 …………第一節結束………… 五、參觀並操作電腦利用教學軟體輔助學習 六、展示及操作助聽器導盲杖 七、報告使用輔助學習器材的心得 八、統整 　利用輔助學習器材可提高學習興趣及學習效果。 …………第二節結束…………	・請家長協助完成 ・攜帶輕巧的輔助器材 ・分組報告視障、聽障、智障、學障、情障等學童的特質及相處方法 ・能體驗身心障礙學童的不便並給予真心的協助 ・電腦及教學軟體可幫助身心障礙學童學習 ・點字機、擴視機、盲用電腦傳真機、助聽器等都是輔助學習的器材 ・學生回家完成學習單 （附件二）	書籍、圖片、助聽器、導盲杖 電腦、教學軟體、助聽器、導盲杖	25分 10分 5分 20分 10分 5分 5分

教學主題	關懷身心障礙學童教育
學習領域	自然與科技
教學內容	1.收集資料瞭解身心障礙學童的特質及相處方法 2.介紹輔助學習的器材

　　各位小朋友：你要怎樣幫助身心障礙的同學？請你畫出來，並寫幾句鼓勵他們的話。

鼓勵的話：＿＿＿＿＿＿＿＿＿＿＿＿＿＿＿＿＿＿＿＿＿＿＿

＿＿＿＿＿＿＿＿＿＿＿＿＿＿＿＿＿＿＿＿＿＿＿＿＿＿＿＿＿

＿＿＿＿＿＿＿＿＿＿＿＿＿＿＿＿＿＿＿＿＿＿＿＿＿＿＿＿＿

＿＿＿＿＿＿＿＿＿＿＿＿＿＿＿＿＿＿＿＿＿＿＿＿＿＿＿＿＿

福星國小「綜合活動」教學活動流程表

教學主題	關懷身心障礙學童教育			
學習領域	綜合活動			
教學內容	1.每位小朋友發表從事各項活動後的感想　2.鼓勵小朋友隨時給予身心障礙學童協助			
教學年級	二年級	教學節數　2節	教學設計老師	張春桂
使用場地	各班教室	使用時間	(1) 89 年 1 月 11 日星期一第二節 (2) 89 年 1 月 11 日星期一第三節	

教學目標	教學活動流程	說明	教學準備事項	分配時間
一、能給予身心障礙學童衷心的協助和鼓勵 二、能明白身心障礙學童的不便及辛酸而給予尊重	一、準備活動： ㈠學生攜帶怎樣幫助身心障礙學童的圖畫及鼓勵他們的話到校 ㈡將學生帶來的圖畫布置在教室裡供全班欣賞 二、報告： ㈠請每一位小朋友上台報告自己幫助身心障礙學童的經驗，及鼓勵他們的話 …………第一節結束………… ㈡請小朋友發表從事各項學習活動後的感想 三、統整： 　不管五官健全或缺陷，每個人的生命都是可貴的。身心障礙的學童，在學和生活過程中，會遭遇更多挫折、辛酸，我們應多給予關懷和協助 …………第二節結束…………	・學生在家中完成學習單，帶到學校來（自然與科技的附件二） ・學生拿著自己的圖畫，輪流上台報告圖畫內容 ・學生上台報告從事各種學習領域後的心得 ・回家做一張學習單（附件二）	學習單磁鐵	10分 30分 30分 10分

福星國小教師自編教材參考資料

教學主題	關懷身心障礙學童教育
學習領域	綜合活動
教學內容	1.各位小朋友發表從事各項活動後的感想 2.鼓勵小朋友隨時給予身心障礙學童協助

1.小朋友，你要怎樣幫助視覺障礙的同學?

_____

_____

2.小朋友，你要怎樣幫助聽覺障礙的同學?

_____

_____

3.小朋友，你要怎樣幫助學習障礙的同學?

_____

_____

4.小朋友，你要怎樣幫助情緒障礙的同學?

_____

_____

5.小朋友，你要怎樣幫助智能障礙的同學?

_____

_____

_____

第十四章

逛市場

三年級教師行動研究的成長記錄

逛市場

教學年級：三年級

編輯者：戴秋玉

設計與教學群：

> 唐育麟、黃貞玉、林惠珠、戴秋玉
> 吳雅慧、林麗貞、李志郁、賴育梅

主題設計緣起：

　　由於現代社會分工愈趨多元化，也使得我們的孩子見不到許多事物的原貌，就連與我們生活最為密切相關的食物也有許多認識不清的情形發生，例如：不知道檨仔就是芒果；高麗菜和白菜、蔥和蒜這些常常食用的青菜無法分辨，因此，希望藉由本單元的教學，讓孩子們親身到市場裡去學習生活中最基本的事物，而不再是只看書本上的東西而已。

三年級「逛市場」課程設計概念圖

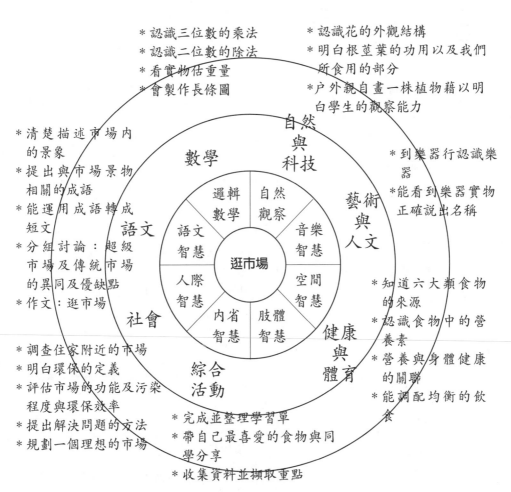

* 認識三位數的乘法
* 認識二位數的除法
* 看實物估重量
* 會製作長條圖

* 認識花的外觀結構
* 明白根莖葉的功用以及我們所食用的部分
* 戶外親自畫一株植物藉以明白學生的觀察能力

* 清楚描述市場內的景象
* 提出與市場景物相關的成語
* 能運用成語轉成短文
* 分組討論：超級市場及傳統市場的異同及優缺點
* 作文：逛市場

自然與科技

數學

邏輯數學

自然觀察

藝術與人文

語文智慧

音樂智慧

語文

逛市場

空間智慧

人際智慧

社會

內省智慧

肢體智慧

綜合活動

健康與體育

* 到樂器行認識樂器
* 能看到樂器實物正確說出名稱

* 知道六大類食物的來源
* 認識食物中的營養素
* 營養與身體健康的關聯
* 能調配均衡的飲食

* 調查住家附近的市場
* 明白環保的定義
* 評估市場的功能及污染程度與環保效率
* 提出解決問題的方法
* 規劃一個理想的市場

* 完成並整理學習單
* 帶自己最喜愛的食物與同學分享
* 收集資料並擷取重點

逛市場課程設計圖說

　　生活的基本能力，在本課程的設計中最能澈底的表現出來。生活的周遭，本來就存在著取之不盡，用之不竭的學習主題，在這個活動中處處可見到生活化、人性化、統整化的學習設計，每一個人各項智慧的發展程度都不同，經由孩子們獨立調查研究，培養獨立思考能力，能自己解決問題並充分與同學分享。除了欣賞、表現外更能主動探索與主動研究，對日常生活也是極其重要的。

福星國小三年級教學活動設計

教學主題	逛市場					
教學年級	三年級	教學節數	21節	教學設計老師		陳木金
小組成員	唐育麟、黃貞玉、林惠珠、戴秋玉、吳雅惠、林麗貞、李志郁、賴育梅					

學習領域	教學活動內容	評量活動	教學者	使用時間	使用場地
語文	1. 認識市場內的景象 2. 提出和市場有關的成語 3. 分組討論 4. 作文：逛市場	1. 能清楚描述市場內的景象 2. 能說出和市場有關的成語 3. 能用成語組成短文 4. 能分辨傳統市場和超級市場的優缺點 5. 能完成一篇短文	黃貞玉 戴秋玉	160分	班級教室
健康與體育	1. 知道六大類的食物來源 2. 認識食物中的營養素 3. 營養與身體健康的關係 4. 調配均衡的餐飲	1. 能清楚分辨六大類食物 2. 能說出各類食物的功能 3. 可看食物說出營養成份 4. 正確調配餐飲	林惠珠	80分	班級教室
社會	1. 調查住家環境的市場 2. 明瞭環保的意義 3. 評估市場的功能及污染的程度與環保效益 4. 提出解決問題的方法 5. 規劃理想中的市場	1. 能報告並整理出調查的結果 2. 能說出環保的意義並動手做環保 3. 能透過角色扮演遊戲瞭解資源回收及環保的重要 4. 能規劃一個符合環保效益的市場	吳雅慧	120分	班級教室
藝術與人文	1. 認識樂器 2. 分類出弦樂器、管樂器、打擊樂器 3. 正確說出樂器名稱	能正確說出樂器名稱	林麗貞	120分	參觀本校及出外參觀

數學	1. 認識三位數的乘法 2. 認識二位數的除法 3. 看食物、估重量 4. 會製作長條圖	1. 會計算三位數的乘法及應用 2. 會計算二位數的除法及應用 3. 使估出的重量與實際重量相差無幾 4. 正確的作長條圖	唐育麟	80分	班級教室
自然與科技	1. 認識花的外觀結構 2. 明白根、莖、葉的功用及我們食用的部分 3. 到戶外畫一株植物，加強觀察能力	1. 能指出雄蕊及雌蕊的差異 2. 能說出根、莖、葉的功用以及我們所食用的植物 3. 看學生的觀察能力	李志郁	120分	班級教室
綜合活動	1. 製作「我的學習小書」 2. 收集資料並擷取重點 3. 介紹自己所喜愛的食物營養素	1. 能製作出完整的學習小書 2. 可以明白的說出食物的營養素 3. 能將收集到的資料整理出重點並報告	戴秋玉 賴育梅	160分	圖書室、班級教室

福星國小「語文」教學活動流程表

教學主題	逛市場				
學習領域	語文				
教學內容	1. 逛市場的經驗　2. 以逛市場為主題做成一篇文章				
教學年級	三年級	教學節數	2節	教學設計老師	黃貞玉
使用場地	教室	使用時間	(1) 89年1月3日星期一第三節 (2) 89年1月3日星期一第四節		

教學目標	教學活動流程	說明	教學準備事項	分配時間
說出所去的市場或超市的名稱 一、引起動機,喚起學生舊經驗。 二、能說出市場內各種攤販的分類 三、能說出聯想到的成語	一、教學準備活動: (一)收集整理資料:老師學生分類收集有關資料共同討論分類統整之後展示出來 (二)閱讀相關的課外讀物 (三)觀察市場、夜市或超市的錄影帶 (四)陪媽媽買菜 (五)將收集的超市生鮮蔬果廣告單佈置在教室 二、發展活動 (一)引起學生學習興趣 (二)學生利用假日和家長一起逛街的經驗提出報告 (三)整理分組,將同類的分在一起,整理出寫作大綱,每組提出報告,最後師生共同整理寫作的大綱 (四)寫作練習 　1. 擬定主題 　2. 提示大綱 　　a.先說:事情發生的時間、地點 　　b.再說:事情發生的經過 　　c.後說:結果如何 　　d.總說:心得感想 …………第一節結束…………	資料包括 ·市場各種攤位分佈圖 ·超市廣告單 ·在市場買各種實物時所拍的照片如:我要認識蔬菜和水果(渡假出版社) ·讓小朋友在實際的生活經驗中,體驗人和人之間的交往與關懷。		5分 15分 10分 10分

四、能說出傳統市場和超市的不同並敘述優缺點	(一)自行寫作 (二)自評、互評、老師批閱後提出作品互相觀摩 …………………第二節結束………………	‧寫於作文簿或稿紙上		35分 5分

福星國小「語文」教學活動流程表

教學主題	逛市場				
學習領域	語文				
教學內容	市場見聞錄				
教學年級	三年級	教學節數	2節	教學設計老師	戴秋玉
使用場地	教室	使用時間	(1) 年 月 日 星期 第 節		

教學目標	教學活動流程	說明	教學準備事項	分配時間
1-1 能仔細觀賞幻燈片 1-2 能清楚描述市場內的景象 2-1 能說出與市場景象相關的成語 2-2 能運用成語組成短文 2-3 能根據經驗或學習單統整歸納出結果 2-4 能將討論結果有系統報告	一、準備活動 教師：將學習單於課前發回完成 學生：收集各種蔬果食物圖片、照片或超市廣告單 二、發展活動 　1. 觀賞幻燈片 　2. 根據幻燈片或舊經驗發表所見所聞： 　　＊市場裡所販賣的各種物品 　　＊市場裡所聽到的各種聲音 　　＊市場裡的各種景象 　　＊逛市場讓你印象最深刻的事 　3. 提出與市場景象相關的成語 　4. 成語大會串 　　分組討論將3～5個成語組成一段短文，並發表互相欣賞 三、綜合活動 　1. 填寫學習單 　2. 根據學習單，分組討論，統整出超級市場和傳統市場的優缺點 　3. 分組報告 ………… 第一、二節結束…………		各種蔬果食物圖片、照片或超市廣告單 幻燈片	10分 20分 10分 10分 5分 15分 10分

福星國小教師自編教材參考資料（一）

教學主題	逛市場
學習領域	語文
學習內容	市場見聞錄

超級市場：

　　是現代大規模經營的一種商場，出售各種生活用品，種類及數量繁多。由很少的人員管理，由顧客主動選取貨品，貨品都有標價，在出口處結帳，近年來許多市場都可以用信用卡付帳，不必使用現金付款。這種市場先在美國創行，英文稱為 supermarket，通常賣場很大。近年來，國內興起的量販店或超級市場，但規模更大。

成語集錦：

(1)人滿為患	(2)人聲鼎沸	(3)人山人海	(4)門庭若市
(5)車水馬龍	(6)水洩不通	(7)生意興隆	(8)磨肩接踵
(9)門可羅雀	(10)冷冷清清	(11)各式各樣	(12)五花八門
(13)五顏六色	(14)五彩繽紛	(15)琳瑯滿目	(16)多采多姿
(17)成千上萬	(18)無奇不有	(19)應有盡有	(20)包羅萬象
(21)目不暇給	(22)目瞪口呆	(23)目不轉睛	(24)推陳出新
(25)走馬看花	(26)暈頭轉向	(27)滿頭大汗	(28)揮汗成雨
(29)通宵達旦	(30)披星戴月	(31)汗流浹背	(32)山珍海味
(33)飢腸轆轆	(34)食指大動	(35)大塊朵頤	(36)津津有味
(37)望梅止渴	(38)暴殄天物	(39)斤斤計較	(40)精打細算
(41)精挑細選	(42)千方百計	(43)有條不紊	(44)有條有理
(45)討價還價	(46)有說有笑	(47)樂此不疲	(48)樂不可支
(49)眉開眼笑	(50)歡天喜地	(51)有口皆碑	(52)滿坑滿谷
(53)亂七八糟			

福星國小教師自編教材參考資料（二）

教學主題	逛市場
學習領域	語文
學習內容	市場見聞錄

逛完了市場，我發現：

一、市場內的貨物排列：□很整齊　□很混亂

二、市場內的地面很：□乾淨清爽　□潮濕雜亂

三、市場內的購物環境：□安靜舒適　□嘈雜

四、購買物品數量：□要多少、買多少　□需買固定的數量

五、若不知道物品的名稱、價錢時，可以：□問老闆　□看標籤

六、如果要買不同種類的東西時，要：□一次就可以買齊

　　　□到很多家商店或攤位買

七、買了各種東西後，要：□付很多次錢　□付一次錢即可

八、是否有拿到統一發票：□有　□沒有　□有的有，有的沒有

九、市場的營業時間：□上午　□傍晚　□二十四小時

十、整個市場內的購物環境讓我覺得：□很舒服　□還可以　□不好

這個市場的優點是：＿＿＿＿＿＿＿＿＿＿＿＿＿＿＿＿＿

＿＿＿＿＿＿＿＿＿＿＿＿＿＿＿＿＿＿＿＿＿＿＿＿＿＿＿

應該改善的地方是：＿＿＿＿＿＿＿＿＿＿＿＿＿＿＿＿＿

＿＿＿＿＿＿＿＿＿＿＿＿＿＿＿＿＿＿＿＿＿＿＿＿＿＿＿

福星國小「健康與體育」教學活動流程表

教學主題	逛市場				
學習領域	健康與體育				
教學內容	食物知多少				
教學年級	三年級	教學節數	3節	教學設計老師	林惠珠
使用場地	教室、超市	使用時間	(1) 年 月 日 星期 第 節		

教學目標	教學活動流程	說明	教學準備事項	分配時間
・認識六大類食物及五大營養素 ・交通安全的重要性 ・購物高手 ・學習購物的原則 ・團隊合作 ・學習整理歸納 ・計算日期 ・培養觀察能力 ・培養發表能力 ・學會心情表白	一、準備活動 　1.課前準備：　六大類食物及五大營養素的字卡 　　　　　　　　往返頂好超市的路線圖 　2.引起動機：老師舉例、小朋友講述、全班分六組 二、發展活動 　1.情境引導：　說明往頂好超市的路線及交通安全 　　　　　　　　分配各組所購買的食物種類 　　　　　　　　分發購物的金額 　2.共同討論：如何購買所要的食物？ 　　　　　　　　認識食物→辨識新鮮度→注意製造日 　　　　　　　　期→檢查保存日期→重量→金額…… 　　　　　　　　等 　3.小組活動：集合整隊出發→安全到達頂好超市→開 　　　　　　　　始購物→櫃檯結帳→集合整隊回學校 三、綜合活動 　1.小組報告：　展示所購買的食物 　　　　　　　　說明購買的經過 　　　　　　　　食物和其所含的營養素連結 　　　　　　　　說明怎樣辨識是否新鮮 　　　　　　　　標示產品日期的情形 　　　　　　　　重量、單位和所付金額的關係 　　　　　　　　往返路上的見聞 　　　　　　　　超市擺設與食品的關係 　　　　　　　　對超市環境的看法和意見 　2.經驗分享：　把逛市場的觀察和發現說出來 　　　　　　　　小組活動中的趣事或糗事大公開 　　　　　　　　協助家人成為消費高手 　3.填寫學習單 ………………教學活動結束………………	・提示舊經驗實地勘察 ・揭示路線圖 ・揭示字卡 ・每組限額一百元 ・請小朋友自由發表 ・歸納、統整 ・由小組成員輪流報告 ・個人陳述	字卡 路線圖 字卡 六百元 字卡	5分 5分 5分 5分 60分 15分 10分 15分

「逛市場」學習單

主題：食物知多少

我們要去頂好超市買東西，各小組準備好了嗎？

好！請注意禮貌、安全，出發→→

一、第＿＿＿組：組員＿＿＿＿＿＿＿＿＿＿＿＿＿＿＿＿＿＿＿＿＿＿＿

食物類別：＿＿＿＿＿＿＿＿＿＿＿＿類。名稱：＿＿＿＿＿＿＿＿＿＿＿。

製造日期：＿＿＿＿＿＿＿＿＿＿＿＿，到期日：＿＿＿＿＿＿＿＿＿＿＿。

重量或容量：＿＿＿＿＿＿＿＿＿＿，金額：＿＿＿＿＿＿＿＿＿＿元。

營養素：＿＿＿＿＿＿＿＿＿＿＿＿＿，功能：＿＿＿＿＿＿＿＿＿＿＿。

二、請說出超市擺設與食品的關係：

＿＿＿＿＿＿＿＿＿＿＿＿＿＿＿＿＿＿＿＿＿＿＿＿＿＿＿＿＿＿＿＿＿＿＿

＿＿＿＿＿＿＿＿＿＿＿＿＿＿＿＿＿＿＿＿＿＿＿＿＿＿＿＿＿＿＿＿＿＿＿

三、請說出對超市環境的看法和意見：

＿＿＿＿＿＿＿＿＿＿＿＿＿＿＿＿＿＿＿＿＿＿＿＿＿＿＿＿＿＿＿＿＿＿＿

＿＿＿＿＿＿＿＿＿＿＿＿＿＿＿＿＿＿＿＿＿＿＿＿＿＿＿＿＿＿＿＿＿＿＿

四、小組活動中的趣事或糗事大公開：

＿＿＿＿＿＿＿＿＿＿＿＿＿＿＿＿＿＿＿＿＿＿＿＿＿＿＿＿＿＿＿＿＿＿＿

＿＿＿＿＿＿＿＿＿＿＿＿＿＿＿＿＿＿＿＿＿＿＿＿＿＿＿＿＿＿＿＿＿＿＿

五、請說出對其他幾種食物的認識：

＿＿＿＿＿＿＿＿＿＿＿＿＿＿＿＿＿＿＿＿＿＿＿＿＿＿＿＿＿＿＿＿＿＿＿

＿＿＿＿＿＿＿＿＿＿＿＿＿＿＿＿＿＿＿＿＿＿＿＿＿＿＿＿＿＿＿＿＿＿＿

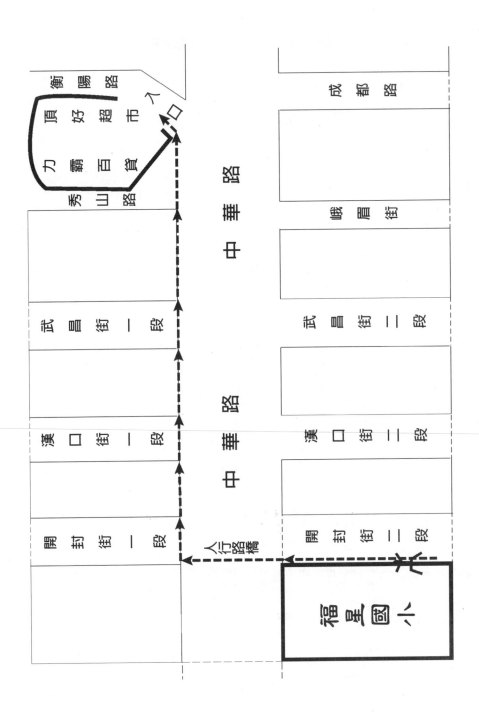

福星國小「社會」教學活動流程表

教學主題	逛市場				
學習領域	社會				
教學內容	市場中的環境污染與環保問題				
教學年級	三年級	教學節數	3節	教學設計老師	吳雅慧
使用場地	教室	使用時間		(1) 89年1月3日星期一第七節 (2) 89年1月6日星期四第六、七節	

教學目標	教學活動流程	說明	教學準備事項	分配時間

1.調查住家環境的市場
 	
2.明瞭環保的定義
 	
3.評估市場的功能及環保效益與污染程度
	一、準備活動
	  1.請學生和家長共同去觀察住家附近之市場及其活動情形
	  2.教師準備學習單
	二、調查成果報告與整理
	  1.各組同學報告觀察的結果，並仔細思考市場對於附近居民、街道所帶來的影響及優、缺點
	  2.教師整理學生觀察的結果
	  3.教師說明環保的意義及其對環境與人類的重要性
	三、討論
	  1.學生發表自己在住家附近中的市場是否為生活帶來困擾
	  2.比較超市與傳統市場的不同
	  3.研究在市場中店家、商人、顧客所使用的必需物是否符合經濟效益也不違反環保原則
	  4.探討在市場中的環境是否被污染，造成垃圾雜亂不堪的景象
	四、統整
	  1.教師提出問題，請學生回家想想：如何改善市場中環保與污染的問題
	………………第一節結束………………
		·請家長協助完成
		
		·分組報告並整理於黑板上
		
		·參照附件
		
		·學生報告並整理於黑板上
		·列表整理
			學習單
			
			附件一	

4.提出解決問題的方法	五、角色扮演遊戲 　　1.學生透過角色扮演明瞭物質可回收、再利用或減少使用來達成環保與避免污染的功能 六、討論 　　1.教師利用角色扮演遊戲的結果來與學生討論，如何解決污染問題及達成環保的目標 　　2.教師歸納學生所提出的解決法 七、統整 　　1.市場具有其一定的功能性，但不可在強求其功能之下，忽略了其對環境所可能造成的傷害 　　2.我們必須在乾淨、美好的環境下才能生存。因此，我們須努力維護我們生活的環境 …………第二節結束…………	．學生可利用扮演商人與顧客的過程等方式來明瞭環保的意義 ．可從自備購物袋等方法來隨手做環保	附件一 附件二 附件三 附件四
5.歸劃一個理想中的市場	八、規劃心目中理想的市場 　　1.學生歸納所學的知識，運用環保的概念來歸劃一個理想中的市場 　　2.學生輪流上台發表並敘述自己的設計理念 …………第三節結束…………	．學生可以圖畫及文字敘述來規劃理想市場	學習單、附件

「逛市場」活動學習單

活動一：逛市場真有趣。

活動二：精挑細選有創意。

活動三：回頭想想不容易。

活動四：心得或感想，寫成短文。

作者小檔案：

姓名：

班級：　　　　　　　　　座號：

星座：

喜好：

爸爸媽媽鼓勵的話：

活動一：逛市場真有趣

每到星期假日，住家附近的市場，人潮一波波的蜂湧而來，每家商店都很忙，就讓我們去湊湊熱鬧吧！

1. 時間：＿＿＿年＿＿＿月＿＿＿日＿＿＿星期＿＿＿

2. 地點：＿＿＿＿＿＿＿＿＿＿市場

3. 人物：我和＿＿＿＿＿＿＿＿＿一起去逛市場

4. 我看到的攤販有：賣水果、＿＿＿＿＿＿、＿＿＿＿＿＿、
   ＿＿＿＿＿、＿＿＿＿＿、＿＿＿＿＿、＿＿＿＿＿等。

5. 各種顏色的物品，應有盡有，請你舉例：黃色的香瓜
   、＿＿＿＿＿、＿＿＿＿＿、＿＿＿＿＿＿、
   ＿＿＿＿＿＿、＿＿＿＿＿、＿＿＿＿＿、＿＿＿＿等。

6. 它們讓我聯想到的成語：五顏＿＿色、＿＿花＿＿門、琳＿＿
   滿＿＿、＿＿＿＿＿＿、＿＿＿＿＿＿。

7. 請你把看到的這些物品，畫成一幅畫，畫漂亮一點喔！

活動二：精挑細選有創意

在逛市場時，你們都買了些什麼東西？總共花了多少錢呢？請寫下來：

1. _____店：買了_____，花了_____元。

2. _____攤：買了_____，花了_____元。

3. _____攤：買了_____，花了_____元。

4. 哇！買了好多東西，到底花了多少錢？請列出算式並計算出來：

5. 有沒有買到你喜歡的東西呢？是哪一項？說出心裡的話！

_____

_____

_____

_____

想一想，做一做

小朋友，在實地觀察市場及市場週邊的環境與探討環保觀念之後，你可不可以利用所學的知識來規劃一間理想中的市場呢？把它畫下來，儘量發揮你的創意喔！

❀ 我設計的理想市場特點有：

1. _____

2. _____

3. _____

4. _____

福星國小「藝術與人文」教學活動流程表

教學主題	逛市場					
學習領域	藝術與人文					
教學內容	認識常見的樂器					
教學年級	三年級	教學節數	1節	教學設計老師	林麗貞	
使用場地	本校音樂班設備 班級教室		使用時間	(1) 89年1月3日星期一第四節		

教學目標	教學活動流程	說明	教學準備事項	分配時間
配合三年級的主題「逛市場」來學習認識樂器： 1.認識樂器形狀、大小	一、準備活動： 　1. 要兒童在週休元旦假期中去逛樂器行，順便買直笛英式的下學期要進行直笛教學 　2. 去買直笛時順便參觀樂器行中的樂器 　3. 離本校最近者，為博愛路與衡陽路口「功學社」 二、發展活動： 　1. 先介紹樂器，依序為： 　　「弦樂器」：a.鋼琴 b.小提琴 c.中提琴 d.大提琴 e.低音提琴 　　「管樂器」：a.長笛 b.雙簧管 c.單簧管 d.低音管 e.直笛 f.小號 g.法國號 　　「打擊樂」：a.木琴 b.小鼓 c.定音鼓…… …………本節結束…………	老師介紹實物說明 （由六戊的同學示範）	看實物	2分 38分

「逛市場」學習單

一：意義：讓小朋友能對一般的樂器有初步的認識。

二：參觀本校音樂班設備：看樂器實物能說出樂器名稱。

三：樂器分類：

　　弦樂器有：（　　　）（　　　）（　　　）（　　　）（　　　）

管樂器有：（　　　）（　　　）（　　　）（　　　）（　　　）

　　　　　　（　　　）（　　　）（　　　）（　　　）（　　　）

打擊樂器有：（　　　）（　　　）（　　　）（　　　）（　　　）

※不限定能寫出多少名稱

福星國小「數學」教學活動流程表

教學主題	逛市場				
學習領域	數學				
教學內容	乘法、除法				
教學年級	三年級	教學節數	2節	教學設計老師	唐育麟老師
使用場地	教室	使用時間	(1) 年 月 日 星期 第 節 (2) 年 月 日 星期 第 節		

教學目標	教學活動流程	說明	教學準備事項	分配時間
一、瞭解在哪一個攤位可以買到哪些商品 二、認識市場的大小 三、認識二位數乘以一位數的乘法 四、認識二位數除以一位數的除法	一、準備活動： 　1.將市場販售的商品分成七大類，並製成長條圖 　2.瞭解市場各類商品所販賣的內容名稱（如附件一） 二、學習活動： 　1.請五位同學說出七大商品的內容 　2.粗估市場內攤位的數量 　　共有幾條走道？ 　　走道的長度大約有多少？每一個的攤位的寬度大約幾公尺？ 　　哪一類商品所使用的店面較大？和數量有什麼關係？ 三、到底花了多少錢？ 　1.輝輝到市場買菜，買了青江菜2公斤，每公斤25元，請問輝輝花了多少錢？ 　2.小英買了豆芽菜3公斤，共花掉27元，請問豆芽菜每公斤多少錢？ 　3.宏明到市場買了雞肉一隻250元，又買了每公斤65元的雞爪3公斤，付了一張千元鈔票，請問要找回多少錢？ ………………第一節完………………	△市場販售的商品大約分成七大類： 1.蔬菜類 2.肉類 3.魚肉類 4.水果類 5.乾貨類 6.鮮花類 7.其他類 △儘量說出在市場中所看到的商品名稱 △瞭解市場內攤位的分佈及人群的動線 △用乘法及除法來回答問題		3分 10分 27分

五、認識一般商人販賣商品的計算方式並瞭解到底哪一種比較便宜 六、實際瞭解蔬菜及水果的重量	四、誰貴？誰便宜？ 　　1. 橘子7公斤100元，和每公斤15元的橘子，誰便宜？便宜多少？ 　　2. 老闆大拍賣高麗菜6公斤45元，冠軍的媽媽不需要買那麼多，就問老闆1公斤要賣多少元？老闆回答：「1公斤只要7元就好」，請問大拍賣就便宜了嗎？還是買多了反而比較貴？ 五、估估看：誰估的準？ 　　1. 下列商品的重量大約多重？ 　　　⑴花椰菜一顆（約500克） 　　　⑵青江菜一把（約300克） 　　　⑶青辣椒（大同仔）三個（約200克） 　　　⑷柳丁五個（約600克） 　　　⑸橘子三個（約300克） 　　2. 就以上的商品（可拆裝），舉出下列的重量 　　　⑴400克 　　　⑵100克 　　　⑶250克 六、整理活動：填寫學習單（如附件二） ………………第二節結束………………	△不一定要用每公斤才能比較 △將班上的同學分成六組，比一比哪一組的估價比較準確		20分 20分

附件一

1.蔬菜類：白菜、青江菜、高麗菜、菠菜、花椰菜、紅蘿蔔、玉
　　　　　米、四季豆。

2.肉　　類：豬肉、牛肉、羊肉、雞肉、鴨肉。

3.魚肉類：虱目魚、吳郭魚、鱸魚、黃魚、帶魚、鮭魚。

4.水果類：橘子、番石榴、蓮霧、木瓜、蘋果、香蕉、番茄。

5.乾貨類：魚乾、魷魚、海帶、木耳、蒜頭。

6.鮮花類：百合花、劍蘭、滿天星、玫瑰、鬱金香。

7.其他類：魚丸、衣服、鞋子、皮包。

「逛市場」學習單

一、計算題：

(1) $48 \times 3 =$

(2) $135 \times 8 =$

(3) $62 \times 7 =$

(4) $36 \div 4 =$

(5) $24 \div 6 =$

(6) $72 \div 9 =$

二、應用題：

(1)媽媽買黃魚3公斤，每公斤賣145元，又買了鮭魚4公斤，每公斤賣138元，付了千元鈔票一張，請問可找回多少元？

福星國小「自然與科技」教學活動流程表

教學主題	逛市場				
學習領域	自然與科技				
教學內容	認識時令的花卉外觀結構、功能與食用蔬果的部位				
教學年級	三年級	教學節數	4節	教學設計老師	李志郁
使用場地	教室、校園		使用時間	89年1月11日～14日	

教學目標	教學活動流程	說明	教學準備事項	分配時間
一、認識時令花卉 二、區分花卉的外觀形狀及其功用 三、介紹植物的外觀部位及其功能 四、認識日常生活中常見的蔬果名稱 五、知道我們所吃的蔬果是屬於植物身體中的那一個部分	1. 讓小朋友自行舉出其所熟知的花卉名稱，並且說出那一些花卉是現在在市場可以看得到的 2. 藉由圖片以及實地觀察繪製一朵開在校園裡的花朵，標出一朵花的重要部位，如花萼、花瓣、花蕊、子房、花藥……並且能夠說出這些重要部位的大概功用 3. 介紹根、莖、葉的功用 4. 一般來說食用蔬果可分為果菜類、花菜類、葉菜類、莖菜類、根菜類……	・校園中現在豔紫荊開花甚繁 ・指出雄蕊和雌蕊的不同點 ・附上學生觀察作品 ・可以略為介紹光合作用的大概 ・竹筍是吃它的幼莖，是屬於莖菜類 ・有些蔬果可食用的部位是多部位的		10分 80分 30分 15分 25分

「逛市場」學習單

食物也有根、莖、葉?!

小朋友,逛了一圈市場之後,有沒有很大的收穫呢?告訴你喔,我們每天食用的蔬菜、水果也是植物的一種呢!你知道我們吃的蔬菜、水果是屬於植物中的根、莖、葉、花、果實的那一部分呢?請你完成下面的問題。

名稱	部位	外觀形狀、顏色、特徵
例:花生	果實	圓圓小小的,有殼、咖啡色
紅蘿蔔		
絲瓜		
花椰菜		
芋頭		
地瓜		
小白菜		
馬鈴薯		

⊙上面的幾種食物,你最喜歡的是那一種呢?為什麼呢?

_____

_____

_____

※你要不要用你最喜歡的食物來發明一種最有創意的一道菜呢?!

菜名:

特別的地方:

福星國小「綜合活動」教學活動流程表

教學主題	逛市場				
學習領域	綜合活動				
教學內容	1.分享時刻　2.整理學習手冊，完成「我的學習小書」手冊				
教學年級	三年級	教學節數	4節	教學設計老師	戴秋玉
使用場地	圖書室、教室		使用時間		

教學目標	教學活動流程	說明	教學準備事項	分配時間
1-1 能說明自己的愛好 1-2 能擷取並記錄收集的資料 1-3 能清楚的報告自己收集到的資料 1-4 會尊重別人的喜好	一、準備活動 　　教師：準備各種食物的圖片或食譜 二、發展活動 　　1. 回答問題：你最愛吃的食物是什麼? 　　2. 到圖書室收集自己喜愛的食物的特點及營養素 　　3. 向同學介紹自己喜愛的食物及其營養素，並簡單說明喜歡的料理方式 三、綜合活動 　　1. 與同學共同分享自己喜愛的食物並回答問題 　　2. 收拾環境 …………第一、二節結束…………			10分 30分 25分 10分 5分
2-1 會分類按順序編輯資料 2-2 能將資料裝訂成冊 2-3 能欣賞並學習別人的優點	一、準備活動 　　教師於課前提醒學生將此次主題教學的各項資料及學習單帶齊 二、發展活動 　　1. 教師指導學生將資料分類按順序編輯。 　　2.編輯並美化各項資料及學習單 　　3.裝訂成「我的學習小書」手冊 三、綜合活動 　　1. 展示與欣賞成品 　　2. 整理教室 …………第三、四節結束…………			10分 30分 25分 15分

福星國小「綜合活動」教學活動流程表

教學主題	逛市場					
學習領域	綜合活動					
教學內容	1.如何製作學習手冊　　2.創作學習手冊					
教學年級	三年級	教學節數	2節	教學設計老師		賴育梅
使用場地		教學時間	年　月　日　星期　第　節 年　月　日　星期　第　節			

教學目標	教學活動流程	說明	教學準備事項	分配時間
能說出並製作學習手冊的簡要目錄及內容	一、教學準備活動 　1.收集整理資料：師生分組收集有關資料，共同討論，統整出「學習手冊」的簡要目錄及內容 　2.參閱相關的書籍 　3.列出手冊的簡要目錄及先後順序加以排列 　4.相互觀摩、學習、參考他人的優點加以改進修正	・收集資料必須符合「逛市場」的主題 ・整訂學習手冊的重點及內容 ・封面設計及插畫等需兼顧美化並符合主題		
1.引起動機，導引舊經驗以提高學習興趣 2.能說出簡要目錄之要項	二、發展活動 　1.引起學生學習興趣 　2.就學生從閱讀中所獲得的心得及經驗提出報告 　3.分組討論、歸納出「學習手冊」的簡要目錄及內容 …………第一節結束…………	・應用學習單、校刊及兒童讀物引起學生創作興趣 ・提示製作的要領及應注意事項 ・各班依人數分出六組		5分 20分 15分
3.能說出扼要的目錄及內容概要 4.能製作出自己理想的學習手冊	一、練習創作 　1.提示要領 　2.封面設計 　3.內容製作及插畫 　4.提供優良作品供參考 二、自評互評，老師批閱後提出作品，互相觀摩 …………第二節結束…………	・以逛市場為主題創作之		35分 5分

・能說出自己愛吃的食物 ・能瞭解營養素對人體的功能 ・能知道哪些食物屬於何種營養素 ・能清楚的瞭解自己所喜愛的食物是不能偏食的	一、準備活動 　1.想一想自己喜愛吃的食物有哪些？ 　2.收集有關營養素的資料並列出名稱？ 　3.試想自己愛吃的食物是屬於何種營養，請列表說明 　4.各種營養素對人體的功能爲何？請詳查相關書籍 二、發展活動 　1.發表個人愛吃的食物： 　　(1)蔬果類 　　(2)脂肪類（肉類） 　　(3)蛋白質（蛋） 　　(4)維生素 　　(5)澱粉類（米、麵、豆類） 　2.說明各種營養素對人體的功用 　3.列表將個人愛吃的食物歸入各種營養素中 　4.詳析自己喜愛的食物是否符合五大類營養素之需要，否則偏食將危害人體健康 　……第三節結束……	・可請家人協助完成 ・請小朋友逐項說明自己喜愛吃的食物 ・請小朋友報告所收集的相關資料老師予以補充 ・請小朋友列表將自己愛吃的食物列入各營養素之中 ・分組討論，評析每個人所喜愛吃的食物是否有偏食的情況		15分 5分 15分 5分
・瞭解如何收集資料	5.如何收集資料： 　　(1)百科全書 　　(2)教科書 　　(3)兒童讀物 　　(4)字典、辭典 　　(5)各種雜誌、報刊 　　(6)訪問專家、學者或長輩 　　(7)網路搜尋 　　(8)平時養成剪貼、收集、記錄資料的好習慣	・小朋友說出收集資料有哪些方法，老師加以補充		10分
・能分類資料並整理出重點 ・會自己分類整理個人的資料	6.如何將資料分類整理 　7.將個人就逛市場所收集到的資料加以分類整理 　8.老師批閱後，提出優缺點，小朋友加以改進 　……第四節結束……	・以逛市場爲例加以說明 ・用測驗紙將資料分類整理之		10分 10分 10分

「逛市場」學習單

營養素的功用

小朋友，你能將市場所販賣的食品加以分類嗎？
以下各類食物包含哪些營養請把它寫出來。

蔬菜類：

魚類：

乾貨類：

肉類：

水果類：

小朋友你知道六種營養素對人體的功能嗎？
請把它的重要功能寫下來。

醣類：

蛋白質：

脂肪：

維生素：

纖維質：

水分：

「逛市場」學習單

愛吃的食物

小朋友，你平時最愛吃的食物是什麼？請仔細把它畫下來，並註明它們屬於哪一類？

心得：今後我對食物的選擇是

第十五章

再造福星

四年級教師行動研究的成長記錄

再造福星

教學年級：四年級

編輯者：謝慧娟

設計與教學群：

　　鄧琇心、王曉音、洪惠如、林宜利

　　謝慧娟、黃純香、游淑婷

主題設計緣起

　　籌備經年，在全體師生的引領盼望下，新建校舍的工程主體已逐日完成。面對此一設備嶄新的環境，我們不但有許多的夢想與期待，也有些許的不解與茫然，因此，希望透過此番的活動設計，幫助孩子們親近本土，瞭解新校舍，同時也具體勾勒出未來學習的美景。

四年級「再造福星」課程設計概念圖

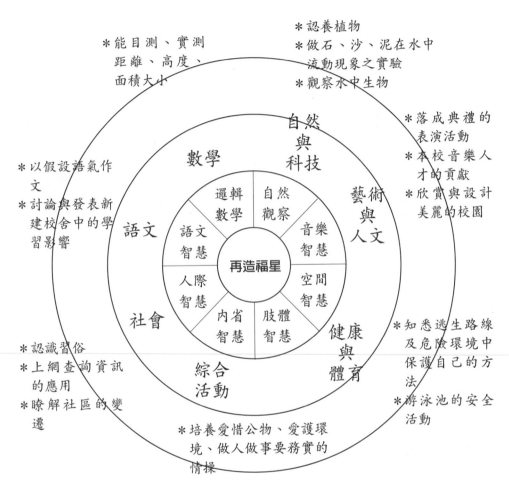

*認養植物
*做石、沙、泥在水中
　流動現象之實驗
*觀察水中生物

*能目測、實測
　距離、高度、
　面積大小

*落成典禮的
　表演活動
*本校音樂人
　才的貢獻
*欣賞與設計
　美麗的校園

*以假設語氣作
　文
*討論與發表新
　建校舍中的學
　習影響

自然
與
科技

數學

藝術
與
人文

語文

語文
智慧

邏輯
數學

自然
觀察

音樂
智慧

人際
智慧

再造福星

空間
智慧

社會

內省
智慧

肢體
智慧

健康
與
體育

綜合
活動

*知悉逃生路線
　及危險環境中
　保護自己的方
　法
*游泳池的安全
　活動

*認識習俗
*上網查詢資訊
　的應用
*瞭解社區的變
　遷

*培養愛惜公物、愛護環
　境、做人做事要務實的
　情操

再造福星課程設計圖說

　　教育人員的知識、技能與承諾，是教育改革推動成敗的關鍵。本校即將完成新建校舍，一切硬體建設將是最理想化、現代化，最具教育改革意義的設施，所以藉由再造福星的課程設計，我們更瞭解，除了硬體設備的充實外，在教學活動上更應有積極的作為，我們以十大可以帶著走的基本能力為指標，建構以上的課程設計，兼顧整個學習領域中教學活動的現代化、統整化和適性化。

福星國小四年級教學活動設計

教學 主題	再造福星					
教學 年級	四年級	教學 節數	36節	教學設計老師		
小組 成員	級任：洪惠如、謝慧娟、林宜利、鄧琇心、王曉音 科任：吳智亭、黃純香、瞿世榮、游淑婷					
學習 領域	教學活動內容		評量活動	教學者	使用 時間	使用場地
語文	1.配合圖書館教育，欣賞「建築 之美」有關圖書 2.以「假設語氣」寫作文： (1)我心目中的新校舍 (2)我理想中的新校舍 3.說話課、分組討論與發表—談 新校舍建築中對學習的影響		1.能欣賞學校新 校舍之美 2.能寫一篇心目 中的校舍的作 文 3.能發表自己的 學習狀況和應 變措施	謝慧娟	4節	各班教 室 圖書室
健康 與 體育	1.緊急防震、防災的常識學習 2.介紹新校舍健康、衛生的學習 環境，並能維護、愛惜校舍。 3.游泳池的利用與維護，游泳前 後注意事項		1.知道災變發生 時的逃生路線 2.認識正確的衛 生習慣，維護 新校舍 3.明白游泳池的禮 節與安全	洪惠如	4節	各班教 室 圖書室
社會	1.建築過程和完工的傳統習俗。 2.新校舍的位置與方向，及在社 區中的位置與功能 3.配合鄉土教學及電腦課程，上 網查詢本校網頁，知悉學校沿 革歷史，及西門町周邊環境的 變遷		1.參與拜拜及吃 湯圓 2.能說出新校舍 的功能對社區 的影響 3.能上網找到相 關資訊	王曉音	4節	各班教 室 電腦教 室

藝術 與 人文	1. 新校舍落成之慶祝海報設計 2. 設計美麗的玻璃、佈置教室、畫美麗的校舍 3. 校歌教唱，落成典禮音樂訓練 4. 介紹本校傑出音樂人才對學校之貢獻	1.2.佈置理想、美麗的學習環境 3.4.唱校歌、欣賞及表演	黃純香	6節	各班教室 校園
數學	1. 從「認識公里、公尺」課程中帶領學生目測、實測建築物之距離、高度 2. 從「面積」單元中引導學生測量教室、玻璃、走廊的面積	1.能運用工具測量實物，能目測距離與高度、面積大小 2.能運用公式計算面積	林宜利	4節	各班教室 新校舍
自然 與 科技	1. 認識校園花草名稱，製作植物名牌及認養 2. 從「美麗的河川」單元中，瞭解水土保持的重要，以石塊、砂、泥混合後，在水源處做實驗，瞭解經水沖刷之後的結果 3. 觀察池塘生態，認識水中生物	1. 從瞭解植物習性中，親近與愛惜植物 2. 做一分報告，培養做水土保持的情操 3.能到池塘觀察水中的生物	游淑婷	4節	校園中
綜合 活動	1. 引導學生欣賞、愛惜學校的一磚一瓦，培養愛校、愛家鄉的情操 2. 從九二一的經驗中，瞭解奠定基礎的重要，蓋房子打地基要踏實，做人做事要務實，不好高騖遠，只求外表美觀是不行的	能愛惜環境	鄧琇心	1節 日常生活中實施	各班教室

福星國小「語文」教學活動流程表

教學主題	再造福星					
學習領域	語文					
教學內容	說話與作文					
教學年級	四年級	教學節數	3節	教學設計老師		謝慧娟
使用場地	各班教室	教學時間	(1) 年 月 日星期 第 節到 (2) 年 月 日星期 第 節			

教學目標	教學活動流程	說明	教學準備事項	分配時間
◎能說出建校舍過程中對學習的影響	一、分組討論：從以下三點討論對生活、學習之影響 　1.活動空間受限 　2.噪音 　3.落塵量			15分
	二、發表：各組推派代表上台發表討論結果			10分
	三、應變之道：在這樣的環境下，如何克服困境，由學生各自發表自處之道			5分
	四、總結：綜合以上發表，勾勒心中理想的新校舍的雛形，由各組代表上台發表 …………第一節結束…………			10分
◎能完整敘述自己心目中的理想校舍	命題作文： 「我心目中理想的新校舍」 1.引導學生討論分段大綱 　(1)先說新校舍如果像（八仙樂園、電影院……）該有多好！我就可以（盡情玩樂、徜徉書海……） 　(2)後說如果新建校舍像……那我們就是最幸福的孩子了！ 2.各自寫作 ………第二、三節結束………	作文課之前先指導學生閱讀有關建築之美的圖書 寫出三個不同類型的場所，各自成一段落，分別敘述其學習功用		20分 60分

福星國小「健康與體育」教學活動流程表

教學主題	再造福星					
學習領域	健康與體育					
教學內容	認識學校新建的體育設施並鍛鍊體能					
教學年級	四年級	教學節數	4節	教學設計老師		洪惠如
使用場地	中庭夢公園、新建運動場、游泳池	教學時間	(1) 89年3月　日星期　第　節 (2) 89年4月　日星期　第　節			

教學目標	教學活動流程	說明	教學準備事項	分配時間
能認識與熟悉新建體育場的位置和設備	第一節：中庭夢公園 一、準備活動 　1.認識與熟悉新建體能活動場的位置和設備 　2.介紹夢公園的位置，位於中庭 　3.介紹夢公園內的設施，有單槓、平衡木、滑道、橫梯等等 二、發展活動 　1.老師先示範說明各項體育設施的使用方法 　2.學生分組帶開活動，於遊戲中熟悉單項器材，熟練後再輪換玩其他器材，充分發揮寓教於樂的精神 　3.老師要提醒學生注意遊戲安全，不能隨意破壞器材，也不能隨手丟垃圾或摘花木 三、綜合活動 　1.請體能表現優異的同學再表演一次 　2.歡呼解散 …………第一節結束………… 第二節：新的徑賽場 一、準備活動 　1.認識與熟悉新建體育場的位置和設備	讓學生寓教於樂，在體能活動場中遊戲學習	請學生穿著體育服裝	10分 20分 10分

	2.徑賽場──位於西區校園內 3.介紹徑賽場的大小──200公尺的PU跑道，有6個跑道，每個跑道寬1公尺。場內有二個半圓形草地，中間有二座籃球場和2個排球場	讓學生能在跑道上奔馳，親近運動場	接力棒、哨子、馬錶	
	二、發展活動──再接再厲，接力跑 1.老師先說明示範握棒法，再講解傳接棒的動作。傳接棒的動作有兩種，一種是轉頭接棒，另一種是不轉頭接棒。不轉頭接棒又可分為下接和上遞法 2.全班分組練習以上兩種動作。先原地練習傳接棒，再慢跑傳接，最後在快跑中完成傳接棒 3.老師要提醒學生動作正確為首要，其次再要求速度，以免發生掉棒或傳接衝撞的危險情形。還要注意跑步時的平衡，以免摔跤			20分
	三、綜合活動 1.分組原地傳接棒比賽 2.分組接力比賽 3.給優勝組歡呼 …………第二節結束…………			20分
	第三節：新的田賽場 一、準備活動 1.認識沙坑的位置和設備 2.沙坑位於北側的半圓形草地內，靠近洛陽街 3.介紹沙坑的大小──7公尺長3公尺寬的沙坑，助跑道是20公尺長，1.5公尺寬的PU跑道，起跳板是1公尺長，20公分寬的踏板 二、發展活動	讓學生接觸大自然，玩他們最熟悉的沙子	皮尺、哨子	10分

	1.老師示範「吉祥蛙」立定跳遠的動作。雙腳打開，與肩同寬，屈膝雙手向後擺，往前蹬跳 2.玩「吉祥蛙」的遊戲，分甲、乙、丙三組，每組派一人參賽，跳最遠者給與貼紙一張 3.比賽一輪結束後，累積各組的貼紙數，數目最多者爲優勝隊 4.在比賽中，提醒學生不要對別人丟沙子，以免沙子跑進眼睛裡造成不舒服 三、綜合活動 　　1.助跑跳遠，讓學生試著踩踏板起跳，比較看看與立定跳遠差多少？每人試跳一次 　　2.同上三組，推派一位助跑跳遠最遠者參賽，看誰是「跳遠王」？ 　　3.比賽結束，「跳遠王」那一組接受其他兩組愛的歡呼 …………第三節結束…………			20分 10分
能知道游泳池的位置和設備	第四節：游泳池 一、準備活動 　　1.認識游泳池的位置，位於開放教室五樓樓頂 　　2.介紹游泳池的大小，25公尺長，7個水道寬的國小標準游泳池，屋頂是開啓式的活動屋頂，可讓陽光射入 二、發展活動 　　1.做暖身運動，老師要提醒學生不能空腹游泳，吃太飽也不能游泳，身體不舒服更不能游泳。也不能在游泳池尿尿，不衛生	讓學生能適應水性，能在水裡憋氣	泳衣、泳帽、潛水鏡、乾毛巾	10分 20分

2.在淺水區裡玩尋寶遊戲，彩色磁鐵背面貼標籤紙
3.看那一隊撿到最多的彩色磁鐵？最多者為優勝隊，老師給予獎勵卡
三、綜合活動
  1.讓學生戴潛水鏡在水裡猜拳，每兩人一組
  2.每一回合比完，贏的人和輸的人分兩區，贏的人繼續比賽，輸的人在一旁加油
  3.比賽3回合，4回合結束，水中「拳王」就產生，輸的人給拳王歡呼
…………第四節結束…………
		10分

教學活動札記

教學主題	再造福星		
教學年級	四年級	教學設計老師	洪惠如

參觀北門（承恩門）古蹟㈠

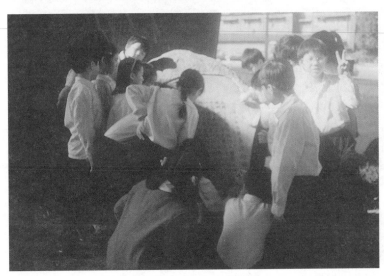

參觀北門（承恩門）古蹟㈡

教學活動札記

教學主題	再造福星		
教學年級	四年級	教學設計老師	洪惠如

中山堂前的廣場─臺灣光復紀念碑㈢

西門紅樓戲院㈣

福星國小「社會」教學活動流程表

教學主題	再造福星					
學習領域	社會					
教學內容	一、新校舍的位置與方向，及在社區中的功能 二、配合鄉土教學及電腦課程，上網查詢本校網頁知悉學校沿革歷史，及西門町周邊環境的變遷 三、建築過程和完工的傳統習俗					
教學年級	四年級	教學節數	7節	教學設計老師		王曉音
使用場地	各班教室 學校新校舍	教學時間	88年12月30日至89年1月11日 社會課及鄉土課時實施			

教學目標	教學活動流程	說明	教學準備事項	分配時間
1.瞭解學校的位置與方向，及附近的景物街道 2.瞭解相對位置與絕對位置的意義 3.瞭解社區環境與社區民眾相互影響的關係	一、新校舍的位置與方向，及在社區中的功能 　1.準備活動： 　　(1)引導學生繞行新校舍，及學校附近的環境一週 　　(2)認識新校舍的位置、方向，及其附近的景物、街道 　　(3)觀察社區民眾利用學校空間，從事休閒活動的情形 　2.發展活動： 　　(1)說明學校及新校舍的位置與方向 　　(2)說明學校及新校舍附近的街道 　　(3)認識相對位置與絕對位置 　　(4)分組報告觀察的結果 　3.討論活動： 　　(1)一個社區環境對社區的民眾有什麼影響？ 　　(2)學校資源和社區資源如何共有共享？	·地圖上要有學校裡各設施的位置圖，及學校附近景物、街道的方向位置 ·利用假日時間，分組觀察，並請家長協助完成 ·說明學校的座向與方位 ·相對位置是指比較性的方向位置 ·絕對位置是指確切的方向位置 ※資源共有共享，可以將有限的資源，做最有效的利用，充分發揮資源的價值。	新校舍的地圖與位置圖 全校的地圖與位置圖 社區民眾利用學校空間，從事休閒活動的調查表 分組討論報告紙	25分 20分

4.瞭解社區越好，社區民眾也越好的關聯性	(3)如何從我們學校開始，促進學校和社區的聯繫關係，使我們學校更好，社區也更加進步？ 4.歸納統整： 　一個好的社區環境，要靠社區內的每一分子，凝聚對社區真心關懷的力量，才能使社區越來越好，學校也能在良好的環境中，得以有更好的發展 ………第一、二節結束………	·促進社區內，各個分子的良好關係，及凝聚向心力，可以使我們的社區發展得更好		25分 10分
1.瞭解台北古城、北門、龍山寺、艋舺、西門町的歷史文化，及其建築特色	二、學校附近的鄉土文化 　1.準備活動： 　(1)引導學生參觀北門的建築特色，瞭解北門的歷史，並做一趟「古台北城巡禮」 　(2)引導學生參觀龍山寺的建築特色，瞭解龍山寺的歷史 　(3)介紹艋舺，與西門町舊街的歷史與建築特色	·如附件一 ·如附件二 ·如附件三、四	台北市地圖 台北古城圖 學習單 幻燈片 照片、圖片 錄影帶	60分
2.瞭解上網查尋資料的步驟與過程	2.發展活動： 　(1)配合鄉土教學及電腦課程，上網查尋本校網頁知悉學校沿革歷史，及西門町周邊環境的變遷 　(2)分組報告收集的資料，與參觀的結果 　(3)介紹學校附近北門、龍山寺、艋舺、西門町的歷史文化與建築特色	·以台北古城、萬華龍山寺、艋舺、西門町為關鍵字，上網搜尋資料 ·如附件五：參考書目上，亦有相關資料	幻燈片 照片、圖片 錄影帶	30分
3.瞭解這些古蹟的意義與價值	3.討論活動： 　(1)為什麼我們要認識保存這些歷史古蹟？ 　(2)這些古蹟有什麼意義和價值？ 　(3)我們要如何愛惜、保存這些珍貴的歷史古蹟？	 ·認識古蹟，可以幫助我們瞭解當時的歷史與生活文化	分組討論報告紙	20分

4.瞭解保存愛護古蹟的重要性	4.歸納統整： 　　我們要妥善保存珍貴的鄉土古蹟文物，並認識傳承先民遺留下來的鄉土文化，才能讓我們的鄉土，有更美好的發展 ……第三、四、五節結束……	・珍惜愛護歷史古蹟，使我們的鄉土有更美好的明天		10分
1.瞭解中國建築的傳統儀式過程與習俗	三、建築過程和完工的傳統習俗 　1.準備活動： 　　⑴實際參與分享，整個學校新校舍興建的傳統儀式過程 　　⑵上網收尋傳統建築儀式過程的資料 　2.發展活動： 　　⑴分組報告收集的資料，與參觀的心得感想 　　⑵介紹中國建築的傳統習俗儀式過程，如：破土、上樑……等，及其緣由	・參與新校舍興建的各項傳統儀式過程 ・www.contest.edu.tw網站上有資料，或以關鍵字「破土」、「上樑」……等，亦可查尋到相關資料	照片、圖片 錄影帶	25分 30分
2.瞭解中國建築傳統儀式過程的意義與價值	3.討論活動： 　　⑴這些傳統的儀式過程，有什麼意義與價值？ 　　⑵為什麼要認識保存，這些傳統的建築習俗儀式？ 　　⑶你有沒有在其他地方或活動中，看到類似建築的傳統儀式，或其他傳統儀式過程？	・說明各個儀式進行的過程與習俗。 ・說明各個儀式進行的過程與習俗，及其意義價值 ・現在在開工破土，或竣工時，仍保留這些儀式 ・在祭祀、嫁娶、喪葬……等傳統習俗中，也有慎重的儀式過程	幻燈片 照片、圖片 錄影帶 分組討論報告紙	20分
3.學習懷有感恩惜福的心	4.歸納統整： 　　這些傳統的建築儀式過程，是我們祖先遺留下來珍貴的文化資產，除瞭過程本身的意義之外，更教導我們要有感恩、惜福、心存善念的一顆心 ………第七、八節結束………	・祖先留下來的文化資產，是十分寶貴的，我們要懷有感恩、惜福的心，好好保存下去，但也不可過度迷信		5分

福星國小「藝術與人文」教學活動流程表

教學主題	再造福星					
學習領域	藝術與人文					
教學內容	設計慶祝新建校舍落成海報					
教學年級	四年級	教學節數	2節	教學設計老師		黃純香
使用場地	班級教室	教學時間	（1）89年12月6日第　節 （2）89年12月7日第　節			

教學目標	教學活動流程	說明	教學準備事項	分配時間
1. 認識我們的新校舍 2. 能製作慶祝海報 3. 能互相欣賞作品 4. 有歡愉的心情	一、準備活動： 　1.請學生收集有關慶祝落成的海報 　2.從資料（電視、電腦、書刊、雜誌、海報）中紀錄有關慶祝落成的吉祥文字 二、發展活動： 　1.參觀我們的新校舍 　2.認識我們的新校舍 　3.展示收集的海報資料做為參考 　4.討論慶祝我們的新校舍落成的海報製作 　5.輔導學生分組或個人創作設計海報 三、統整 　1.學習評量 　2.展示作品 　3.共同欣賞 　4.收拾工具，清理環境 ………第一、二節結束………	配合語文及社會科學習活動 配合學習單 海報的格式 大小及文字的書寫 平面及立體設計 色彩的應用 學生作品展示	教師—四人（全開） 二人（半開） 一人（四開） 各組自行取紙 學生—剪刀 美工刀 膠帶 膠水 彩色筆 水彩 粉臘筆 廣告原料	10分 5分 15分 30分 10分 5分 5分

福星國小教師自編教材參考資料

教學主題	再造福星				
學習領域	藝術與人文				
教學內容	設計慶祝新校舍落成海報				
教學年級	四年級	教學節數		教學設計老師	黃純香
使用場地		教學時間			

一、製作海報常用工具
　　1.剪刀　2.鋸齒剪　3.圓規　4.白膠、膠水　5.雙面膠、膠帶　6.廣告原料　7.彩色筆
　　8.粉臘筆　9.水彩原料　10.色鉛筆　11.打洞器　12.美工刀　13.保麗龍　14.包裝紙
　　15.尺、絲帶　16.色紙　17.原子筆　18.釘書機　19.皺紋紙　20.鐵絲
二、海報製作過程技巧說明
　製造前指導
　　1.確定小組合作或個人創作
　　2.確定格式：立體或平面
　　3.版面格式：橫面或直面
　　4.內容方式：文字為主─圖像為主─文圖並用
　　5.各種工具及材料的使用方法和應用
　　6.使用工具應注意安全及維護
　製作開始
　　教師巡視各組，隨時指導協助，注意秩序及安全
三、收集作品
四、評量──共同欣賞
五、整理教室

福星國小「數學」教學活動流程表

教學主題	再造福星					
學習領域	數學					
教學內容	數學課——從「認識公里、公尺」課程中目測、實測新校舍之距離、高度					
教學年級	四年級	教學節數	2節	教學設計老師		林宜利
使用場地	教室、新建校舍、兒童夢公園、新操場	教學時間		（1）2000 年　　月　　日 星期　　第　　節 （2）2000 年　　月　　日 星期　　第　　節		

教學目標	教學活動流程	說明	教學準備事項	分配時間
·明白有各種不同的測量長度單位 ·能討論出所需結論。 ·能認真參予討論。 ·能明白1公尺的來由 ·能理解基本換算式 ·能運用換算式計算 ·能背下基本換算式	一、準備活動： 　1.教師事先將附件一的題目測量完成 　2.準備校園平面圖和新校舍建築圖片 　3.請學生準備捲尺，以便實測 二、發展活動： 　1.引起動機： 　　(1)教師介紹世界各地曾經出現的長度單位種類，如：邱畢特、英吋、碼、英呎、帕司、斯塔迪溫、尋、束 　　(2)討論：各國都用自己的長度單位，則交易時方便嗎？ 　　(3)結論：需有公用一致的長度單位，才不會引起混亂和不方便 　2.認識公尺、公里（之前已學過公分） 　　(1)公制的產生原因：如何定出一公尺 　　(2)基本換算式： 　　　　1公尺＝100公分 　　　　1000公尺＝1公里 　　(3)試題練習 　3.新校舍的各區距離、高度測量介紹：	·供說明測量路線之用 ·可搭配板書或教具使學生更易瞭解 ·可參考附件二（事先收集的教材） ·附件二（事先收集的教材） ·可板書或教具板隨機展示	 教具板 教具板	 10分 5分 20分

・能瞭解捲尺的使用法 ・能明白目測、實測 ・能提出實測的方法	(1)捲尺的使用法說明（強調注意安全） (2)說明目測：只用眼睛觀察，定出高度、長度 (3)說明實測：實際運用工具測量 ①學生討論有哪些實測方式，例：	・特別強調不可甩動、當劍玩、不停拉拉收收，以免割傷	捲尺	
・能說出用捲尺量最準確 ・能明白所要測量的部分 ・會使用捲尺 ・會目測和實測 ・能換算成公里 ・會注意自身安全 ・能明白公制的重要	・量自己雙臂平舉的長度，大家手牽手，加起來可得 ・量自己一步的長度，再算共走瞭幾步，最後乘起來 ・用繩子圍起後，再量繩子的長度 ・全用捲尺量。＊達雷斯的方法 ②統整：全用捲尺量，會較準確 三、綜合活動：（下節課準備） 1.分組並發下附件一的學習單 2.利用校園平面圖、新校舍建築圖片說明附件一所要測量的部分	・附件二（事先收集的教材）	塑膠繩 教具板或板畫 印製足夠數量的學習單圖片或幻燈片	5分
	…………第一節結束…………			
	一、學生活動：先目測再實測，彼此印證 二、各組發表結果，並換算成公里 三、統整：實測才是最準確的、公制重要性 …………第二節結束…………	・使用附件一 ・目測、實測後回教室發表 ・教師控制時間 ・附件二（事先收集的教材）	教師控制時間	25-30分 10-15分
	一、準備活動： 1.教師將附件三的題目測量完成 2.準備校園平面圖 3.請學生準備捲尺，以便實測。			

	二、發展活動：			
・能瞭解圖形皆由點、線、面組成	1.引起動機：			
	(1)各類圖形都是如何構成的？	・點→線→面		2分
・能說出線的長度可用公分、公尺、公里表示	(2)複習已學過的長度測量（屬線的層面）			
	2.討論：「面」該如何測量呢？	・做許多面積為1平方公分的小正方形來拼，看需要多少塊	白色小積木	10-13分
・能拼出所需的面積大小	(1)課本的面積如何量？——用公分為單位			
	(2)教室的面積如何量？——用公尺為單位	・做許多面積為1平方公尺的正方形來拼		2分
	3.學生分組發表			8分
	4.統整歸納：			
・能理解計算面積的公式	(1)可用以下公式計算出面積：	・教師出簡單的正方形、長方形面積計算題供學生練習公式		
・能運用公式計算	・正方形＝邊長×邊長			
・能測量出正確長度	・長方形＝長×寬			
	(2)學生運用公式計算練習			10分
・能計算出面積的正確答案	三、綜合活動：			
	1.分組計算教室、窗戶玻璃面積	・先量出長和寬，再運用公式，最後發表結果		
	2.發表測量及計算結果			
	3.下節課準備：			
	(1)發下附件三		印製足夠的學習單（附件三）	
	(2)利用校園平面圖說明題目			
・能運用乘法技巧計算出正確答案	・補充教材（可視時間來實施）	・事先收集的教材（附件四）		5-8分
	・因測量校園，數字會較大，可配合乘法的奇妙計算法來教學			
・能實測出新校舍各區的長度	・個位×個位			
	・二位數×二位數			
・能計算出新校舍各區的面積	・三位數×三位數（方法C試做）			
	…………第三節結束…………			
		・教師發下練習紙（附件五）		
	一、學生實地測量、計算			
・能感謝為新校舍付出心血的人	二、結果發表			
	三、統整	・使用附件三		25-30分
	1.面積公式的計算	・學生實測並計算，再回教室發表結果	控制時間	
	2.感謝為新校舍付出心血的人			5分
	…………第四節結束…………	・教師控制時間		5分

教學主題	再造福星
學習領域	數學
教學內容	數學課──從「認識公里、公尺」課程中目測、實測新校舍之距離、高度

看誰的 眼睛 最厲害？

測量員：四年【 　】班＿＿＿＿＿＿【 　】號

目測結果：

◎ 我們的走廊：長約（ 　　）公尺

◎ 從校門口走到教室的距離約是（ 　　）公尺

◎ 繞兒童夢公園一圈約是（ 　　）公尺

◎ 新校舍的高度約是（ 　　）公尺高

◎ 新操場的最外圈跑道約是（ 　　）公尺長

實測結果：

◎ 我們的走廊：長（ 　　）公尺

◎ 從校門口走到教室的距離是（ 　　）公尺

◎ 繞兒童夢公園一圈是（ 　　）公尺

◎ 新校舍的高度是（ 　　）公尺高

◎ 新操場的最外圈跑道是（ 　　）公尺長

功力如何？為自己打個成績吧！

□ 非常接近，我預測得很準確

□ 有一些不準，但是我很努力

□ 雖然這次沒命中，下次我會再加油

＿＿年＿＿月＿＿日

福星國小教師自編教材參考資料

教學主題	再造福星
學習領域	數學
教學內容	數學課——從「認識公里、公尺」課程中目測、實測新校舍之距離、高度

★世界各地曾經出現的長度單位

1. 邱畢特：古代埃及的法老曾經規定以他的「手肘到手指尖」的長度為1邱畢特。但是，每次法老一換人，邱畢特的長度就又變了。
2. 英吋：蘇格蘭的一個國王曾經規定三個男人的拇指平均寬度為1英吋。
3. 碼：英國的國王亨利一世曾規定從他的鼻尖到拇指的長度為一碼（手臂需向前伸直）
4. 英呎：是用腳的長度來當基礎。1碼＝3英呎＝36英吋，換算很麻煩。
5. 帕司：古羅馬人把左腳走一步和右腳走一步的距離加起來，稱為1帕司（約148公分）。
6. 斯塔迪溫：在沙漠中，從太陽剛出現時，開始朝著太陽走，直到太陽完全出現在地平線上時停止，這段距離稱為1斯塔迪溫，約現在的180公尺。
7. 尋：兩隻手臂張開的長度，是日本古時候的長度單位。
8. 束：拳頭的寬度，也是日本古時候的長度單位。

★公制的產生

1792年6月25日，法國的梅錫安和德蘭布爾兩個人為了制定全國統一的長度單位，開始做一趟測量之旅。當時的法國有400種以上的單位，確實有必要把它統一起來。

他們兩個人測量從西班牙巴塞隆納到多佛海峽敦克爾克的直線距離，再根據這段距離計算地球子午線的長度，也就是地球南北方向圓周的一半。

當時的法國正處於「法國大革命」戰況最激烈的時期，連續的內戰和紛爭，使得這項測量工作非常艱苦，經過六年才完成，最後決定以子午線長度的四千萬分之一為新長度單位，也就是現在的一公尺。

★達雷斯測量金字塔的方法

1. 把一根棒子垂直立在地上，測量地面上影子的長度。
2. 測量金字塔的影子長度和底邊一半的長度。
3. （金字塔高度）：（棒子長度）＝
   （金字塔底邊一半長度＋金字塔影子長度）：（棒影長度）
4. 可借用此法來測新校舍的高度。

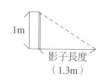

1m

影子長度
（1.3m）

太陽光線

底邊一半＋影子

◎參考書籍
・書名：NHK數學名師秘訣大公開　中文國際版
　　　　快樂的數學教室　公分和公尺是如何決定的？
　　　　快樂的數學教室　古代和現代的數學有什麼不同？
・作者：木幡　寬
・出版者：彙豪國際股份有限公司

教學主題	再造福星
學習領域	數學
教學內容	數學課——從面積單元中引導測量教室、玻璃、走廊面積

原來是這麼 大 啊！！！

> 測量員：四年【 】班 ＿＿＿＿【 】號

🐴 請各位測量員發揮你的超強行動力，運轉你的超速計算力，看看新校舍中的這些區域的面積，到底有多大？

◎我們的教室：長（ ），寬（ ），
　　　　　　　面積是（ ）。
◎教室前的走廊：長（ ），寬（ ）
　　　　　　　，面積是（ ）。
◎游泳池：長（ ），寬（ ），
　　　　　面積是（ ）。
◎兒童夢公園：長（ ），寬（ ），
　　　　　　　面積是（ ）。
◎新操場：長（ ），寬（ ），
　　　　　面積是（ ）。

🐎 小朋友，經過你辛苦的測量，你有沒有發現原來我們的新校舍，爲我們規劃了這麼大面積的活動空間，所以無論是設計師、工程師、校長、主任、參與此事的老師、施工的叔叔們是不是更辛苦呢？經過這麼長時間的建造，現在快樂使用新校舍的你，有沒有什麼話要告訴他們呢？

＿＿＿＿＿＿＿＿＿＿＿＿＿＿＿＿＿＿＿＿＿＿

＿＿＿＿＿＿＿＿＿＿＿＿＿＿＿＿＿＿＿＿＿＿

＿＿＿＿＿＿＿＿＿＿＿＿＿＿＿＿＿＿＿＿＿＿

福星國小教師自編教材參考資料

教學主題	再造福星
學習領域	數學
教學內容	數學課——從面積單元中引導測量教室、玻璃、走廊面積

★奇妙的乘法A（個位數×個位數）

1. 只要背到九九乘法第五段，即可用此法。
2. 以9×8為例：
   ①右手是9－5＝4，將四根手指頭彎下來。
   ②左手是8－5＝3，將三根手指頭彎下來。
   ③彎下來的手指頭數目是4＋3＝7，就是十位數的答案。
   ④剩下的一根和二根相乘，1×2＝2，就是個位數的答案。
   ⑤所以9×8＝72。

★奇妙的乘法B（二位數×二位數）

1. 以37×42為例。
2. 左邊的數（被乘數）被2除，有餘數時將餘數去掉。
3. 右邊的數（乘數）乘以2。
4. 左邊的數一直除以2，除到答案是1為止。
5. 將左邊中的奇數（無法用2整除的數）做上記號，將它右側的數相加起來便是答案。
6. 所以37×42＝1544。

【左邊】		【右邊】	
37	→	42	
18		84	42
9	→	168	168
4		336	＋1344
2		672	
1	→	1344	1544

★奇妙的乘法C（三位數×三位數）

1. 以843×216為例。
2. 做一個像右邊一樣的格子，上方寫被乘數（843），右邊寫上乘數（216）。
3. 將上方各欄的數字和右方各欄的數字分別相乘，將答案寫在格子裡。
4. 從右下開始，把數字往斜上方相加。
5. 從左上開始寫出的數字便是解答182088。
6. 所以843×216＝182088。

◎ 參考書籍
* 書名：NHK數學名師秘訣大公開　中文國際版
　　　　快樂的數學教室　身高和體重可以相加嗎？
* 作者：木幡　寬
* 出版者：彙豪國際股份有限公司

福星國小教師自編教材參考資料

教學主題	再造福星		
教學年級	四年級	教學老師	林宜利

　　俗話說：「讀萬卷書，不如行萬里路。」經過此次的主題教學活動，發現雖然在出發前就有放映相關內容的幻燈片給孩子們看，但是孩子在親眼看見時的興奮和頻頻發問以印證所學時的認真和專注，反倒更有教學效果；雖然社會課本上印滿了需學的歷史知識和照片，但同樣的，當孩子大聲的數著中山堂前紀念碑上的年代刻痕時，相信他們會記得更深刻，您說是不是呢？

四丙的小朋友在北門前。

在中山堂抗日勝利紀念碑前的四丙小朋友。

福星國小「自然與科技」教學活動流程表

教學主題	再造福星							
學習領域	自然與科技							
教學內容	觀察水中生物，進而設計、規劃教材園							
教學年級	四年級	教學節數	4節	教學設計老師		游淑婷		
使用場地	校園生態教材園	教學時間	(1) 年 月 日 星期 第 節 (2) 年 月 日 星期 第 節					

教學目標	教學活動流程	說明	教學準備事項	分配時間
・察覺水中生物生活的環境中，其水質、水流、水深、光線等各有不同 ・察覺水生植物生長的方式各有不同	一、 透過兒童經驗，討論看過的水中生物 ↓ 討論水中生物生活的環境 ↓ 討論水生植物的生長方式 ↓ 介紹教材園的環境及解釋空間設計 …………第一節結束…………	・由兒童的討論與觀察，讓兒童初步察覺原來水中也有許多的生物，並體會到其生活環境也有所不同	圖片說明	
・藉由每組討論報告後，能說出四種以上不同水生物的特徵及生長形態，並與教材園的環境做結合 ・能體會教材園的設置（如：草本植物、水池、溪流……等）原因 ・能藉由規劃空間，知道要掌握住設計原則及原因，並注意到植物、動物的生長所需	二、討論活動： 　　藉由參觀教材園和瞭解水域生態，引導小朋友觀察校園的資源，全班共同討論如何設計一個水域生態： 1.為什麼水岸邊需種植遮蔭植物、苔蘚、草本植物？ 　用以保持溼度並防止水溫變化過大） 2.水池的水深以多深為宜？水邊植物常看見放置枯木、石塊，這又是為什麼？ 　（為安全計，水深不超過50公分為宜，而旁放置枯木、石塊也是安全考量，此外，水質需保持清潔） 3.為何教材園會有照明設備？設置的高度以幾公分為宜？ 　（燈光高度以50公分為上限，且需對夜行性動物干擾度低之紅色燈）	・由兒童依照校園的教材園，到圖書室或文化中心、圖書大樓，查出動、植物、昆蟲的名稱、特徵，並依其生長方式給予適當的生長環境	尺、問題條、學習單	

	4.岸邊種植草本植物、小灌木除了防止水溫度變化過大外，還有什麼作用？ （美觀及營造多樣性環境，復育螢火蟲、提供螢火蟲成蟲停棲，但遮蔽度不可過高，需有空間讓螢火蟲飛翔） 5.小溪水深以多深爲宜？底部爲什麼材質？ （5～15公分爲宜，底質爲泥土、碎石、小卵石、種植、水生植物） 6.看了學校的教材園，探討在空間設計上有沒有更棒的點子！ 例如：出口設計的位置、路線的流程、四季變化在溫度上可做什麼加強…… …………第二節結束…………		
・能清楚說明自己所設計的教材園、空間、路線爲何如此規劃 ・能統合、整理並有條理呈現自己的創意及設計理念 ・能針對在設計上所遇到的困難與同學或老師討論	三、設計活動： 1.經過第二節所討論出「設計原則」後，請小朋友自己當設計師，將自己所構想出來的設計圖呈現在紙上 2.一張好的設計圖若有適當的解說，不但會使觀眾更明白，也會在解說時去檢視自己所設計的有何不足或可再改進的地方。所以指導小朋友寫出自己的規劃理念和創作動機 3.嚴格規定上台報告時間2分鐘，訓練小朋友歸納、統整及掌握重點的能力（視時間許可與否） …………第三節結束…………	校園的教材園裡有許多植物、昆蟲，爲這些生物規劃自創的生活環境，也是安排兒童做一次探索活動，讓兒童們由認識而親近它們，更進一步愛護它們	學習單
・學習將空間規劃應用發揮最大邊際效用	四、綜合活動： 1.回憶第一、二、三節所做的討論、觀察及設計圖 2.因爲每位小朋友都參與設計、規劃，知道自己辛苦設計出來的作品多麼可貴，一定希望其	透過此活動，對大自然的現象和自然生態有更深入的瞭解	學習單

·藉由討論管理原則，體會學校規定各項條例的用意	他參觀、使用者會愛惜使用，先請小朋友擬定出自己的規則，全班再一起討論 3. 全班共同擬定出管理辦法： ⑴水中的落葉若不影響環境，可讓它自然腐化 ⑵不要任意放養強勢之某種動物，如鬥魚、吳郭魚、福壽螺等，以免破壞水池之生態平衡 ⑶水池、溪流旁需以植栽保護，並防止踐踏，以免干擾小生物的生活 ⑷需保持水生植物與溼地植物的多樣性 4. 藉由此討論，培養兒童愛護校園的情操 …………第四節結束…………			

我的設計圖：新教材園

福星國小「綜合活動」教學活動流程表

教學主題	再造福星					
學習領域	綜合活動（內省智慧）					
教學內容	發表感想					
教學年級	四年級	教學節數	1節	教學設計老師		鄧琇心
使用場地	各班教室	教學時間				

教學目標	教學活動流程	說明	教學準備事項	分配時間
‧欣賞校園之一草一木，一磚一瓦 ‧能自發性的愛護公物，維護優美環境 ‧平日做人做事要腳踏實地 ‧遇災難時要勇敢面對困境的挑戰，堅持下去	一、準備活動： 　1.繪製慶祝校舍落成海報，張貼於校園中 　2.具備防震防災之常識 　3.知道災變發生時的逃生路線 　4.明瞭開工、上樑儀式之習俗 　5.認識校舍位置、方向及功能，能妥善運用學校資源 　6.認識校園中美麗的動、植物 二、發展活動： 　1.分組討論 　　　校園中最美的地方 　　　我最喜歡去的地方 　　　校園中的植物名稱（三種） 　　　最喜歡的一張海報 　2.各組上臺發表討論結果 　3.分組討論如何維護校園環境 　4.分組討論地震來臨時的應變措施 　5.自由發表與歸納 　6.新校舍由開工破土到上樑、完工的經過，每個步驟都是按部就班，踏實務本的完成。奠定良好基礎，才不會發生九二一樓房塌陷之悲劇，小朋友除了欣賞、愛惜新校舍之外，更應居安思危，認清災難來臨時的應變措施 　7.發表與歸納 　………本節課結束………	‧綜合活動之前，應將各科之學習活動完成 ‧透過學生的討論來瞭解學生的想法和需求 ‧從校樹中認識植物 ‧美麗的學校環境靠大家共同維護，讓孩子自發去愛惜公共資源 ‧勉勵學生做人務實，災難來臨時，堅強的志力能支持自己，要勇敢的面對困境、挑戰		 5分 10分 5分 10分 5分 5分

第十六章

春節

五年級教師行動研究的成長記錄

春節

◎教學年級：五年級
◎編輯者：五年級各班老師
◎設計與教學群：

黃永銘、張香莉、黃小芳、陳麗紅、黃美瑜
林慧渝、鍾金秀、瞿世榮、張登貴、袁郁平
黃美月、王娜玲

主題設計緣起：

春節是我們中國人重要的傳統節日之一，但隨著工商業的發達，人民生活富足，物質生活匱乏，以致人們漸漸忽略了其內蘊的實質精神與傳統意義；因此經由五年級老師討論後，一致決定以「春節」為此次教學行動研究計畫之主題。

五年級「春節」課程設計概念圖

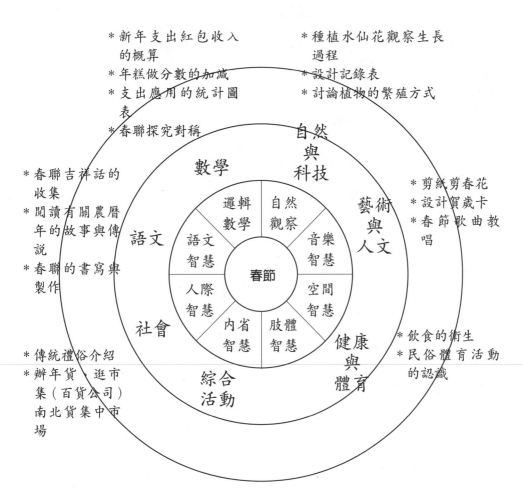

* 新年支出紅包收入的概算
* 年糕做分數的加減
* 支出應用的統計圖表
* 春聯探究對稱

* 種植水仙花觀察生長過程
* 設計記錄表
* 討論植物的繁殖方式

* 春聯吉祥話的收集
* 閱讀有關農曆年的故事與傳說
* 春聯的書寫與製作

* 剪紙剪春花
* 設計賀歲卡
* 春節歌曲教唱

* 傳統禮俗介紹
* 辦年貨、逛市集（百貨公司）南北貨集中市場

* 飲食的衛生
* 民俗體育活動的認識

數學　　自然與科技

語文　　藝術與人文

社會　　健康與體育

綜合活動

邏輯數學　自然觀察
語文智慧　音樂智慧
人際智慧　空間智慧
內省智慧　肢體智慧

春節

春節課程設計圖說

　　國民教育之學校教育目標，在培養健全國民與世界公民。「春節」這個主題旨在文化學習，進而增進國際瞭解。透過民俗活動，傳統禮俗的瞭解與學習，使孩子們能欣賞本國傳統文化，表現中國人文特質。透過溝通、表達和同學分享自己的經驗、作品和資料，運用探索、研究、討論增強認知和情意的學習。在語文領域和藝術與人文領域中，更加強了「中國味」。寫春聯、剪春花都是具有濃厚民族色彩的活動。

福星國小五年級教學活動設計

教學 主題	春節					
教學 年級	五年級	教學 節數	28節	教學設計老師		
小組 成員	各班導師及科任老師					
學習 領域	教學活動內容		評量活動	教學者	使用 時間	使用場地
語文	一、春聯語、吉祥話的收集 二、閱讀有關農曆年的故事與傳說 三、春聯的書寫與製作		一、春聯的收集與發表 二、讀後心得的撰寫 三、春聯的展示	黃永銘 張香莉	3節	班級教室
健康 與 體育	一、飲食的衛生 二、民俗體育活動介紹		一、資料收集發表 二、分組表演	張登貴	4節	教室、活動中心
社會	一、傳統禮俗介紹 二、辦年貨－逛市集（百貨公司） 　　南北貨集中市場		一、設計活動學習單 二、收集資料、拍照	鍾金秀	4節	教室、市集
藝術 與 人文	一、剪紙、剪春花 二、設計賀歲卡 三、春節歌曲的教唱		一、展示作品並佈置在教室、家中 二、展示作品並寄給親友 三、唱奏俱佳	黃美月 王娜玲	4節	各班教室、音樂教室
數學	一、新年支出及紅包收入的概算 二、利用年糕做分數的加減 三、支出應用的統計表		一、設計活動學習單 二、演算、發表	黃美瑜 林慧渝	4節	各班教室
自然 與 科技	一、種植應景花卉、觀察其生長、開花的過程 二、學習記錄表的設計 三、認識鱗莖植物的繁殖方式		一、展示各組所種的水仙花 二、紀錄表的設計與記錄表的翔實 三、設計學習單	袁郁平	5節	各班教室
綜合 活動				黃小芳 陳麗紅	4節	各班教室

福星國小「語文」教學活動流程表

教學主題	春節					
學習領域	語文					
教學內容	第廿一課：快樂過新年					
教學年級	五年級	教學節數	9節	教學設計老師		張香莉 黃永銘
使用場地	各班教室	教學時間		89年1月3日　星期一　第　　節 89年1月7日　星期五　第　　節		

教學目標	教學活動流程	說明	教學準備事項	分配時間
1.能說出本課生字並研讀課文 2.能利用句型寫出適當句子 3.能把已學的句型及知識融入生活中	◎上廿一課：快樂過新年 一、生字教學 　……第一節結束…… 二、課文賞析 　……第二節結束…… 三、句型練習 　……第三節結束…… 四、習作檢討 　……第四、五節完…… ◎過年習俗簡介 　……第六節結束……	事先要求小朋友預習生字及課文 老師課文歸納 句型講解		40分 40分 40分 80分 40分
1.能寫出簡易語句的春聯 2.能說出並寫下哪些東西有「吉利」、「吉祥」的象徵 3.能說出一則傳奇	◎學習單教學 一、吉祥話：寫春聯 　……第七節結束…… 二、說出並寫下哪些東西有「吉利」、「吉祥」的象徵 　……第八節結束…… ◎說故事 一、說出一則新年傳奇 　……第九節結束……	老師簡要歸納 各別發表 老師言詞鼓勵		40分 40分 40分

過年了，想想看，哪些東西有「吉利」、「吉祥」的象徵？

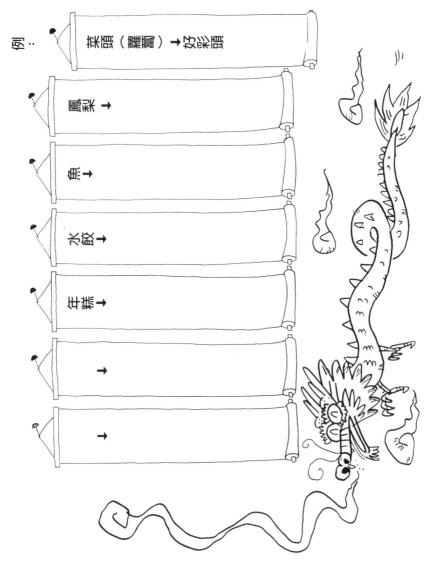

例：　菜頭（蘿蔔）→好彩頭

鳳梨→

魚→

水餃→

年糕→

→

→

吉祥話——寫春聯

快！準備好你的文房四寶，來寫一寫春聯吧！

貼春聯小百科

寫完請剪下
來張貼喔！

→倒著貼，代表「春到」、「福到」。

→可貼在「米缸」或「保險庫」，代表「滿足」。

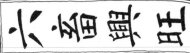

六畜興旺 →可貼在寵物的窩，代表希望牠們長得好。

大家恭喜 →可貼在門口，代表主人的祝福。

貼上
一張你的
春聯作品

國民小學
　年級　　班　　號
學生
教師

教學主題	春節		
教學年級	五年級	教學設計老師	張香莉、黃永銘

　　孩子能從做中學，是很有意義的事，尤其可以把自己寫的春聯展示出來讓大家欣賞，甚至於在過年時，替爸爸媽媽省一筆買春聯的費用，更是樂不可支。（當然有的作品是不太好看，但有什麼關係呢？）

　　現在孩子的春節已失去了味道，藉由這樣的活動，如：剪春花、寫春聯、以及分享自己所知道的過年習俗、傳說及禁忌，也蠻不錯的。

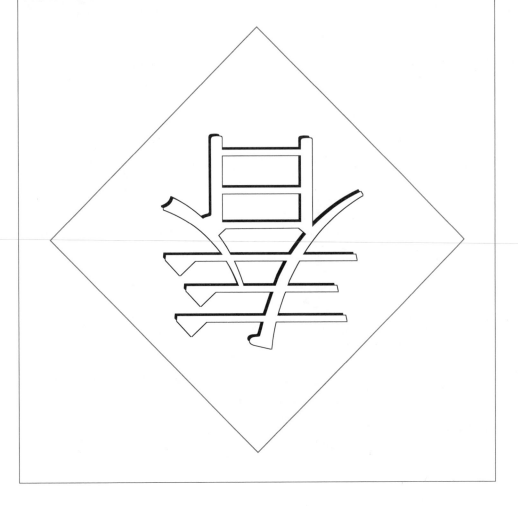

福星國小「健康與體育」教學活動流程表

教學主題	春節									
學習領域	健康與體育									
教學內容	一、飲食的衛生　二、民俗體育活動介紹									
教學年級	五年級	教學節數	2節		教學設計老師			張登貴		
使用場地	1. 教室 2. 視聽室	教學時間	(1)　年　　月　　日　星期　　第　　節 (2)　年　　月　　日　星期　　第　　節							

教學目標	教學活動流程	說明	教學準備事項	分配時間
1. 能說出我國年節吃食的特色	飲食的衛生 一、傳統年節食品 　　1.資料分享 　　2.分組討論 　　3.分組報告 　　4.老師歸納 二、怎樣吃才好	事先要求小朋友準備資料 各組推薦報告人 老師簡要板書歸納	分組一組5、6人	15分
2. 能說出均衡飲食的重要	1.重點提示 　　2.影片新賞 　　3.分組報告 　　4.老師歸納	影片內容簡介 推薦不同的報告人 老師簡要板書歸納	錄影帶	15分
3. 能為自己的選擇提出說明	三、發表己見 　　1.比較兩者差異 　　2.說出差異所帶來的影響 　　3.說出自己的選擇 　　4.老師結論 …………第一節結束…………	 自由問答 老師觀察與評量 老師簡要板書歸納		10分
1. 能說出或表演出各個活動	民俗體育活動介紹 一、我國民俗活動 　　1.扯鈴 　　2.打陀螺 　　3.舞龍 　　4.舞獅 　　5.放風箏	圖片資料收集與分享 分組發表 老師簡要板書歸納並展示傳閱圖片資料		15分
2. 能安靜仔細的欣賞	二、民俗活動影片觀賞 三、我所看過或參加過的活動	一起觀賞錄影帶	錄影帶	15分
3. 能說出自己的經驗	1.時間地點活動特色發表 　　2.老師歸納 　　3.老師強調舞龍舞獅的意義 …………第二節結束…………	各別自由發表 老師言詞鼓勵 老師說明下一節課活動概要		10分

教學活動札記

教學主題	春節		
教學年級	五年級	教學設計老師	張登貴

　　春節是中國人的節日，尤其是小孩子更是盼望著春節的到來，但是平常規律的生活常因爲節慶的關係而被打亂了。

　　「暴飲暴食」常常替自己的胃腸增加了很多不必要的負擔，孩子們在收集的資料中也發現年節時吃得太油、太多。剪報上也有消息證明「吃」實在很重要，不能吃出毛病而壞了玩的興緻。何況醫生和護士也要過年，全家人會因爲你的生病而焦慮擔心。

　　在玩的方面小朋友們發現，現代的玩具並沒有比以前的童玩有趣，在活動量、技巧性、趣味性和群性的陶冶上，也不一定比以前的童玩好，雖然塑膠玩具、電腦遊戲也不錯，但如果能學會扯鈴、踢毽子、放風箏……也是一件很棒的事。

別看我們小小年紀，我們認真仔細的研究過「怎麼吃才好？」
所以我們很「會吃！」哦！！

這一招可不是普通功力的人

「秀」得出來的！

猜猜看！

這一招叫什麼？

要學請到五年丁班來！

拜「師」學藝！

一定讓你滿意！

福星國小「社會」教學活動流程表

教學主題	春節							
學習領域	社會							
教學內容	春節相關的禮俗、禁忌與節氣、農曆的認識							
教學年級	五年級	教學節數	3節	教學設計老師			鍾金秀 瞿世榮	
使用場地	教室、視聽室、戶外	教學時間	(1) 年 月 日 星期 第 節 (2) 年 月 日 星期 第 節					

教學目標	教學活動流程	說明	教學準備事項	分配時間
一、明白傳統春節的日子，由來、習俗與禁忌 二、比較現代與以往過年情境的差異	準備活動： 1.請學生回家收集與春節相關的資料（上網查詢） 2.教師準備節氣與節日、農曆與陽曆的資料 3.春節相關的錄影帶 一、由再過幾日就冬至吃湯圓，點出過年又快到了，過年時歡樂的氣氛，如領紅包、放假……，引起學生對春節的研究興趣 二、由學生上台發表（現今）他們過年的情形 三、收集成果報告與整理： 　1.請學生上台報告其收集的資料內容 　2.教師整理、說明春節的日子，由來、傳統習俗與禁忌 四、討論： 　現今春節與過去傳統農業社會中過年情境的差別何在？原因為何？ 五、統整： 　因社會的變遷，時代的轉移，現今的社會由傳統優閒的農業社會轉變成現在緊張忙碌的工商社會，過節的氣氛，人際的往來也由以往的濃烈密切轉為淡薄、簡單，於是一些傳統的春節習俗也從簡；但身為中華民族子民的我們卻不可忘了這些民俗的存在，必須去瞭解、認識，文化才能延續傳承下去	・記下重點於黑板 ・記下重點於黑板 ・參閱自編教材 ・可利用學生收集的資料展示以往過年熱鬧的情境	圖片	3分 5分 12分 10分 5分 5分

	六、下節課準備： 　　1.指定題目做深入的收集、整理 　　　中國24節氣與節日的關係 　　　農曆、陽曆的分別 　　2.準備農民曆，下節課帶來 　……………第一節結束……………			
一、讓學生明白中國節氣與節日的關係 二、農曆、陽曆的區別與由來 三、瞭解祖先的智慧與祖先和大自然共存的情操	一、請學生發表、報告其收集的資料內容 二、討論與說明： 　　1.現今日曆上為何有國曆、農曆並存的原因 　　2.說明節氣、農曆與陽曆的區別、由來 三、統整： 　　1.中國以農立國，遠古的祖先在仰觀俯察中發現：氣候的轉變有一定的規律，動物的行動、植物的成長也隨著變化，於是從中學會了自然界的相關知識，知道何時該播種、等待、收成，人和萬物就這樣順應自然繁衍了生命 　　2.書寫學習單 　……………第二節結束…………	・展示日曆上的印刷給學生看 ・參閱自編教材		5分 15分 20分
一、由動態的影像中瞭解春節的習俗 二、實際參觀辦年貨的街景感受過年氣氛	1.到視聽室觀賞春節習俗的錄影帶 2.學習單──辦年貨的街景照片拍攝、收集 　……………第三節結束…………	・參閱自編教材		40分

教學主題	春節
學習領域	社會
教學內容	查資料（分組）

春節學習活動單（一）

班級：　　　　姓名：

　　小朋友！快樂的春節又將來到，你對春節的認識有多少？你希望春節將怎麼過？動動腦，想想寫完這張學習單後，你會更清楚哦！

一、春節是農曆的什麼時候？請說出5項習俗或禁忌。

二、中國的24節氣是哪些？你能瞭解它的功用嗎？

三、你希望你的春節怎樣過？

四、用簡單的畫，畫出你想像中21世紀的春節景象！

加油！春節快樂

福星國小教師自編教材參考資料

教學主題	春節
學習領域	社會
教學内容	戶外教學

春節學習活動單（二）

班級：　　　姓名：

　　「咚咚將！咚咚將！賀新年，祝新年，新年啊！年……」嗨！小朋友，過年前，台北迪化街辦年貨，熱鬧、擁擠的街景，是不是讓你感受到「年」熱鬧的氣氛！除夕前，找一天　，與你親愛的家人一起到迪化街瞧瞧看看，順道辦些年貨，並拍下幾張街景照片，和大夥一起分享這年貨街熱鬧、歡欣的氣氛！Go！

一、日期：

二、與誰同行：

三、參觀心得：

四、熱鬧的照片集錦：

加油！春節快樂

福星國小「藝術與人文」教學活動流程表

教學主題	春節					
學習領域	藝術與人文					
教學內容	設計賀歲卡					
教學年級	五年級	教學節數	2節	教學設計老師		王娜玲
使用場地	班級教室	教學時間	(1)89年　　　月　　　日星期　　第　　節 (2)89年　　　月　　　日星期　　第　　節			

教學目標	教學活動流程	說明	教學準備事項	分配時間
一、明瞭春節的吉祥圖案、吉祥話 二、能用卡紙製作賀歲卡 三、能相互欣賞賀歲卡	一、準備活動 　1.請學生事先收集家中歷年的賀歲卡 　2.學生收集吉祥話 二、發展活動 　1.探討賀歲卡的意義 　2.判斷與中國年相關的吉祥圖案與吉祥話 　3.討論賀歲卡、信封的材料 　4.教師說明賀歲卡及信封製作過程 　5.輔導學生設計及製作賀歲卡、信封 　6.輔導學生填寫信封、貼郵票 三、統整 　1.欣賞誰的卡片最溫馨？誰的賀歲卡最有創意？ 　2.共同討論得失及改進的方法 　3.清理場地周圍紙屑 ………第一、二節結束………	·配合語文學習活動 ·配合學習單一、學習單二 ·歷年賀歲卡及信封 ·學生展示自己的作品	教師：16開的卡紙每人一張、賀歲卡、B4影印紙每人一張 學生：剪刀、膠水、粉蠟筆、彩色筆、郵票、做卡片的工具及材料（例如：不織布、包裝紙、轉印字、打洞器、雙腳釘、乾燥花、鈕扣、鐵絲、麻繩）	10分 5分 5分 50分 7分 3分

福星國小教師自編教材參考資料

教學主題	春節
學習領域	藝術與人文
教學內容	設計賀歲卡

壹、製作卡片常用工具vs.材料：
1.鋸齒剪　2.剪刀　3.圓規刀　4.鐵筆　5.鑷子　6.白膠　7.亮片膠水筆　8.雙面膠　9.老虎鉗　10.壓克力材料　11.廣告顏料　12.水彩筆　13.色彩筆　14.不織布　15.轉印字　16.麻繩　17.打洞器　18.乾燥花　19.包裝紙　20.鐵絲　21.糖果　22.鈕扣　23.雙腳釘　24.刀片

貳、卡片製作過程技巧說明：
　紙捲：細細的長紙條，隨意圍繞，就能變化出各式各樣的造型。
　　　　1.基本形捲法，用棒針或較細的筆管來捲紙。
　　　　2.將紙捲內圈用白膠固定於同一邊。
　　　　3.再把紙捲尾端沾上白膠黏起來。
　印染：1.顏料不要太多，先在廢紙上印染，等到顆粒較均勻細緻後再印染。
　　　　2.在兩色印染時要注意，先印淺的顏色再印深的顏色，印出來的東西才不會髒。
　壓凸：1.把影印好的稿紙貼在紙上割下。
　　　　2.把割好的型版置於底紙下壓凸，壓凸時力量要大一點，圖案才會明顯。
　拼貼：周邊的小事物，不管是吃的食物，還是日常生活用品，通通收集起來加以組合，
　　　　也許會有意想不到的效果。
　金屬：鐵絲、銅線等金屬和紙的搭配，也是不錯的組合，具有現代、流行的趨勢。而且
　　　　金屬的延展性很大，可隨意變化，做出極具創意的卡片。
　剪紙
　乾燥花
　壓花：1.先將鐵圓片放入螺絲帽中，再置於夾板四周下方。
　　　　2.在夾板上放置一張海綿。
　　　　3.在海綿上方放一張棉紙。
　　　　4.把花與枝葉分開，一一放在棉紙上，放好花之後，蓋上棉紙。
　　　　5.再蓋一層海棉、夾板。
　　　　6.把圓鐵片放在四周螺帽中，並用鎖螺絲帽一一鎖上。
　　　　7.再把夾板放入密封箱中，蓋好蓋子約3～5天就乾燥完成了。

福星國小教師自編教材參考資料

教學主題	春節
學習領域	藝術與人文
教學內容	設計賀歲卡

參、賀歲卡參考吉祥圖案：

「春節」學習單

找一找，哪些是適合過年氣氛的圖案？請打√

其他：你覺得還有哪個圖案適合放在賀年卡
上，請把它畫下來！

教學活動札記

教學主題	春節		
教學年級	五年級	教學老師	王娜玲

　　知識是互為一體的，生命現象也是互相關聯的。在這次主題教學中，我們誠摯的希望每個孩子都能結合生活經驗，同時有一個開放的心靈；不僅知福、惜福，在歲末年終之際，更能敞開胸懷、主動伸出雙手，捎一張滿溢祝福的卡片給想關懷的人。

瞧！為了這張獨一無二的曠世鉅作，我們
可是全力以赴喔！

福星國小「藝術與人文」教學活動流程表

教學主題	春節				
學習領域	藝術與人文				
教學內容	台灣囝仔歌～新年調				
教學年級	五年級	教學節數	2節	教學設計老師	黃美月
使用場地	音樂教室	教學時間	(1)89年元月7日　星期五　第六節 (2)89年元月11日　星期二　第六節		

教學目標	教學活動流程	說明	教學準備事項	分配時間
一、能欣賞台灣囝仔歌 二、能念謠新年調 三、學會新年調 四、能相互欣賞別人演出 五、能分享集體創作	一、準備活動 　1.請長輩、家人與學生共同收集有關新年期間之台灣囝仔歌 　2.利用家中攜帶方便經敲打後會發出聲音之器物來校，或廢物利用製造出簡易樂器來 二、發展活動 　1.介紹台灣囝仔歌讓小朋友對本土的文化、生活環境，多一份關懷與情愛（每聽完一首請貼表情貼紙） 　2.能用數來寶和肢體語言變化方式，按民間一般方法來念謠 　3.會用三大教學法交替變化3/4拍子之節奏練習和音高交錯練習 …………第一節結束………… 　4.會跟琴、離琴、互拍手等變化唱 　5.加樂器唱、奏、錄音秀 三、統整 　1.誰唱奏俱佳 　2.共同討論秀者之優缺點 　3.共同譜出美妙之詞、曲 …………第二節結束…………	·請長輩清唱錄音或臨場範唱 ·配合美勞課製作簡易樂器 ·配合學習單一 ·奧福、高大宜、達克羅斯 ·配合學習單二，「秀」對時，挑選一張自己喜歡之貼紙獎勵自己，或蓋嘉獎乙次章 ·克難樂器或自製樂器 ·可分個人秀、分組秀，依時間而秀 ·配合語文課寫出押韻之詞，若節數延長時可共同譜曲	教師： 錄音帶、錄音機、長輩清唱帶或本人範唱 表情貼紙 一般貼紙或嘉獎乙次章 鋼琴、風琴、錄音機、錄音帶、學生自備樂器 貼紙獎勵	7分 8分 10分 15分 15分 15分 7分 3分

福星國小教師自編教材參考資料

教學主題	春節
學習領域	藝術與人文
教學內容	台灣囝仔歌——新年調

福星國小「數學」教學活動流程表

教學主題	春節				
學習領域	數學				
教學內容	點對稱與線對稱				
教學年級	五年級	教學節數	3節	教學設計老師	黃美瑜、林慧渝
使用場地	教室	教學時間	(1)88年12月20日　星期一　第一節 (2)88年12月21日　星期二　第二節 (3)88年12月22日　星期三　第一節		

教學目標	教學活動流程	說明	教學準備事項	分配時間
△能找出對稱軸 △能動手做春花	△讓學生發表所收集的春花圖樣 △從春花圖樣中找出左右對稱或上下對稱的圖形 △從線對稱圖形中找出對稱軸 △指導學生將色紙沿對稱軸摺疊後再剪春花，便可有線對稱的圖形 …………第一節結束…………	如：春 或 春 或有花樣且對稱的圖形	每位學生發三張色紙 老師所收集的春花圖樣	20分 20分
    △能了解點對稱之特點 △能找出對稱中心	△與學生探討除了線對稱圖形的春花，是否還有其他圖樣的春花非線對稱圖形 △老師展示點對稱圖形的春花 △說明點對稱圖形的特色 △與學生探討如何找出點對稱的對稱中心 △嘗試做點對稱之春花 …………第二節結束…………	點對稱之春花可能有風車圖樣或平行四邊形	春花圖樣 色紙每人四張	10分 5分 10分 10分 5分
△能從春花圖形中了解點對稱與線對稱之分別 △並有能力做評量活動	△欣賞大家所剪的春花圖形，並分類 △評量學習單發下 …………第三節結束…………		學習單每人一張	5分 35分

福星國小教師自編教材參考資料

教學主題	春節
學習領域	數學（五上）
教學內容	剪春花——點對稱、線對稱

△利用美勞教學剪成的春花研究，何者為點對稱與線對稱。
△沿著一條直線摺疊時，直線兩側完全重合的圖形是線對稱圖形，這條直線即是對稱軸。
△把線對稱的圖形春花沿著對稱軸摺疊時，我們把重合的兩點叫做對稱點，重合的兩邊叫對稱邊。
△春花圖形中，以一點為中心旋轉180°後，能和原來圖形重合的是點對稱圖形，旋轉的中心點叫對稱中心。把對稱的圖形繞對稱中心旋轉180°時，重合的兩點就是對稱點，重合的邊就是對稱邊。

△收集或製作春花圖片做分類後貼在四開書面紙上

福星國小「自然與科技」教學活動流程表

教學主題	春節				
學習領域	自然與科技				
教學內容	水仙開花了				
教學年級	五年級	教學節數	2節	教學設計老師	袁郁平
使用場地	各班教室	教學時間			

教學目標	教學活動流程	說明	教學準備事項	分配時間
1. 認識水仙花各部分名稱	1.從春節時候家中的佈置，引起兒童對水仙花的注意力	·春節時，家中擺上一盆水仙花作爲歲朝清供的習俗已久	水仙花的盆栽或圖片	
	2.欣賞水仙花，認識它的構造	·水仙花是一種鱗莖植物，它的地上沒有明顯的莖，當它開花時才會抽出像莖一樣的花梗	水仙花球莖、花盆、小石頭	
2.明瞭水仙花的種植方式	3.討論如何種植水仙花　種在土裡　用清水栽培 4.種植水仙花 5.討論如何照顧水仙花 …………第一節結束…………	·鱗莖含有豐富的養分，只要供給水分 ·分組種或個人種 ·瞭解植物生長的條件，願做長時間的照顧		40分
3.會設計紀錄展示 4.培養欣賞他人作品的情操 5.培養表達溝通與分享的能力	6.替水仙花寫日記 7.展示兒童所種的水仙花和日記 8.兒童報告水仙花生長的情形　發表種植與照顧的心得　檢討種不好的原因 9.觀察水仙花的構造，體會生命生生不息的意義 …………第二節結束…………	·討論紀錄方式和設計表格 （暫告一段落，待開花時再上） ·能整理並發表自己培植水仙花的過程和心得 ·開過花的水仙，鱗莖會長出新根，埋入土中，仍可繼續生長	紙	40分

「春節」學習單

　　小朋友，請你仔細的照顧水仙，並觀察它的生長，完成下面的作業。

一、察覺水仙生長的條件，請在做到的選項中打√：

(一)我把水仙種在哪裡？　　　　(二)我把種好的水仙放在哪裡？
　　(　　)1.泥土裡　　　　　　　　(　　)1.陽光充足的地方
　　(　　)2.沙堆裡　　　　　　　　(　　)2.光線適中的地方
　　(　　)3.水中　　　　　　　　　(　　)3.陰暗的地方
　　(　　)4.其他_____　　　　(　　)4.其他_____

二、水仙是以什麼方式繁殖？對的請打√：

　　1.塊莖　　　　　2.球莖　　　　　3.種子　　　　　4.鱗莖

　　(　　)　　　　(　　)　　　　(　　)　　　　(　　)

三、水仙的葉子是什麼形狀？對的請打√：

　　1.　　　　　　2.　　　　　　3.　　　　　　4.

　　(　　)　　　　(　　)　　　　(　　)　　　　(　　)

四、水仙開花時，花被六片，是(　　)色，味道芬芳；中間的是副花冠，淺杯狀，是(　　)色。

五、有一句歇後語：「水仙不開花──裝蒜」大蒜可以吃，水仙可以吃嗎？
　　答：

六、從種下水仙到它開花，你爲它做了哪些事？
　　答：

七、請查一查書，寫出有關水仙花的故事或花語。

福星國小「綜合活動」教學活動流程表

教學主題	過新年				
學習領域	綜合活動				
教學內容	心得分享				
教學年級	五年級	教學節數	1節	教學設計老師	陳麗紅、黃小芳
使用場地	五年級各班教室	(1) 年 月 日星期 第 節 (2) 年 月 日星期 第 節			

教學目標	教學活動流程	說明	教學準備事項	分配時間
一、能大方的與同學分享自己的作品 二、能從容不迫的表達自己的意見 三、能將討論的內容以整齊的字跡書寫下來 四、上台發表時，能有條不紊、口齒清晰 五、能用心檢討這個星期的得失	一、準備活動 　1.請小朋友將這個星期的學習成果呈現出來，與同學一起分享 　2.挑選優秀的作品張貼在佈告欄上，以供同學參考、欣賞 二、發展活動 　1.請各小組成員針對學習單的內容進行討論，並書寫下來 　2.各組派代表至台前分享這個星期的學習心得 三、綜合活動 　1.教師針對同學的發言內容予以歸納總結 　2.檢討本週的學習情形 ……………本節課結束……………	此活動之編排，最主要是要讓小朋友針對本週「過新年」的主題，作一回顧與省思，使各個領域的學習能夠產生串聯	學生作品分組 學習單	10分 25分 5分

「春節」學習單

◎小朋友！經過一個星期有關「春節」的學習活動，相信你們一定獲益良多，現在請你回顧一下，並完成以下的問題。

一、在各科的學習活動中，你覺得你學到了什麼？

（一）國語科

（二）數學科

（三）社會科

（四）自然科

（五）健康與體能

（六）美勞科

（七）音樂科

二、在這些科目的學習活動中，讓你印象最深刻的是哪方面？為什麼？

三、舊的一年即將過去了，檢討過去、策劃未來，你有什麼新年新計畫呢？想一想，把它寫下來吧!

教學活動札記

教學主題	春節		
學習年級	五年級	教學老師	陳麗紅

足　跡

瞧！他們每一個人剪春字的神情，多麼專注！多麼用心啊！

教學札記

　　爲期一週的主題教學終於告一段落了！回想當初參與「行動研究」教師進修活動時，眞的是有點摸不著頭緒，總認爲作研究應該是學者的工作，曾幾何時，這個擔子已落在與學生最接近的老師們身上了。

　　話雖如此，當我們眞正著手開始進行實務的演練時，方之壓力之沉重及工作之艱難，還好有教學小組成員的集思廣益及指導教授的細心教導，所以從主題之敲定、工作的分派、教學設計的擬寫，以至於實際之教學，所有的難題總是能迎刃而解。

　　學生對於此次的主題教學，亦是抱以相當的期待，自然科栽種水仙花、社會科參觀迪化街辦年貨、美勞科製作賀年卡、國語科寫春聯……等等，小朋友都表現出極大的興致，也獲益良多。

　　記得在他們完成春聯作品時，小朋友不停的向我詢問：「老師！你什麼時候才會把春聯還給我們啊？我要把它貼在家裡的門口和米缸上。」、「哇！我從來沒有寫過這麼漂亮的字！」、「老師！你在批改時，可不可以不要在春聯上打勾啊？這樣才能帶回家貼！」他們的天眞無邪與散發出來的自信，讓我深受感動。

　　這一週的主題教學，有疑惑、有收穫、有挫折、有感動，相信不論學生或是我們自己，都是滿載行囊而歸，除了教學相長之外，也讓我們彼此間更加緊密、更加緊緊相繫。

黃小芳

教學札記

教學相長

　　每一次上課，我都有教學相長的收穫，尤其透過這次的主題教學，因為師生的共同收集資料，不僅小孩子對春節的習俗、活動有更深刻的瞭解，連我也因此增進不少知識。雖然，級任老師只負責教語文及數學，但看著孩子們社會課逛迪化街帶回來的資訊，自然課種水仙花的過程，以及美勞課所設計的賀卡和國語課吉祥話的收集，讓我對「春節」更有概念了。

親自動手之喜悅

　　這次教學中，孩子們自己動手做了許多東西，像寫春聯、剪春、喜等字、種水仙、做賀歲卡……等，我發現已融入他們的生活中，因為他們希望過年時能在家中貼上自己做的春聯，寄出精心製作的賀年卡，更期盼水仙花開呢！聽到小孩子們這些心聲，我也感動不已。

心中的期許

　　主題教學使得師生全體總動員，內容也活潑了起來，只是這次安排在學期中，且是第一次，總有太趕與不足之感，期待來日落實時，我們都會做得更完善。

成果分享

　　附上教學時所留下的「足跡」，願我們在教學的路程上能走得踏實，走得順利，走得快樂！！！

陳麗紅

第十七章
資源回收

六年級教師行動研究的成長記錄

資源回收

教學年級：六年級
編輯者：翁素蘭
設計與教學群

　　翁素蘭、楊金柳、葉爾隆、蘇鈺秀、洪星炎
　　陳民華、洪超群

主題設計緣起：

　　近年來，環境品質惡化，已經不是區域性的問題，而是全球的問題，所以「環保」成了熱門話題，但只有環保意識是不夠的，必須還要有知識的配合，才能將環保的觀念深植在每個人的心中，因此，我們以「資源回收」為主題，希望能從生活當中學習，告訴小朋友如何參與環保工作，為大家創造一個美好、舒適的生活環境。

（教學活動流程表、學習單以語文、自然與科技、健康與體育為例）

六年級「資源回收」課程設計概念圖

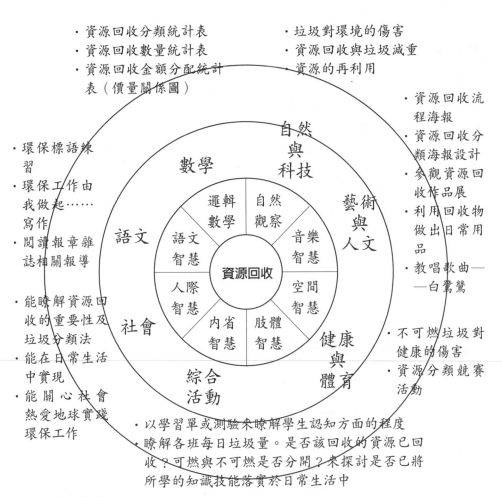

- 資源回收分類統計表
- 資源回收數量統計表
- 資源回收金額分配統計表（價量關係圖）

- 垃圾對環境的傷害
- 資源回收與垃圾減重
- 資源的再利用

- 資源回收流程海報
- 資源回收分類海報設計
- 參觀資源回收作品展
- 利用回收物做出日常用品
- 教唱歌曲——白鷺鷥

- 環保標語練習
- 環保工作由我做起……寫作
- 閱讀報章雜誌相關報導

- 能瞭解資源回收的重要性及垃圾分類法
- 能在日常生活中實現
- 能關心社會熱愛地球實踐環保工作

- 不可燃垃圾對健康的傷害
- 資源分類競賽活動

- 以學習單或測驗來瞭解學生認知方面的程度
- 瞭解各班每日垃圾量。是否該回收的資源已回收？可燃與不可燃是否分開？來探討是否已將所學的知識技能落實於日常生活中

資源回收課程設計圖說

　　「我」是社會環境中的一份子，「我」也是自然環境中的一份子，「我」應該如何在日常生活裡勇於面對，社會環境和自然環境變遷的壓力？「我」應該怎樣運用科學技術與資訊，發揮獨立思考的能力，主動探索研究，以解決不斷發生的問題？「我」應該怎樣尊重別人、關懷社會、珍愛自然？在本課程中都有很好的規劃，使孩子們能由活動中實踐，知行合一，表現於日常生活中。

福星國小「語文」教學活動流程表

教學主題	資源回收					
學習領域	語文					
教學內容	說話與作文					
教學年級	六年級	教學節數	5節	教學設計老師		翁素蘭
使用場地	各班教室	教學時間	（1）89年1月3日　星期一　第一節 （2）89年1月7日　星期五　第七節			

教學目標	教學活動流程	說明	教學準備事項	分配時間
能研讀相關資料，並說出內容大意	一、閱讀報章雜誌相關報導 二、分組討論作成報告 …………第一節結束………… 三、發表：各組推派代表發表相關資料的內容大意 四、總結：綜合以上發表，請學生討論如何做好資源回收，使家園更美麗。由各組上台發表 …………第二節結束…………	如附件一		20分 20分 20分 20分
能分組討論寫出短語	環保標語練習（配合海報製作） 一、引導學生瞭解做好資源回收不是少數人的事情，而是每個人都有責任 二、分組創作 …………第三節結束…………	如附件二		 10分 30分
能用說明文來寫作	命題作文——「環保工作由我做起」 一、與學生討論環保工作的項目有那些？提出具體可行的方法 二、引導學生討論分段大綱 三、各自寫作 ………第四、五節結束………			 10分 10分 60分

秀才不出門能知天下事

出處：＿＿＿＿＿＿＿＿＿＿＿＿＿　日期：＿＿＿＿＿＿＿＿　作者：＿＿＿＿＿＿＿＿＿＿

內容摘要：

心得感想：

★美麗新世界★

　　小朋友，地球只有一個，大家一起來，動動腦，想一想，共同討論出一則簡短有力的環保標語，提醒大家共同珍惜我們的地球。

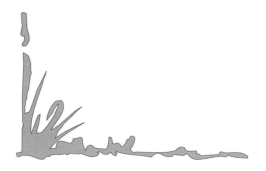

福星國小「健康與體育」教學活動流程表

教學主題	資源回收				
學習領域	健康與體育				
教學內容	戴奧辛與環境與人的關係				
教學年級	六年級	教學節數	2節	教學設計老師	楊金柳
使用場地	六丙教室	教學時間	民國八十八年十二月二十三日第六節		

教學目標	教學活動流程	說明	教學準備事項	分配時間
引起動機 學生會主動發表並注意聽老師的說明 學生知道如何尋找資料及瞭解學習的重點	一、準備活動 　1.前一節課先預告將探討有關戴奧辛的問題 　2.可預先讓學生看一次學習單 二、說明探討有關戴奧辛問題的原因 　1.學生先發表看法 　2.老師說明 三、學習單的說明及提供可尋找的方向 四、分組並尋找收集資料 五、填寫學習單 　預告下一節課內容 …………第一節結束…………	學生有比較充裕的時間及內容討論此一主題 透過學生主動發現問題的重要性 學生比較有學習的方向及重點	學習單	5分 5分 25分 5分
學生透過報告分享可以互相激盪獲得更多不同角度的看法	一、分組報告 二、其他組別同學提出討論及建議 三、老師講評及說明 四、鼓勵學生進一步落實到生活中 …………第二節結束…………	鼓勵同學踴躍發言 落實到生活中加強議題的重要	海報 麥克風	15分 10分 5分 10分

「資源回收」學習單

學前說明

　　一九九九年五月間，比利時發生戴奧辛污染農畜用飼料事件，引發國際間對食品及乳製品中戴奧辛含量問題的探討及重視，因此希望同學們完成下面的作業後，能對戴奧辛有更深的認識，更進而體會到做好資源回收的重要性。

一、有關戴奧辛的資料來源途徑有哪些？

　　（　　）圖書資料（　　）報章雜誌（　　）網路（　　）其他，例如：

二、請寫出一段對戴奧辛的介紹。

三、請寫出戴奧辛產生的來源有哪些？

四、請寫出戴奧辛對人體健康及生物的影響有哪些?

五、從對戴奧辛的認識，你如何運用到生活中?

福星國小「自然與科技」教學活動流程表

教學主題	資源回收					
學習領域	自然與科技					
教學內容	資源回收篇（垃圾對自然環境的影響）					
教學年級	六年級	教學節數	3節	教學設計老師	陳民華	
使用場地	各班教室	教學時間	(1)　年　月　日　星期　第　節 (2)　年　月　日　星期　第　節			

教學目標	各班教室	說明	教學準備事項	分配時間
1.瞭解資源的可貴與珍惜利用資源 2.能說出各種資的特性	一、準備活動 　1.請學生先收集我們日常生活中取自於自然的資源的資料 　2.收集有關垃圾處理的方式 　3.收集有關垃圾對環境影響的事實 二、發展活動 　1.探討生活中那些資源取自於自然界 　2.資源的種類：（依存在方式分類） 　　⑴循環性資源 　　⑵儲存性資源 　3.依使用方式分類 　　⑴可循環利用的資源（可再生資源） 　　⑵耗竭性資源（耗竭性資源） …………第一節結束…………	·配合自然科學 ·配合學習單⑴資源篇	教師： 收集有關資源的資料及垃圾處理的方式 焚化爐的垃圾處理流程 學生： 收集各種有關的圖片	10分 10分 10分 40分
3.能說出資源回收的意義 4.說出那些資源可以回收 5.會說出那些資源不能回收 6.能說出垃圾處理的方式 7.比較處理方式的優缺點 8.做好垃圾分類	4.目前台灣地區的垃圾處理方式 5.垃圾分類的意義 6.垃圾掩埋場及焚化爐對當地居民的影響（交通、噪音、水、空氣、土壤） 7.有毒廢棄物對生態環境的影響及如何處理這些有毒廢棄物 …………第二節結束………… 8.資源回收的意義 9.我們學校資源回收的情形 10.還有那些資源目前有在回收· 11.那些資源不能回收，不能回收的原因是什麼？ …………第三節結束…………	·配合學習單⑵環境污染篇 ·配合學習單⑶資源回收篇		40分

「資源回收」學習單(1)——資源篇

　　資源回收是近期世界各國蔚成風潮的一種活動，當然台灣也不例外，而什麼是資源呢？凡是爲了方便人類生活，改善人類生活，維持生命之物都可稱爲資源。它存在自然界中，大致上可分成：

1.可再生資源

2.不可再生資源

　　可再生資源可以循環利用，它是一種非耗竭性資源：如陽光、水、土地……。不可再生資源則指在自然狀態下，再生或再形成的速率趕不上人們耗用的速率的那些資源。例如：石油、煤礦……而這些資源中有的是可以循環再利用。例如：一些金屬礦物。

　　可再生資源包括所有具有再生、成長能力的生物，只要人類對它們的使用率小於它們的再生速率；而且它們生長環境被維護好，它們將不斷的存在，供人們使用而不虞匱乏。

　　資源分類——依使用分類：

1.循環性資源：視管理情形，可能耗盡、持續或增加：如土壤、森林、野生物、魚、水……等

2.儲存性資源：它又可分兩種

　　不受人類影響，永遠可獲得的。如：太陽能、潮汐能……。

　　受人類影響，但屬於永遠可獲得的。如：好山好水、空間、空氣、礦物……等

「資源回收」學習單(2)──環境污染篇

　　打開電視新聞，每天幾乎都可以看到民眾爲垃圾處理抗爭的畫面，爲什麼他們會採取如此激烈的抗爭呢？原因就在於垃圾掩埋場、焚化爐周圍會產生嚴重的環境污染。所以我們現在就來探討垃圾爲我們帶來了那些污染。

一、垃圾掩埋場

　　1.對土地的污染：我們都知道垃圾掩埋場使用期滿後，場址只能蓋公園，不能做其他用途。垃圾場周邊的交通、空氣品質不良，而且會滲透出有毒的水，所以只要聽說那裡要建垃圾場，那裡的居民必然示威抗議。

　　2.對空氣的污染：垃圾場周圍因垃圾所散發出來的臭氣令人難以忍受。

　　3.對水的污染：雖然垃圾掩埋場設置時會有污水處理設備，但仍然會滲入土中，污染地下水。

二、焚化爐

　　焚化爐主要的污染是產生空氣污染，因燃燒所產生的廢氣，飄散在空中，所產生的落塵，更含有致癌的物質。

　　另外它所產生之戴奧辛更被稱爲世紀之毒，若不能妥善處理，或處理不慎更是禍患無窮。

　　最後，我們必須面對的就是每天我們製造大量的垃圾，卻要垃圾場周邊的人來承受，那是很不公平的事，所以我們必須努力來減少垃圾量，做好資源回收的工作。當然政府也應該負起責任，確實做好垃圾處理的工作，讓周邊的居民有信心，才不會遇到周邊居民的強力抗爭。

「資源回收」學習單(3)——回收篇

　　台灣地區近年來，工商業蓬勃發展帶動人們經濟生活的提高，物質的充裕，對於資源的需求也相對提高，相對的，所產生的垃圾量也增加了很多，根據環保署統計，台灣地區每人每天平均所產生的垃圾超過一公斤以上，以二千二百三十萬人計，每天的垃圾量就達到二萬二千三百噸左右，一年下來就有一千萬噸，如此龐大的垃圾，如果以掩埋的方式處理，想想不需要多久，台灣真的將成為垃圾島。所以近年來政府在全台灣地區規劃了三十多座樂觀焚化爐，以期垃圾經焚化而減量，減少垃圾掩埋場的需求。我想最重要的不是政府為我們做多少，而是國人應如何使垃圾減量，否則蓋再多的焚化爐也是不夠的。

　　在前一節我們認識了許多資源是可能循環再利用的，所以資源回收再利用就成為目前最重要的課題。我們首先要瞭解在生活中所使用的資源，哪些是可能回收再利用？哪些是不能回收利用？藉由垃圾分類、回收的方式來達到垃圾減量的效果。

　　在學校的資源回收中以紙類、保特瓶、金屬……為主，其實能回收的資源種類有很多。例如：廢棄車輛、電器用品、保麗龍、塑膠容器……等都可以回收，然後經過科學的方法處理之後再利用。

　　另外我們應特別注意到的是有些垃圾它是無法自然分解，而又含有劇毒的。如：汞污泥、含重金屬的廢棄物、廢棄蓄電池、醫療廢棄物、廢電纜……等，應由政府部門立法強制回收，並以安全的方法處理，引進最先進的方法，以使污染降到最低為止，或者立法禁止這些高度污染之產業繼續生產。

「資源回收」學習單

一、什麼叫資源？

二、自然界中的資源大致可分為幾類？

三、哪些資源可以循環使用？

四、資源中不受人類影響的有哪些？

五、資源中哪些是會受人類影響的？

六、要如何使用和維護資源才不會使資源耗盡？

「資源回收」學習單

1. 目前臺灣地區垃圾處理有哪些方式？

2. 垃圾如何分類？

3. 怎樣才能達到垃圾減量？

4. 垃圾掩埋場和垃圾焚化爐對當地居民有哪些影響？

5. 有毒廢棄物對生態環境有哪些影響？

6. 如何處理有毒廢棄物？

「資源回收」學習單

1. 資源回收的意義？

2. 我們學校資源回收的情形？

3. 還有哪些資源可以回收？（學校有回收以外的）

4. 不能回收但是可以廢物利用的資源有哪些？

5. 哪些資源不能回收（又不能利用），不能回收的原因是什麼？

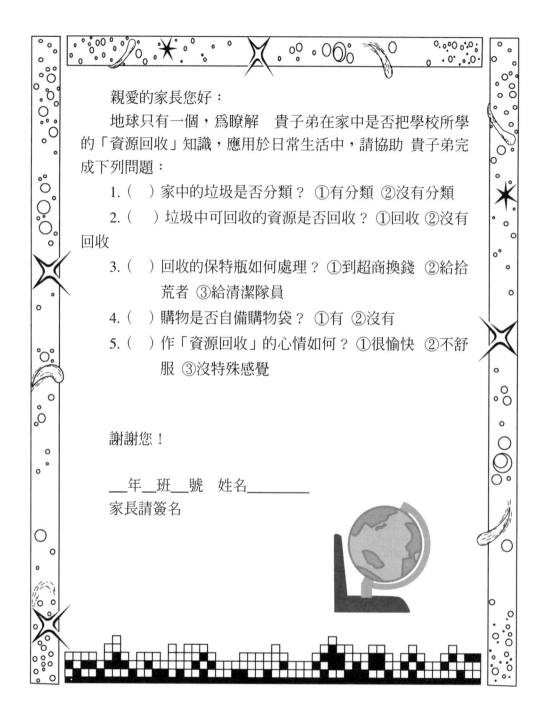

親愛的家長您好：

地球只有一個，爲瞭解　貴子弟在家中是否把學校所學的「資源回收」知識，應用於日常生活中，請協助　貴子弟完成下列問題：

1.（　）家中的垃圾是否分類？　①有分類　②沒有分類

2.（　）垃圾中可回收的資源是否回收？　①回收　②沒有回收

3.（　）回收的保特瓶如何處理？　①到超商換錢　②給拾荒者　③給清潔隊員

4.（　）購物是否自備購物袋？　①有　②沒有

5.（　）作「資源回收」的心情如何？　①很愉快　②不舒服　③沒特殊感覺

謝謝您！

__年__班__號　姓名_____
家長請簽名

教學活動札記

教學主題	資源回收		
教學年級	六年級	教學老師	楊金柳

一、還有哪些活動可以延續下去

個人覺得從這些教學活動中，發現學生的潛力真是可以再多發揮，因此，如果有更充裕的時間，相信學生可以收集更多資料，除了座談討論外，也可以讓學生自發性策劃如何真正落實預防環境污染的活動

二、對於這次教學活動的檢討與建議

目前學校正處於擴展過程中，教室網路化尚未全面開始，相信過不了多久，學生除了從圖書室找資料外，還會有更多學生學習如何從網路收集資料，此次時間也有限，以後我會增加讓學生學習對資料批判的能力

三、成果摘要說明

1.學生學習從網路找尋資料（有兩組進行）
2.學生學習傳達所收集資料（每一組都有派人報告）
3.有兩組學生已在分組討論時就將資料製作成海報並給予標題
4.學生從各組報告中加深資源回收的各項體認
5.以下是學生學習成果照片

教學活動札記

教學主題	資料回收		
教學年級	六年級	教學老師	楊金柳

參考書目

行政院教育改革審議委員會（民85）：《教育改革總諮議報告書》。
　　台北：行政院。

林殿傑（民88）：〈教育部如何實施九年一貫新課程〉。載於國立臺
　　灣藝術學院教育學程中心主辦《九年一貫課程理想的詮釋與對話
　　研討會論文集》（15-31）。台北：國立臺灣藝術學院。

林清江（民87）：《國民教育九年一貫課程規劃專案報告》（立法院
　　教育委員會第三屆第六會期）。台北：教育部。

吳清山（民88）：〈推行「國民教育階段九年一貫課程」學校行政配
　　合之探究〉。《教育研究資訊》，7（1），頁14-21。

吳明清（民88）：《攜手共創國教新課程新貌》。台北：教育部。

教育部（民82）：《國民小學課程標準》。台北：教育部。

教育部（民83）：《國民中學課程標準》。台北：教育部。

教育部（民87）：《國民教育階段九年一貫課程總綱綱要》。台北：
　　教育部。

教育部（民87）：《國民教育階段九年一貫課程試辦要點》。台北：
　　教育部。

教育部（民87）：《國民中小學暫行課程綱要實施要點草案》。台
　　北：教育部。

教育部（民88）：《國民教育法增修訂條文》。台北：教育部。

教育部（民88）：《國民教育法施行細則增修訂條文》。台北：教育部。

張玉成（民88）：《師資培育配合九年一貫課程實施之配套措施》。台北：教育部。

張明輝（民88）：《學校教育與行政革新研究》。台北：師大書苑。

陳木金（民85）：〈國民小學學校教學配合措施對教師教學效能之影響研究〉。《國立政治大學學報》，第73輯，頁227-252。

陳木金（民88a）：〈混沌理論對學校組織變革因應策略之啟示〉。《學校行政》，1，61-68。

陳木金（民88b）：〈從教學評鑑的觀點看九年一貫新課程的實施〉。載於國立臺灣藝術學院教育學程中心主辦《九年一貫課程理想的詮釋與對話研討會論文集》（84-101）。台北：國立臺灣藝術學院。

陳木金（民89）：〈從奇異吸子理論談新世紀的學校行政革新〉。《學校行政》，5，13-24。

陳伯璋（民84）：《學前至高中階段課程與教材的主要問題》。台北：行政院教育改革審議委員會。

陳伯璋（民88）：〈九年一貫課程的理念與理論分析〉。載於《邁向課程新紀元——九年一貫課程研討會論文集》。台北：中華民國教材研究發展學會。

彭裕隆、周鴻鎮、施順忠、李得財、曾盛甲、韓幸鴿（民88）：〈國民教育九年一貫課程之探討研究〉。台北：國立政治大學教育研究所專題研究報告。

歐用生（民79）：《課程發展的基本原理》。高雄：復文書局。

歐用生（民86）：《當前課程改革的檢討》。台北：師大書苑。

歐用生、楊慧文（民88）：〈國民教育課程綱要的內涵與特色〉，《師友》，379，頁10-15。

潘慶輝（民87）：〈掌握生態脈動‧活化學校機能〉。《北縣教育》，24，頁42-48。

Lunenburg, F. C. & Ornstein, A. C. (1991). *Educational Administration: Concepts and Practices*. CA: Wadsworth.

Borich, G. D. (1994). *Observation Skills for Effective Teaching*. New York: Macmillan.

Kyriacou, C. (1989). *Effective Teaching in Schools*. Oxford: Basil Blackwell, Ltd.

McCune, S. D. (1986). *Guide to Strategic Planning for Educators*. Alexandia, VA:Association for Supervision and Curriculum Development.

Tang, L. P. (1994). *Teaching Evaluation in the College of Business: Factors Related to the Overall Teaching Effectiveness*. Tennessee: Geographic scre./country of publication. (ERIC Document Reproduction Service No. ED 374 716).

Wertheimer, R. & Zinga, M. (1997). *Attending to the Noise: Applying Chaos Theory to School Reform*. Paper presented at the Annual Meeting of the American Educational Research Association. (ERIC Document Reproduction Service No. ED 408 707).

CLASSROOM系列　6

學校本位的課程統整與主題教學
——台北市中興國小、福星國小教師行動研究的成長記錄

指 導 者／陳木金教授
策 劃 者／王景雲、張金調、黃遠台、張登貴
出 版 者／揚智文化事業股份有限公司
發 行 人／葉忠賢
執行編輯／閻富萍、晏華璞、鄭美珠
登 記 證／局版北市業字第1117號
地　　址／台北市新生南路三段88號5樓之6
電　　話／(02)2366-0309　2366-0313
傳　　真／(02)2366-0310
E-mail／tn605547@ms6.tisnet.net.tw
網　　址／http://www.ycrc.com.tw
郵撥帳號／14534976
戶　　名／揚智文化事業股份有限公司
印　　刷／偉勵彩色印刷股份有限公司
法律顧問／北辰著作權事務所　蕭雄淋律師
I S B N／957-818-234-1
初版一刷／2001年2月
定　　價／新台幣500元

國家圖書館出版品預行編目資料

學校本位的課程統整與主題教學：台北市中興
　國小、福星國小教師行動研究的成長記錄／
　陳木金指導.--初版.--臺北市：揚智文化，
　2001〔民90〕
　　　面：　公分--（Classroom系列；6）

　ISBN 957-818-234-1（平裝）

　1.小學教育-教學法　2.小學教育-課程
-設計

523.3　　　　　　　　　　　　　89018642